Economia & Planejamento 41
Série "Teses e Pesquisas" 25

direção de

Tamás Szmrecsányi
Jorge Miglioli

ECONOMIA & PLANEJAMENTO

TÍTULOS EM CATÁLOGO

Série "Obras Didáticas"

Análise de Regressão: uma Introdução à Econometria, Rodolfo Hoffmann e Sônia Vieira
Recursos Ociosos e Política Econômica, Ignacio Rangel
Estruturas de Mercado em Oligopólio, Mario Luiz Possas
Lições de Economia Política Clássica, Maurício Chalfin Coutinho
Teoria Econômica do Desemprego, Edward Amadeo e Marcello Estevão
Raízes do Capitalismo Contemporâneo, Fernando Pedrão
Limites da Acumulação Capitalista: um Estudo da Economia Política de Michal Kalecki, Assuéro Ferreira
Marx: Notas sobre a Teoria do Capital, Maurício Chalfin Coutinho
Economia da Inovação Tecnológica, Victor Pelaez & Tamás Szmrecsányi (orgs.)

Série "Teoria Contemporânea"

Crescimento e Ciclo das Economias Capitalistas, Michal Kalecki. Ensaios organizados por Jorge Miglioli
Progresso Técnico e Teoria Econômica, Garegnani, Steindl, Sylos-Labini, Harris, Nell, Laski e Izzo & Spaventa
Origens da Economia Contemporânea, G. L. S. Shackle
Relações Entre Custo e Quantidade Produzida, Piero Sraffa
Pequeno e Grande Capital, Josef Steindl

Série "Teses e Pesquisas"

Capital Comercial, Indústria Têxtil e Produção Agrícola, Rui H. P. L. de Albuquerque
Política da Borracha no Brasil: a Falência da Borracha Vegetal, Nelson Prado Alves Pinto
As Soluções Energéticas e a Economia Brasileira, Fernando Homem de Mello e Eli Roberto Pelin
Petroquímica e Tecnoburocacia: Capítulos de Desenvolvimento Capitalista no Brasil, Marcus Alban Suarez
A Grande Empresa de Serviços Públicos na Economia Cafeeira, Flávio A. M. de Saes
Condições de Trabalho na Indústria Têxtil Paulista, Maria Alice Rosa Ribeiro
A Pré-História da Economia, Ana Maria Bianchi
Dinâmica e Concorrência Capitalista: uma Interpretação a Partir de Marx, Mario Luiz Possas
Autoritarismo e Crise Fiscal no Brasil (1964-1984), Fabrício Augusto de Oliveira
Sistema Estatal e Política Econômica no Brasil pós-64, Adriano Nervo Codato
Agroindústria Canavieira e Propriedade Fundiária no Brasil, Pedro Ramos
Concorrência e Competitividade: Notas Sobre Estratégia e Dinâmica Seletiva na Economia Capitalista, Silvia Possas
Oligopólio e Progresso Técnico no Pensamento de Joan Robinson, Cláudia Heller
Acumulação de Capital e Demanda Efetiva, Jorge Miglioli
Empresariado Fabril e Desenvolvimento Econômico, Agnaldo de Sousa Barbosa

EMPRESARIADO
FABRIL E
DESENVOLVIMENTO
ECONÔMICO

AGNALDO DE SOUSA BARBOSA

EMPRESARIADO FABRIL E DESENVOLVIMENTO ECONÔMICO
EMPREENDEDORES, IDEOLOGIA E CAPITAL NA INDÚSTRIA DO CALÇADO
(FRANCA, 1920-1990)

EDITORA HUCITEC

São Paulo, 2006

© Direitos autorais, 2004,
de Agnaldo de Sousa Barbosa.
Direitos de publicação reservados por
Aderaldo & Rothschild Editores Ltda.,
Rua João Moura, 433 - 05412-001, São Paulo, Brasil.
Telefone/Fax: (11)3083-7419
Atendimento ao Leitor: (11)3060-9273
lerereler@hucitec.com.br
www.hucitec.com.br
Depósito Legal efetuado.

Assessoria editorial
MARIANA NADA
Produção editorial
MILENA ROCHA

CIP-Brasil. Catalogação-na-Fonte
Sindicato Nacional dos Editores, RJ

B195e

Barbosa, Agnaldo de Sousa, 1973-
  Empresariado fabril e desenvolvimento econômico : empreendedores, ideologia e capital na indústria do calçado : (Franca, 1920-1990) / Agnaldo de Sousa Barbosa. – São Paulo : Hucitec ; Fapesp, 2006
  278p. : il. – (Economia e planejamento ; 41. Teses e pesquisas ; 25)

  Inclui bibliografia
  ISBN 85-271-0695-7

  1. Calçados – Indústria – Franca (SP) – História. 2. Desenvolvimento econômico – Franca (SP). 3. Desenvolvimento econômico – Aspectos sociais – Franca (SP). 4. Industrialização – Franca (SP) – História. 5. Empresários – Franca (SP). I. Fundação de Amparo à Pesquisa do Estado de São Paulo. II. Título. III. Série.

06-0957   CDD 338.4768531
                                                 CDU 338.45:685.341

Para

Simone.

Por todo apoio e dedicação... sempre!

Enquanto o não-burguês viaja pelo mundo, feliz de viver, de contemplar, de refletir, o burguês passa seu tempo organizando, cultivando, instruindo-se. Aquele sonha, este conta e calcula.

— Werner Sombart

Sumário

Agradecimentos — 17

INTRODUÇÃO — 21

Primeira Parte
A FORMAÇÃO

APRESENTAÇÃO — 29

Capítulo 1
CAFÉ E INDÚSTRIA: RECORRÊNCIA INEVITÁVEL — 32
1.1. Reminiscências: a pecuária e a tradição coureira — 36
1.2. A influência da cafeicultura: alcance e limites — 41

Capítulo 2
AS ORIGENS DO EMPRESARIADO — 63
2.1. O predomínio do pequeno capital — 66
2.2. Uma burguesia de "pés descalços" (?) — 88

Capítulo 3
OS EMPRESÁRIOS E O PROBLEMA DO CRÉDITO — 116

Segunda Parte
AÇÃO E IDEOLOGIA

APRESENTAÇÃO — 141

Capítulo 4. A ATUAÇÃO DA BURGUESIA INDUSTRIAL BRASILEIRA: UM BALANÇO DAS INTERPRETAÇÕES ... 143

Capítulo 5. A ÉTICA ECONÔMICA DO EMPRESARIADO ... 160
5.1. Empreendedores e empreendedorismo ... 164
5.2. Empreendedorismo em contramarcha ... 185

Capítulo 6. POLÍTICA, IDEOLOGIA E ORGANIZAÇÃO DE CLASSE: OS INTERESSES EMPRESARIAIS E SUAS REPRESENTAÇÕES ... 210
6.1. Política, ideologia e organização de classe entre 1920 e 1964 ... 211
Partido e associação de classe na difusão da ideologia dos industriais ... 216
6.2. Política, ideologia e organização de classe entre 1964 e 1990 ... 243
A ascensão política do empresariado e a relação com o regime militar ... 245
Novos tempos, velho pragmatismo ... 258

CONSIDERAÇÕES FINAIS ... 265

REFERÊNCIAS ... 267

LISTA DE FIGURAS E FOTOGRAFIAS

Figuras

1. Anúncio: Sapataria *Palermo* e Calçados *Jaguar* ... 94
2. Anúncio: Calçados *Jaguar* ... 94

Fotografias

1. Costura do sapato modelo "mocassim" na *Samello* ... 83
2. Costura manual do cabedal ao solado na *Opananken Antistress* ... 84
3. Pesponto do calçado na fábrica da *Mello* ... 84
4. Pesponto do calçado na fábrica modelo instalada na *Couromoda* 2003 ... 85
5. Seção de corte do calçado na fábrica da *Mello* ... 85
6. Seção de corte de corte do calçado na fábrica da *Opananken Antistress* ... 86

LISTA DE GRÁFICOS, TABELAS E MAPA

Gráficos

1. Cafeicultores e plantações entre 1901 e 1920 — 48
2. Porcentagem das lavouras com até dez mil pés de café na Alta Mojiana — 49
3. Capital inicial das empresas calçadistas registradas entre 1900 e 1940 — 68
4. Capital inicial das empresas calçadistas registradas entre 1900 e 1969 — 72
5. Representatividade por faixa de capital das empresas calçadistas registradas entre 1900 e 1969 — 73
6. Riqueza dos empresários do calçado por faixa de patrimônio — 103
7. Prazo médio dos financiamentos à indústria do calçado (1967-1980) — 133
8. Taxa média de juros anual dos financiamentos à indústria do calçado (1967-1980) — 134
9. Valores médios dos financiamentos concedidos à indústria do calçado (1967-1980) — 135
10. Evolução do valor das exportações realizadas pela indústria de calçados de Franca (1984-2000) — 203
11. Evolução do volume das exportações realizadas pela indústria de calçados de Franca (1981-2000) — 203
12. Evolução do volume e valores de exportações da indústria de calçados brasileira (1981-2000) — 204
13. Evolução das vendas da indústria de calçados de Franca no mercado interno (1984 a 2000) — 204
14. Aquisição de propriedades rurais por industriais cal-çadistas (1930-1979) — 208
15. Empresários calçadistas filiados a partidos políticos entre 1945 e 1964 — 218

Tabelas

1. Número de cafeeiros nos principais municípios da região — 50
2. Quadro demonstrativo das maiores empresas calçadistas de Franca em 1945 — 78

Lista de Gráficos e Tabelas | 13

3. Quadro demonstrativo das maiores empresas calçadistas de Franca em 1959 — 78
4. Nacionalidade dos empresários calçadistas (por amostragem de cinqüenta inventários) — 91
5. Evolução dos financiamentos à indústria do calçado em Franca (1967-1980) — 132

Mapa

1. Estrada dos Goiazes — 38

LISTA DE ABREVIATURAS E SIGLAS ADOTADAS

Abicalçados Associação Brasileira da Indústria de Calçados
Acif Associação da Indústria e Comércio de Franca
Ahmuf Arquivo Histórico Municipal de Franca
Badesp Banco de Desenvolvimento do Estado de São Paulo
BID Banco Interamericano de Desenvolvimento
BNDE Banco Nacional de Desenvolvimento Econômico
Cacex Carteira de Comércio Exterior do Banco do Brasil
CAD/CAM Computer Aided Desing/Computer Aided Manufacturing
CDI Conselho de Desenvolvimento Industrial
Cexim Carteira de Exportação e Importação do Banco do Brasil
Ciesp Centro das Indústrias do Estado de São Paulo
CFCE Conselho Federal de Comércio Exterior
CNI Confederação Nacional da Indústria
Creai Carteira de Crédito Agrícola e Industrial do Banco do Brasil
Ctef Conselho Técnico de Economia e Finanças
Fiesp Federação das Indústrias do Estado de São Paulo
Francal Feira do Couro e do Calçado de Franca
Geitec Grupo Executivo da Indústria Têxtil e Couros
IBGE Instituto Brasileiro de Geografia e Estatística
IPT Instituto de Pesquisas Tecnológicas
MHM Museu Histórico Municipal de Franca
Paeg Programa de Ação Econômica do Governo
PND Plano Nacional de Desenvolvimento
PMDB Partido do Movimento Democrático Brasileiro
PRP Partido Republicano Paulista
PSD Partido Social Democrático

PSP	Partido Social Progressista
PTB	Partido Trabalhista Brasileiro
PTN	Partido Trabalhista Nacional
SICF	Sindicato das Indústrias de Calçados de Franca
UDN	União Democrática Nacional
USMC	United Shoe Machinery Company

Agradecimentos

Nos quatro anos em que foi realizada a pesquisa que deu origem a este livro tive a satisfação de contar com o apoio de diversas pessoas e instituições. Em primeiro lugar agradeço à Fapesp (Fundação de Amparo à Pesquisa do Estado de São Paulo), que me apoiou no período do doutorado, aceitou a co-edição deste trabalho e, atualmente, financia a sua continuação dentro do Programa de Apoio a Jovens Pesquisadores em Centros Emergentes. Deferência especial deve ser feita também ao professor José Antonio Segatto, a quem sou imensamente grato pela confiança depositada desde os primeiros passos do projeto que deu origem à pesquisa, pela orientação lúcida e pelo diálogo aberto e construtivo.

Aos professores Jorge Lobo Miglioli, Alberto Aggio, Flávio Saes e Oswaldo Truzzi agradeço pelas oportunas sugestões em suas argüições na defesa da tese, que contribuíram sobremaneira para o aprimoramento do produto final deste trabalho. Ao Prof. Miglioli agradeço particularmente por seu empenho pessoal para a publicação da tese. A Wilson Suzigan, professor da Unicamp, e a Antonio Luiz M. C. Costa, editor da revista *Carta Capital*, meu muito obrigado pelas preciosas indicações bibliográficas e sugestões no que diz respeito à conversão e atualização de valores monetários em moeda estrangeira.

Agradeço aos empresários Geraldo Ribeiro Filho, Júlio César M. Jacometi, Jorge Félix Donadelli e Osvaldo Sábio de Melo, que a despeito de seus inúmeros afazeres muito gentilmente me receberam para a realização das entrevistas. Também sou grato a Ivânio Batista, secretário-executivo do Sindicato das Indústrias de Calçados de Franca, que entre tantas atribuições encontrou espaço em sua agenda para me receber. De igual modo, agradeço a Zdenek Pracuch, um dos grandes nomes da indústria calçadista brasileira nas últimas quatro décadas, que solicitamente se dispôs a me conceder entrevista em uma de suas já raras viagens a Franca, dando-me a honra de compartilhar seu vasto conhecimento. Tenho ainda uma dívida de gratidão impagável com Gilberto Naldi, consultor internacional, que me recebeu para uma série de entrevistas em sua casa e com quem aprendi muitíssimo sobre a indústria do calçado no Brasil e no mundo. Idéias importantes deste livro surgiram de nossas conversas, além de uma grata amizade.

Agradeço ao professor José Chiachiri Filho, diretor do Arquivo Histórico Municipal de Franca no período em que a pesquisa foi realizada, as inúmeras e frutíferas conversas, nas quais pude usufruir tanto de seu profundo conhecimento histórico e arquivístico, quanto de seu inesgotável senso de humor. Suas sugestões certamente tiveram peso decisivo em muitos dos rumos tomados pela pesquisa. Estendo ainda meus agradecimentos às suas auxiliares, Maria Consuelo de Figueiredo, Maria Inês Paulino, Meire Salmazo Granero, Graziela Alves Corrêa e Maria das Graças F. Primon, pela presteza com que sempre me distinguiram, assim como pelo descontraído ambiente de trabalho que me proporcionaram durante todo o tempo em que aí estive pesquisando.

Sou imensamente grato também a Maria Margarida Borges Pansani, diretora do Museu Histórico Municipal. Mostrou-se sempre disposta a colocar o acervo do Museu a serviço deste trabalho e, do mesmo modo, a serviço da pesquisa no sentido mais amplo possível. Registro aqui, ademais, meu reconhecimento por ter conduzido a transformação da instituição que dirige em um centro de referência em documentação como poucos no País. Agradeço, da mesma forma, ao funcionário Daniel Saturno Gomes, sobretudo por sua contribuição na parte iconográfica da investigação.

Meus sinceros agradecimentos a Silvana Cristina L. Curci e Maria de Lourdes Ferro, respectivamente diretora e bibliotecária-chefe da biblioteca da Unesp/Franca, por me terem franqueado a utilização do acervo do qual são responsáveis, expediente que me ajudou sobremaneira, haja vista a distância que me separou da biblioteca do *campus* de Araraquara, onde realizava meu doutorado. Agradeço também a Benedita Stella C. Jacinto, da Seção de Documentação e Informação do IPT/Franca, pela solicitude em disponibilizar a literatura técnica relacionada ao setor calçadista. Sou grato ainda aos funcionários do Cartório do 1.º Ofício de Franca, especialmente à Cristina e ao Sr. Luís, pela gentileza e atenção sempre dispensadas. A Cleder José Colares, ficam aqui meus agradecimentos por sua infinita paciência no ensino da língua inglesa e por seu constante auxílio na tradução desse idioma.

A Valdir Geraldo Ferreira, Thaís de Fátima Vaz e Sabrina Aparecida Vaz, agradeço o auxílio profissional em diferentes fases da pesquisa. Mais do que auxiliares, tornaram-se também amigos. Meu muito obrigado também a Rogério Naques Faleiros, pelas discussões profícuas e por me ter gentilmente cedido os originais de sua dissertação de mestrado antes que ela viesse a estar disponível na biblioteca local. A Jonas Rafael dos Santos, cuja grata amizade surgiu durante a realização da pesquisa, agradeço suas sugestões sempre pertinentes e a discussão de muitas idéias presentes no livro. Por se terem disposto a ouvir e a discutir as opiniões aqui expressadas ainda em sua fase embrionária, agradeço também a Ricardo Alexandre Ferreira e Alessandra David, amigos que fiz nos encontros cotidianos no Arquivo Histórico Municipal.

A três companheiros de longa data, um agradecimento especial. A Alexandre Marques Mendes agradeço o apoio dado desde o início da pesquisa, as inúmeras sugestões e o trabalho conjunto em diversas oportunidades. A Fransérgio Follis agradeço a paciência na discussão dos temas aqui propostos e a incansável disposição de ajudar em qualquer ocasião. A Marco Antonio Brandão agradeço a disposição de ouvir as idéias aqui desenvolvidas, sobretudo no que diz respeito aos aspectos teóricos, e o companheirismo sempre.

Aos da família, faltam-me palavras para agradecê-los. Aos meus pais, João Barbosa e Maria Helena de Souza Barbosa, agradeço o apoio incondicional e o auxílio nas pequenas e grandes questões do dia-a-dia neste período atribulado. Ao meu irmão Sérgio de Souza Barbosa, agradeço o precioso apoio cotidiano nos assuntos de informática e a elaboração dos *softwares* utilizados no processamento da base de dados; sem a sua ajuda, certamente muitas das informações aqui presentes não existiriam. À minha cunhada Celeste Aparecida Pereira Barbosa, agradeço o empenho e a paciência na transcrição das entrevistas. Ao meu cunhado Helder da Silva Veríssimo, agradeço os incontáveis esclarecimentos no que diz respeito à parte técnica da indústria do calçado, que muito contribuíram para meu entendimento das especificidades do setor.

Por fim, expresso minha gratidão aos que mais de perto sentiram os prós e os contras da realização deste trabalho. À Simone, minha eterna gratidão pelo carinho, pela compreensão, pela renúncia, pela tolerância, pelo auxílio em diversas tarefas da pesquisa, enfim, pela dedicação sem igual durante todo o tempo. Bem, quem um dia irá dizer que não existe razão nas coisas feitas pelo coração? Ao Ítalo e à Júlia, meu muito obrigado pelas alegres e barulhentas visitas (consentidas ou não) ao escritório, pelos sorrisos marotos, pelo brilho nos olhos, pelas brincadeiras fora de hora, pelos altos papos nas caminhadas sem destino ou sentados no meio-fio, coisas sem as quais a vida nos últimos anos não teria tido a menor graça.

Introdução

> Apesar de todos os esforços, a história e a análise histórico-concreta da industrialização brasileira ainda estão por ser feitas. De fato, temos hoje, infelizmente, mais interpretação e generalização do que a pesquisa empírica realizada permitiria.
>
> — JOSÉ DE SOUZA MARTINS

A REFLEXÃO apresentada na epígrafe que inicia esta introdução faz parte de um texto escrito por José de Souza Martins há mais de vinte e cinco anos.[1] Por mais que tenham avançado as discussões acerca do tema da industrialização e das origens do empresariado industrial no Brasil, passado um quarto de século o conteúdo crítico de tal ponderação não perdeu totalmente a razão de ser. No caso da dinâmica de industrialização de São Paulo, por exemplo, a idéia de um processo de surgimento e expansão da estrutura fabril baseado no binômio café/indústria continua sendo, como na essência da crítica de Martins, o referencial predominante para a maioria dos estudos realizados. O problema não se situa, certamente, na validade explicativa da interpretação, mas na sua aplicação de forma quase exclusiva na análise dos mais diversos processos de industrialização que tiveram lugar no território paulista ao longo do século XX. Neste aspecto, o risco de que a evidência empírica venha a sucumbir à força de uma teoria já consagrada é uma possibilidade que muitas vezes se comprova na prática, numa patente subversão da máxima

---

[1] Tal texto, intitulado "O café e a gênese da industrialização em São Paulo", foi publicado originalmente em: *Contexto*, n.º 3, São Paulo: Hucitec, julho de 1977. Posteriormente, foi republicado como um dos capítulos do clássico *O Cativeiro da Terra* (primeira edição datada de 1979).

apregoada por Giovanni Sartori (1982), segundo a qual "a lógica não pode substituir a evidência". Os resultados controversos causados pela generalização excessiva não se restringem, obviamente, à prevalência da abordagem da questão pelo prisma da vinculação dos primórdios da indústria à acumulação de capitais advindos do complexo cafeeiro. A visão corrente de que no País a atividade fabril não conheceu os estágios do *artesanato* e da *manufatura*, tendo em vista a característica tardia do capitalismo brasileiro, que impôs a *grande indústria* como padrão necessário às exigências do momento histórico em que emergiu a indústria nacional, contribuiu igualmente para gerar distorções que uma observação empírica mais rigorosa desautorizaria. No que diz respeito a um dos atores centrais do processo de modernização, o empresariado, o expediente da generalização foi responsável pela difusão de uma definição do comportamento e da ideologia empresarial que mais se destacava por dizer o que essa classe *não era*, em perspectiva comparada à ação de suas congêneres nos países de capitalismo avançado, que em traduzir o significado da conduta de suas diferentes frações diante de determinadas condições reais de atuação. Nesse sentido, ao lado de interpretações extremamente negativas, que atribuem ao conjunto da burguesia industrial brasileira predicados como a mentalidade pré-capitalista, anemia empreendedora, fragilidade/passividade política e deficiência organizativa, figuram outras de caráter mais otimista nas quais, ao mesmo tempo que se nega a visão anterior, subsiste ainda a idéia geral de uma classe com pouca habilidade para atuar pela via político-partidária e ideologicamente imatura.

No intuito de realizar uma análise balizada pelos caminhos indicados pelo substrato empírico, apresentamos no presente livro uma perspectiva de trabalho na qual não se parte de uma explicação estabelecida *a priori* para a compreensão do objeto de estudo, mas da construção de um intenso diálogo com a documentação, procedimento que orientou as opções teóricas a serem feitas. A pesquisa desenvolvida, que tem como objetivo central a investigação acerca da formação social, ideologia e atuação econômico-política do empresariado calçadista no *cluster* industrial de Franca (SP), buscou alicerce em um *corpus* documental tanto farto quanto diversificado, com o fim de construir uma interpretação que mais se aproximasse da experiência concreta desse grupo social, e não em mera conjetura de pensamento baseada em generalizações teóricas. O recorte temporal considerado é o compreendido entre 1920 e 1990, período que marca uma trajetória de emergência, consolidação e crise crônica do setor calçadista em nível local. Nesta empreitada, entre as fontes pesquisadas constam livros de registro comercial, inventários, financiamentos industriais, falências, processos criminais (especialmente os referentes a usura), hipotecas e habilitações de crédito, além de jornais e revistas locais e de circulação nacional, revistas especializadas do setor e entrevistas com empresários e executivos ligados ao segmento. A pesquisa dos livros de *Registro de Firmas Comerciais* do Cartório do Registro Geral de Hipotecas e Anexos de Franca tornou possível o levantamento dos nomes de empresas e empresários entre 1900 e 1969. A pesquisa dos inventários cumpriu o propósito de vislumbrar a natureza do capital industrial que esteve na base do surgimento e posterior evolução do parque fabril local, permitindo, mediante manuseio de dados empíricos consistentes, traçar um esboço das origens da burguesia do calçado em Franca. As informações resultantes da pesquisa dos inventários serviram ainda às reflexões pertinentes à apreensão do padrão de conduta econômica do empresariado e também ao entendimento das formas de financiamento à indústria local. Buscou-se a investigação não apenas dos inventários relacionados aos industriais em si, mas também dos referentes aos seus ascendentes (pais e em alguns casos avós); a intenção da pesquisa de inventários desta última natureza foi tentar verificar, sempre que houve documentos disponíveis, a evolução do capital e do patrimônio familiar dos empresários, assim como obter informações mais precisas sobre sua origem social. Na pesquisa dos processos de falências, assim como dos documentos auxiliares ao seu entendimento, buscou-se apreender no discurso dos falidos e dos peritos que examinaram os processos, elementos que subsidiasse a tarefa de averiguar a origem do capital das empresas, a origem social dos industriais, as formas de conduta dos empresários e as formas de organização das fábricas, entre os aspectos mais relevantes. A pesquisa dos financiamentos industriais permitiu verificar o momento histórico em que os industriais locais passaram a ter acesso regular ao crédito oficial, assim como o período em que esse processo teve seu fluxo intensificado, quais foram as principais agências de concessão de crédito, quais os prazos e os juros médios desses financiamentos, quais os principais destinos dados aos financiamentos e quais empresas usufruíram maiores benefícios. Os demais documentos cartoriais pesquisados cumpriram o importante papel de auxiliar o entendimento da dinâmica expressada pelas fontes comentadas acima.

É importante ressaltar que tivemos nas fontes da imprensa o principal substrato documental às reflexões sobre o pensamento e ação do empresariado calçadista, haja vista não haver disponibilidade de fontes originadas nas instituições às quais esse grupo social esteve vinculado. As atividades de empresas e empresários e os principais problemas e pleitos da indústria calçadista de Franca foram fartamente noticiados pela imprensa local, assim como se mostrou recorrente a publicação de documentos produzidos pelas entidades de classe, a reprodução de leis, projetos de leis e relações de componentes dos diretórios municipais dos partidos políticos. Por meio das fontes da imprensa, foi possível a apreensão do discurso e das vinculações políticas de empresários industriais, assim como o conhecimento de suas opiniões a respeito de questões do setor calçadista e também quanto a problemas nacionais mais abrangentes. De igual forma, notícias veiculadas e documentos publicados nos jornais forneceu à pesquisa subsídios valiosos acerca da organização empresarial e das formas de luta do grupo social em âmbito local. Estas fontes possibilitaram, também, a apreensão da ação modernizadora dos empreendedores em seus negócios. Na realização das entrevistas, buscamos complemento às informações obtidas por intermédio da imprensa, além de um entendimento básico acerca da dinâmica concreta de funcionamento e organização da indústria do calçado em Franca e no País.

Tal substrato empírico foi crucial para que conseguíssemos responder aos questionamentos inerentes ao tema traçando um caminho *na história*, e não à sua margem. A opção foi por ter a teoria como instrumento, não como fundamento. Para melhor organização da discussão o livro foi dividido em duas partes. Na Primeira Parte, procuramos responder às perguntas acerca da formação do empresariado calçadista, ao passo que na Segunda Parte a discussão está assentada nos questionamentos referentes à ideologia e atuação econômico-política dos industriais. O Capítulo 1 trata da influência da cafeicultura e seus limites na explicação do surgimento da indústria do calçado no município de Franca; em linhas gerais, indaga-se se seria possível pensar na burguesia cafeeira como matriz do empresariado calçadista ou mesmo se os capitais do café representaram fonte de financiamento — direto e/ou indireto — para esse grupo social. No Capítulo 2 a problemática analisada é a das origens sociais do empresariado; neste aspecto, a interrogação recai sobre a seguinte questão: levando-se em conta a dinâmica do capitalismo brasileiro nas primeiras décadas do século XX, foi possível, nessa indústria, a conversão de artesãos, ex-operários e pequenos comerciantes à condição do patronato? Já o Capítulo 3, o último da Primeira Parte, propõe a reflexão acerca da natureza dos canais de financiamento à indústria do calçado, procurando identificar a origem dos recursos que deram alento ao funcionamento das fábricas ao longo do período estudado. O Capítulo 4 inicia a Segunda Parte do livro trazendo um balanço das principais interpretações acerca da atuação e do pensamento da burguesia industrial brasileira; pretende-se, com isso, oferecer um painel com as principais abordagens que tiveram lugar nas Ciências Sociais do País — desde a década de 1940 até os nossos dias — que sirva de referencial para as reflexões de base empírica dos dois capítulos finais. No Capítulo 5, a ênfase incide no comportamento econômico do empresariado calçadista; neste caso, as principais perguntas a serem respondidas são: pode-se dizer que esse grupo social apresentou uma conduta empreendedora? Pode-se atribuir ao seu comportamento características de uma ética econômica *racional*? Por fim, o Capítulo 6 trata da atuação política, ideologia e organização de classe dos industriais do calçado; o objetivo de tal discussão é indagar se o *ethos* político apresentado pelo empresariado local corresponde ao mesmo padrão negativo imputado pela literatura especializada ao conjunto da burguesia brasileira.

Nas páginas que seguem, as respostas às questões acima tornaram possível delinear o perfil de uma fração burguesa com características próprias, portadora de uma historicidade particular, assim como o de muitas outras cujas histórias ainda estão por serem escritas. Nesse empreendimento, teve papel fundamental o esforço de procurar compreender as especificidades de um processo de industrialização que contou igualmente com traços singulares, muitas vezes bastante distintos dos apresentados pelas generalizações sobre o tema.

PRIMEIRA PARTE
A FORMAÇÃO

Apresentação

P<small>ENSAR AS CONDIÇÕES</small> que tornaram possível o surgimento da indústria do calçado no município paulista de Franca, tendo como substrato a reflexão acerca da formação do empresariado que protagonizou esse processo, são as questões primordiais que orientam as discussões presentes na primeira parte deste livro. A indústria calçadista local constitui o maior pólo fabricante de calçados masculinos do País, abrigando atualmente cerca de quatrocentas fábricas, com produção anual em torno de trinta milhões de pares (6% da produção nacional) e valores de exportação que chegaram a US$ 97,5 milhões em 2002 — 6% do faturamento total das exportações brasileiras de calçados naquele ano. Podemos destacar, também, que 11% da mão-de-obra empregada hoje nesse segmento fabril trabalha nas fábricas localizadas em Franca.[1]

Vale lembrar, entretanto, que a indústria calçadista local foi ainda mais imponente e expressiva nos anos 1980, momento que marca o auge do setor em Franca. No ano de 1984, por exemplo, em que foram exportados mais da metade dos 32 milhões de pares de calçados (11,6% da produção nacional) fabricados no município, o faturamento com as vendas para o exterior atingiu a marca de US$ 164,5 milhões, o equivalente a 15% do total das exportações brasileiras de calçados.[2] Tais números adquirem maior relevância se considerarmos o papel crucial assumido pela atividade exportadora na agenda econômica do País no período; empenhados em captar divisas em moeda estrangeira, com o fim de garantir o necessá-

---

[1] Informações baseadas em Abicalçados (2002).
[2] Informações baseadas em Gorini (2000).

rio equilíbrio em face do balanço de pagamentos, os governos militares procuraram, por meios institucionais os mais diversos, impulsionar as vendas brasileiras no mercado externo. Em trabalho desenvolvido na década de 1970, Hélio Nogueira da Cruz assim descreve a importância assumida pela indústria calçadista: "este setor da economia brasileira tem adquirido crescente relevo devido à crescente geração de divisas, que atenua os graves problemas de nossa Balança de Pagamentos" (1976, p. 2). Desse modo, não foi sem razão que o parque industrial de Franca tornou-se objeto de inúmeros estudos, bem como de invulgar atenção dispensada pela imprensa e representantes do poder político, sobretudo, no seu período de maior destaque, entre as décadas de 1970 e 1980.[3]

Interessa-nos aqui, portanto, indagar a origem do capital que financiou os primeiros passos da constituição desse parque fabril, que se tornou tão importante no contexto econômico nacional dos anos 1970 e 1980 e ainda mantém posição de significativa proeminência nos dias atuais, não obstante o reconhecido declínio derivado da gradativa perda de competitividade no mercado internacional a partir dos anos 1990. Interessa-nos, sobretudo, averiguar a origem dos atores responsáveis pela emergência local dessa indústria, que é o mesmo que perguntar: quais as raízes do empresariado do calçado em Franca? Estas são perguntas básicas que procuraremos responder no desenrolar desta Primeira Parte. Com isso, pretendemos apresentar noções basilares acerca das características essenciais desse empresariado para, na Segunda Parte do livro, analisar suas formas de ação e pensamento.

Chamamos a atenção para o fato de que, por razões que se explicitarão mais claramente no decorrer do texto, optamos por restringir nosso objeto de análise ao empresariado ligado à fabricação do calçado propriamente dito. Durante a pesquisa pudemos perceber que os curtumes e os demais segmentos fabris que surgiram como apêndice desse setor, empenhados na produção de componentes para calçados como solados de borracha, palmilhas, fôrmas e produtos químicos, entre outros, apresen-

---

[3] Da década de 1970 até os nossos dias, algumas dezenas de trabalhos acadêmicos foram escritos estudando de forma exclusiva ou parcial a indústria do calçado em Franca em seu período de maior êxito. Dentre os de maior expressão citamos Cruz (1976), Reis (1992), Reis (1994), Oliveira (1996), Castro (1997), Silva (1998), Tosi (1998), Gorini (2000), Suzigan (2000), Piccinini (2001).

tam nível tecnológico e estruturação produtiva distintos em relação à indústria do calçado; por isso, nesses outros ramos a formação de capitais, o surgimento de empreendedores e os interesses empresariais não raro acabaram por assumir contornos diferenciados.[4] Sendo assim, como os fabricantes de calçados são nosso principal foco de interesse intelectual, por constituírem o núcleo central e, por conseguinte, mais representativo do empresariado local, decidimos excluir de nossas preocupações os signatários das outras indústrias que orbitam em torno das fábricas de calçados, a despeito da existência de importantes empresas e empresários a elas vinculados.

---

[4] Se na indústria de solados de borracha a tecnologia mais avançada e o maior nível de automação determinam a diferença entre o volume de capitais empregados em comparação com a indústria do calçado, no caso dos curtumes os interesses específicos do setor é que dão a tônica principal da distinção: é historicamente freqüente o conflito entre as fábricas de calçados e os curtumes em virtude da exportação do couro em estado semi-acabado (*wet-blue*), procedimento que torna escassa — e por extensão mais cara — no mercado nacional a principal matéria-prima do setor calçadista.

1
Café e Indústria: recorrência inevitável

É CERTAMENTE INEVITÁVEL a relação entre os primórdios da industrialização no Brasil e a acumulação de capitais advinda da economia cafeeira. Em virtude da própria importância da discussão, este livro tem na relação entre a cafeicultura e indústria a sua problemática inicial, a ser tratada neste primeiro capítulo. Entretanto, como se verá, não nos furtamos a percorrer caminhos distintos dos trilhados pelos autores aqui discutidos quando a interpretação do processo histórico assim o exigiu.

Desde a década de 1940, tornou-se praticamente consensual na bibliografia sobre o tema da industrialização o estabelecimento de vínculos inescapáveis entre café e indústria, não raro concebendo, por extensão, a burguesia cafeeira como a matriz da burguesia industrial brasileira. Em obras dos anos 1940 e 1950, autores de estudos que se tornaram clássicos, como Caio Prado Jr. e Celso Furtado, já tratavam a questão dando significativa ênfase à relação entre cafeicultura e indústria.[1] Porém, foi em texto de Fernando Henrique Cardoso, escrito em 1960, que tal abordagem ganhou contorno mais abrangente e adquiriu *status* de interpretação hegemônica no âmbito da literatura acadêmica. Em "Condições Sociais da Industrialização: o Caso de São Paulo", Cardoso propôs, de forma pioneira, uma explicação da industrialização brasileira que ultrapassava o terreno das considerações meramente econômicas acerca desse processo. Conforme argumenta, qualquer que fosse a realidade investigada, um

---

[1] As referências, nestes casos são Prado Jr. (1993), cuja primeira edição é datada de 1943, e Furtado (2000), editado pela primeira vez em 1959.

estudo sobre o tema deveria supor também, como requisito básico, "a existência de certo grau de desenvolvimento capitalista" e, mais especificamente, supor "a pré-existência de uma economia mercantil", o que logicamente implicaria conceber a existência "de um grau relativamente desenvolvido da divisão social do trabalho" na sociedade em questão (1969, p. 188).[2] Seguindo essa linha de raciocínio, Cardoso observa que a transformação do regime social de produção que possibilitou o advento da atividade industrial no País ocorreu na expansão cafeeira rumo ao oeste paulista, resultando na intensificação da organização capitalista da vida econômica. No interior desse processo, três constatações merecem destaque: 1) a substituição do trabalho escravo pela mão-de-obra livre contribuiu para o surgimento de uma estrutura mercantil generalizada; 2) a racionalização da empresa econômica cafeeira forçou a conversão dos antigos *senhores* em empresários de mentalidade capitalista; e 3) o financiamento e circulação da produção cafeeira exigiram empreendimentos de infra-estrutura (bancos, ferrovias, portos, estradas, etc.) que foram essenciais para o posterior estabelecimento da indústria.

Em outros estudos de referência dos anos 1960, 1970 e início dos 1980, autores como Otávio Ianni (1963), Warren Dean (1971), Maria da Conceição Tavares (1972), Wilson Cano (1998),[3] Sérgio Silva (1976), José de Souza Martins (1986)[4] e João Manuel Cardoso de Mello (1984),[5] entre os mais importantes, assumiram e aprofundaram, ainda que com algumas variações, a perspectiva do capital cafeeiro como núcleo dinamizador da indústria no País.[6] Na análise de Wilson Cano, por exemplo, o café tem um significado amplo, assumindo papel de elemento que orienta a economia interna e externamente e cria as condições para a inten-

---

[2] Tal texto foi publicado originalmente na *Revista Brasiliense*, n.º 28, São Paulo, março-abril,1960. Utilizamos aqui a referência de sua publicação no livro *Mudanças Sociais na América Latina*, de 1969.

[3] A primeira edição data de 1977. Foi originalmente apresentado em 1975 como tese de doutoramento.

[4] A primeira edição data de 1979.

[5] Originalmente apresentado como tese de doutoramento em 1975.

[6] Mesmo autores que enfatizaram o papel do imigrante como elemento fundamental na formação da burguesia industrial brasileira, como Silva (1976) e Dean (1971), reservaram posição de destaque aos "barões do café" como a matriz dessa classe.

sificação do processo de desenvolvimento capitalista. Segundo afirma este autor:

> O café, como atividade nuclear do complexo cafeeiro, possibilitou efetivamente o processo de acumulação de capital durante todo o período anterior à crise de 1930. Isto se deveu, não só ao alto nível de renda por ele gerado, mas, principalmente, por ser o elemento diretor e indutor da dinâmica de acumulação do complexo, determinando inclusive grande parte da capacidade para importar da economia brasileira no período.
> Ao gerar capacidade para importar, o café resolvia seu problema fundamental que era o da subsistência de sua mão-de-obra, atendia às exigências do consumo de seus capitalistas, às necessidades de insumos e de bens de capital para a expansão da economia, bem como indicava em que o Estado podia ampliar seu endividamento externo (Cano, 1998, p. 136).

Partindo dos mesmos pressupostos, João Manuel Cardoso de Mello argumenta ainda que foi o "vazamento" de excedentes de capital da cafeicultura para outros negócios que permitiu a maior parte das inversões na atividade industrial a partir das duas décadas finais do século XIX. Conforme ressalta o autor, os lucros gerados pelo complexo cafeeiro não encontravam espaço nesse mesmo núcleo produtivo para a sua plena reaplicação;[7] dessa forma,

> havia um "vazamento" do capital monetário do complexo exportador cafeeiro porque a acumulação financeira sobrepassava as possibilida-

---

[7] Segundo Mello (1984, p. 143), três razões em especial contribuíram para o direcionamento dos excedentes do capital cafeeiro para a atividade industrial: "1) o ritmo de incorporação de terras está adstrito a determinadas exigências naturais, como tempo de desmatamento, época de plantio, etc.; 2) a acumulação produtiva, uma vez plantado o café, é em grande medida «natural»; e 3) as despesas com a remuneração da força de trabalho reduzem-se, entre o plantio e primeira colheita, praticamente ao pagamento da carpa; não o encontravam, do mesmo modo, nas casas importadoras, porque a capacidade de importar cresceu, seguramente, menos que as margens de lucro, transformando a produção industrial interna na única aplicação rentável para os lucros comerciais excedentes".

des de acumulação produtiva. Bastava, portanto, que os projetos industriais assegurassem uma rentabilidade positiva, garantindo a reprodução global dos lucros, para que se transformassem em decisões de investir (Mello, 1984, p. 144).

Em face desse quadro interpretativo, a constatação de que a burguesia industrial teve sua origem sobretudo no grande capital cafeeiro foi uma conseqüência natural.[8] A concepção segundo a qual a diversificação dos investimentos e a complexidade alcançada na gestão dos negócios transformaram muitos "homens do café" em industriais proeminentes, encontrou eco em exemplos como os de Antônio da Silva Prado e Elias Pacheco Jordão (Vidraria Santa Marina), Antônio de Lacerda Franco (Tecelagem Japy), Antônio Álvares Penteado (Cia. Paulista de Aniagens), Augusto de Sousa Queirós (Cia. Mecânica e Importadora), Gabriel Silva Dias (Companhia McHardy), além de muitos outros. Warren Dean chegou mesmo a afirmar que "a quase totalidade dos empresários brasileiros veio da elite rural". E acrescenta: "Por volta de 1930 não havia um único fabricante nascido no Brasil, originário da classe inferior ou da classe média, e muito poucos surgiram depois" (Dean, 1971, p. 54).

É inegável a pertinência das análises que vinculam a industrialização brasileira à dinamização dos excedentes econômicos da cafeicultura. Entretanto, pensamos que tal relação econômica não deva ser assumida de antemão como a única explicação para os processos de desenvolvimento industrial que tiveram lugar, sobretudo em território paulista, entre o último quartel do século XIX e as primeiras décadas do século XX. As facilidades sedutoras de uma teoria pronta e acabada podem, por certo, desestimular o pesquisador a ir além. No caso de nosso objeto de estudo, acreditamos que fatores tais como a formação histórico-econômica do município e as especificidades do tipo de indústria em questão, somados

---

[8] Entenda-se como grande capital cafeeiro a fração da burguesia cafeeira signatária de inversões financeiras que ultrapassavam os limites da lavoura, multiplicando-se em investimentos no comércio (armazéns, casas de exportação e importação), ferrovias, exploração de serviços públicos (água, luz, transporte), bancos e indústrias. Para uma definição do "grande capital cafeeiro", ver Silva (1976). Para uma análise detalhada da dinâmica do grande capital cafeeiro e sua hegemonia econômica e política em face dos interesses da lavoura ver Perissinotto (1991, vol. I, especialmente o capítulo 1).

à observação rigorosa das variações locais de desempenho da cafeicultura, devam ser considerados e também admitidos como determinantes na tarefa de compreender a emergência da atividade fabril. Em nosso esforço de pesquisa, percebemos que o desvendamento das origens do empresariado do calçado em Franca exigia permear caminhos que ultrapassavam as fronteiras do capital cafeeiro, elemento que isolado seria insuficiente para explicar o surgimento de uma indústria periférica, de baixíssimo nível tecnológico e com fortes vínculos com o artesanato do couro, e capitaneada por homens de parcos capitais.

Coerentemente com o acima enunciado, julgamos que uma breve reflexão acerca da formação do município de Franca seja o primeiro elemento a lançar luz sobre as origens da indústria do calçado local.

1.1 Reminiscências:
a pecuária e a tradição coureira

Franca está localizada em uma região historicamente voltada à pecuária, o que, por conseguinte, proporcionou a abundância do couro nessas paragens. De acordo com Caio Prado Jr., "desde fins do século XVIII, [. . .] os criadores mineiros começam a descer a Mantiqueira, indo estabelecer-se em São Paulo, na região que flanqueia a serra a oeste, de *Franca a Mojimirim*" (Prado Jr., 2000, p. 199, grifo nosso). Segundo o historiador, "excluindo os Campos Gerais (Paraná), então pertencentes a São Paulo, *é esta região que apresenta maiores rebanhos de gado vacum da província no recenseamento de 1835*" (2000, p. 212, nota 32, grifo nosso). No Rio Grande do Sul, conforme assinala Lígia Gomes Carneiro em seu estudo acerca da origem da indústria coureiro-calçadista gaúcha, a tradição de criação do gado *vacum*, que no estado remonta às missões jesuíticas chegadas no início do século XVII, teve influência decisiva no aparecimento primeiro da indústria curtumeira, nas primeiras décadas do século XIX e, posteriormente, da indústria do calçado, em fins do mesmo século. Antes do surgimento da atividade fabril propriamente dita, o trabalho de tratamento do couro e o artesanato desta matéria-prima já há muito estava difundido, até mesmo entre os índios das reduções jesuíticas (Carneiro, 1986).

Uma condição histórica em especial, entre outras de menor relevo, possibilitou o estabelecimento de um mercado consumidor para os produtos derivados da transformação da matéria-prima originada da atividade criatória, assim como o escoamento para Franca de couros vindos de outras regiões: a Vila Franca do Imperador foi um dos principais entrepostos da chamada "Estrada dos Goiases", importante rota de comércio que ligava a capital da província de São Paulo aos sertões de Goiás e Mato Grosso.[9] Por essa estrada levava-se gado, couros salgados e cereais para o sul a fim de serem trocados, sobretudo, por sal e artigos manufaturados; a importância do entreposto francano nesse caminho pode ser medida pela própria identificação do sal comercializado nas transações ao longo da "Estrada dos Goiases" como "sal da Franca".[10]

O dinamismo e a diversidade das atividades que, por meio das trocas inter-regionais, movimentavam a economia francana no século XIX podem ser confirmados nos escritos de Daniel Pedro Müller, que em 1838 ressaltava: "concomitantemente com a agropecuária, o comércio do sal e «gêneros diversos» praticados na estrada dos «Goyases», dá a Franca a importância de grande entreposto comercial" (Müller, 1923 apud Oliveira, 1997, p. 57). Lélio Luiz Oliveira argumenta que, apesar de serem co-

---

[9] De acordo com José Antonio Correa Lages, "o roteiro do então denominado «Caminho dos Goiazes» buscava sempre as partes mais altas, preferencialmente próximas às cabeceiras dos ribeirões para facilitar as travessias, correndo rente à linha de fronteira que consolidou mais tarde com a capitania de Minas Gerais. [. . .] O seu transcurso é facilitado por uma topografia suave que não oferece nenhum obstáculo sério. As altitudes não ultrapassam 700 metros, apenas entre o Sapucaí e o Rio Grande atingem 1.000 metros. [. . .] O caminho era o principal eixo de penetração para o interior possibilitando, além do comércio, a penetração da justiça e da administração naqueles vastos sertões" (Lages, 1995, pp. 22-3).

[10] O sal extraído diretamente da água e que entrava pela "Estrada dos Goiases" ficou conhecido como "sal de Franca" em diferença do que era extraído da superfície da terra. O comércio do sal foi durante muito tempo importante para região e os interesses em disputa nesta atividade se estenderam muito além das fronteiras locais. Em 1887/1888, por exemplo, a "Cia. Paulista de Estradas de Ferro" e a "Cia. Mojiana de Estradas de Ferro e Navegação", esta última detentora da concessão para o transporte ferroviário na região, entraram em conflito em razão da competição pelo mercado do sal. Segundo Hilário Domingues Netto, "a Paulista no ano de 1887 acusou a interferência da Mojiana nos *negócios do sal* que era comercializado com o interior, alegando que aquela empresa havia reduzido o frete do produto para lhe fazer concorrência, motivo da inflexão negativa da curva do tráfego de 1887 para 1888. Reagindo, a diretoria da Paulista mandou reduzir os fretes nas estações de Pitangueiras e Pontal, porém, as duas empresas entraram em um acordo, e a Paulista acabou não alterando o valor de suas tarifas" (2001, p. 146).

muns as afirmações de que as atividades voltadas para o abastecimento não tenham merecido do estado uma política específica, houve pelo menos algum reconhecimento da sua importância, bem como da representatividade de Franca nesse contexto. Trechos de um memorial do secretário do governo de São Paulo, Coutinho Sousa Chichorro, ao governador da província, Conde de Palma, datado de 1814, ilustram tal assertiva:

> Distando aquela freguesia [Franca] 79 léguas desta cidade [São Paulo] e 90 do Porto de Santos, o seu comércio só deve consistir em gados e gêneros de fábricas, aquelas porque se movem a si mesmos e estes porque são gêneros de muito valor (Oliveira, 1997, pp. 53-4).

Mapa 1. Estrada dos Goiazes

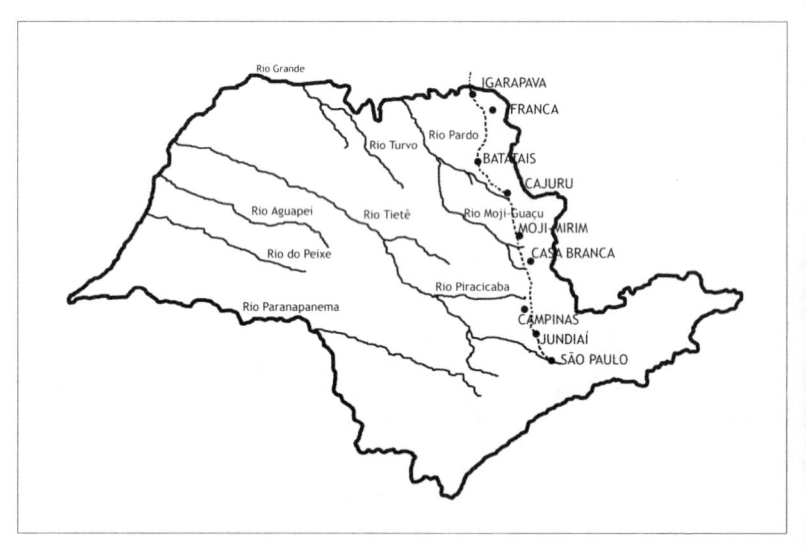

No mesmo sentido, um comentário de Emília Viotti da Costa acerca do abastecimento da zona de Campinas, que a partir da década de 1860 se firmava como área de expansão da economia cafeeira, tornando-se também importante centro mercantil, revela que Franca ocupava lugar significativo no comércio inter-regional. Segundo Costa, o grande fluxo de mercadorias chegadas a Campinas de comarcas distantes, seja da província de São Paulo, seja de Minas Gerais, tornou-se uma constante:

Estas lhe enviavam seus produtos: algodão, toucinho, feijão, queijo, que, daí, eram distribuídos. *Só de Franca chegavam, naquela época, de quinhentos a setecentos "vagões" que eram remetidos para Santos e Rio de Janeiro, em carretas e tropas de mulas* (1998, p. 66, grifo nosso).

Por outro lado, para atender às necessidades dos tropeiros e mercadores que transitavam pela afamada "Estrada dos Goiases", um dos mais importantes caminhos de boiadas,[11] os artesãos locais, desde a década de 1820, já produziam arreios, sapatões de atanado,[12] sandálias, coberturas para carros de bois, bainhas para facas, lombinhos,[13] silhões,[14] badanas[15] e canastras, entre outros artigos de couro.[16] Certamente, foi o fluxo intenso de couros por esta estrada que estimulou o surgimento de curtumes em Franca já na década de 1880. Em 1886, o padre Alonso Ferreira de Carvalho, fabriqueiro da igreja matriz,[17] montou um pequeno curtume — "Curtume Cubatão" — que, segundo Dalva M. Chioca Rinaldi, se destinava "ao aproveitamento do couro que chegava com tropeiros vindos de Minas, Goiás e Mato Grosso, amarrados em fardos nos lombos dos burros"

---

[11] Segundo o geógrafo Pierre Deffontaines, "passava por aí a velha estrada que servia de transporte ao gado que descia de Minas para ser engordado nesta zona de erva; as fazendas são sobretudo invernadas, isto é, estações de engorda para os rebanhos que chegam das zonas pioneiras do norte e do oeste; o caminho de Franca, chamado *estrada francana*, é ainda um dos mais importantes caminhos de boiadas" (1945, p. 19).

[12] Couro curtido em tanino, matéria extraído da casca do barbatimão.

[13] Acessório que substitui a sela comum, o selim e o serigote.

[14] Sela com estribo apenas de um dos lados e um arção semicircular apropriado para as senhoras cavalgarem de saia.

[15] Pele macia e lavrada que se coloca sobre o coxinilho.

[16] De acordo com Dalva Marlene Chioca Rinaldi, por volta de 1824 já existiam em Franca artesãos do couro, como os Prados, os Gonçalves e os Vales, especializados na manufatura destes artigos (1987, p. 11). Foram extraídos dessa obra os esclarecimentos acerca dos artigos de couro produzidos pelos artesãos locais mencionados nas quatro notas anteriores.

[17] O fabriqueiro, ou aquele que cuida da Fábrica da Igreja, é o responsável pela administração do patrimônio da igreja, zelando pelos bens que pertencem a determinada paróquia. Segundo Júlio César Bentivoglio, "eram uma espécie de contadores, encarregados de gerenciar rendas da paróquia, efetuando compras, pagamentos, contratos de aforamentos, tudo sob a supervisão e consentimento do vigário-geral. Não podiam dispor de quaisquer bens da Igreja sem comunicar e receber autorização do bispado" (1997, pp. 106-07).

(Chioca, 1987, p. 12). Vinte anos após a fundação de seu primeiro curtume, vendido em 1890, P.e Alonso fundou também, em 1906, o "Curtume Progresso". Como se verá adiante, vendido pelo padre a Carlos Pacheco de Macedo em 1917, o "Curtume Progresso", totalmente remodelado e modernizado após a sua venda, traduziu-se num marco para a indústria do couro e do calçado local. Além da facilidade na obtenção regular de couros, outros dois motivos podem ter contribuído para a instalação dos curtumes em Franca: a existência de água em abundância em virtude dos diversos rios e córregos que circundam a região e a forte presença de madeiras ricas em tanino, substância utilizada no curtimento do couro.[18]

Também importante para o futuro do setor coureiro-calçadista em Franca foi o surgimento do "Curtume Elias Motta", em 1908, após a compra e modernização do "Curtume Cubatão" por Elias Mota, um ex-aprendiz de seleiro e sapateiro na década de 1890 que nos anos 1920 veio a se constituir em importante capitalista local.[19] O capital da empresa no momento de sua fundação, cinco contos de réis, demonstra que, à época, não se tratava de um empreendimento de grande porte. Em 1912, Mota passou alguns meses no Rio Grande do Sul, estado onde a indústria coureira já se encontrava bastante desenvolvida, a fim de estudar e se capacitar no que diz respeito ao trato do couro; no ano seguinte, instalou em Franca o que viria a ser o segundo curtume mecanizado do estado de São Paulo — o primeiro havia sido o Água Branca, na Capital (Chioca, 1987, pp. 14-15). O sucesso da iniciativa foi tamanho que em 1917 Elias Motta estabeleceu filial em São Paulo, que funcionava como depósito e distribuidora dos seus produtos, tambémcalçados, que também passara a fabricar; tal empreendimento evidencia que os negócios do curtume já na década de 1910 extrapolavam os limites do mercado local e regional.

---

[18] Segundo Maria da Conceição Martins Ribeiro, "nessas mesmas terras são encontrados diversos indivíduos vegetais dos quais o principal, pelo seu valor industrial, é o barba-timão, usado desde os tempos mais antigos no preparo dos couros" (1941, p. 139).

[19] Ao que tudo indica, pela análise do inventário da esposa de Elias Mota, seu capital advinha de aluguéis de imóveis na cidade de São Paulo e Franca. Em 1925, cerca de um terço do patrimônio de Elias Mota, avaliado em mais de 576 contos de réis, era constituído por imóveis residenciais, sobretudo em São Paulo; outro um terço compunha-se do curtume e duplicatas a receber relacionadas ao movimento deste e o restante de uma pequena propriedade rural e dívidas ativas, presumivelmente referentes a empréstimos por ele concedidos (*Inventário de Maria Seraphica Motta*, 1925).

Tanto no caso do "Curtume Elias Motta", quanto do remodelado "Curtume Progresso", é importante que se retenha o fato de que o aparecimento de curtumes modernos e mecanizados representou um avanço técnico considerável no que diz respeito à produção de couros de maior qualidade, colocando à disposição dos fabricantes locais matéria-prima apropriada para o fabrico de sapatos mais refinados, o que muito possivelmente lhes abriu as portas de mercados mais promissores, sobretudo nos novos centros urbanos que se desenvolviam. Ao que tudo indica também, a possibilidade de contar com matéria-prima farta e próxima[20] e a presença marcante dos curtumes, desde fins do século XIX, influíram decisivamente na afirmação, em Franca, de uma tradição manufatureira vinculada ao beneficiamento do couro e à fabricação de calçados. Se pensarmos no significativo preço dos fretes no momento de surgimento da indústria coureiro-calçadista local, o barateamento do produto, derivado da articulação representada pela obtenção da matéria-prima e seu beneficiamento no mesmo espaço geográfico onde se operava a sua transformação em mercadoria acabada (no caso, o sapato), pode ser também um dos fatores a explicar a boa receptividade do calçado francano no mercado a partir dos anos 1920/1930.

Como se pôde depreender até o momento, a economia local já apresentava características que favoreceram o aparecimento do artesanato e manufatura do couro antes mesmo da emergência da lavoura cafeeira como atividade hegemônica no município, cujo período de maior vitalidade pode ser situado entre 1890 e 1920. Passamos agora à reflexão acerca dos efeitos do surgimento da cultura do café para o setor fabril em questão.

1.1. A influência da cafeicultura: alcance e limites

Primeiramente, não resta dúvida de que os capitais da cafeicultura contribuíram para ampliar o mercado consumidor local para

---

[20] Dos couros utilizados nos curtumes de Franca, 49,71% provinham do próprio município e de cidades próximas, como Barretos, Orlândia, Cravinhos, Pedregulho, Ituverava, Igarapava e São Joaquim da Barra; outros 48,02% provinham de Minas Gerais (sobretudo de Uberaba e Uberlândia, no Triângulo Mineiro) e de Goiás (Nascimento & Moreira, 1943, Seção Indústria e Comércio, p. III).

as atividades ligadas ao couro. Traduzindo a atração exercida pelo café, uma planta que demandava crescente quantidade de braços para seu cultivo e manutenção, a população do município cresceu 341,32% entre 1886 e 1920, passando de 10.040 para 44.308 habitantes (Tosi, 1998). Entre 1920 e 1930, passou a 55.715 habitantes, crescendo 26%. O aumento da população levou, do mesmo modo, à expansão dos negócios relacionados ao couro e ao calçado. Em 1901 existiam em Franca dois curtumes, uma fábrica de calçado e quatorze oficinas de sapateiro (Tosi, pp. 126-8). Conforme pudemos constatar na pesquisa dos livros de registro de empresas do Cartório do Registro Geral de Hipotecas e Anexos, de 1901 até 1920 foram registrados mais oito curtumes e quatro fábricas de calçados no município, além de onze oficinas de sapateiro que, certamente, também fabricavam sapatos por encomenda. Entre 1920 e 1930, foram dezesseis as fábricas registradas, mais dez curtumes e cerca de uma dezena de oficinas.

Dos 44.308 habitantes que Franca contava em 1920, 6.193 eram imigrantes, especialmente italianos (2.889) e espanhóis (2.281), perfazendo 21,35% da população total (Faleiros, 2002). Não obstante a grande maioria destes estrangeiros terem se encaminhado para o campo, para o trabalho nos cafezais, a crescente presença de imigrantes em atividades urbanas, facilmente observável em documentos a partir de fins do século XIX, denota que o café exerceu também o papel de elemento de atração de um expressivo contingente de mão-de-obra qualificada que serviu à emergência ou aperfeiçoamento de diversas indústrias.[21] Conforme veremos no segundo capítulo deste livro, a participação do imigrante, particularmente dos italianos, foi decisiva para a evolução da indústria do calçado em Franca. Das principais empresas que marcaram a consolidação da cidade como um pólo calçadista importante, quase todas foram iniciadas por italianos ou filhos de italianos que, com modestos capitais, deram a partida para construção de empreendimentos que se firmariam gradativamente ao longo de algumas décadas. Para que não se faça injustiça privilegiando apenas a contribuição italiana, cabe mencionar que o maior

---

[21] Além dos curtumes e das fábricas de calçados, nas duas primeiras décadas do século XX Franca contava também com fábricas de cervejas, cigarros, fósforos e macarrão, entre outras de menor expressão. Para uma descrição destas outras indústrias, ver Tosi (1998, especialmente o capítulo 4).

grupo empresarial calçadista local teve origem na iniciativa de um sapateiro filho de espanhóis, nacionalidade representante do segundo maior contingente de estrangeiros em terras francanas.

A economia cafeeira propiciou ainda o incremento da vida urbana e o aparelhamento infra-estrutural, a exemplo da instalação de rede elétrica e de abastecimento de água e esgoto, necessários ao surgimento e evolução das fábricas. Por um lado, é evidente a radicalidade dessas transformações. Um bom exemplo pode ser observado no impacto causado pela instalação da ferrovia em 1887; além de facilitar o escoamento das mercadorias produzidas localmente, o que possibilitou a crescente "exportação" de alimentos e a transposição das fronteiras locais para os couros, calçados (sobretudo sapatões) e selas manufaturados em Franca, contribui também para a expansão do núcleo urbano original, que acabou se polarizando entre o bairro onde surgiu a estação ferroviária e o centro da cidade.[22] Outro exemplo é a remodelação da cidade pelo poder público a partir da última década do século XIX; questões como a racionalização do espaço, higienização e embelezamento, materializaram-se na preocupação com o planejamento e funcionalidade do traçado urbano, na imposição legislativa da assepsia nos hábitos da população e a multiplicação de praças e jardins, imprimindo a marca de uma sociedade que se modernizava a passos largos no outrora denominado *Belo Arraial do Sertão do Capim Mimoso*.[23] A imponência do "Teatro Santa Maria", construído em 1913 e remodelado em 1924, com capacidade para 1.400 pessoas, e do "Hotel Francano", inaugurado em 1929, ajudaram a dar um toque de *glamour* a esta era de hegemonia do café.[24]

---

[22] Para uma visão abrangente do impacto da ferrovia na vida econômica local, ver Tosi (1998, especialmente os capítulos 2 e 3). Para uma análise acerca da questão da polarização da urbe em dois centros hegemônicos, ver Follis (1998).

[23] Para uma análise detalhada da evolução urbana de Franca no período de hegemonia da economia cafeeira, ver Follis (1999).

[24] Não obstante ser um dos maiores empreendimentos financiados por membros da elite cafeeira de Franca, o Hotel Francano surgiu um tanto tardiamente, se considerarmos que o momento mais dinâmico da cafeicultura local se encerra no início na década de 1920. Em suas memórias, o jornalista Paulo Duarte cita um comentário acerca da precariedade dos hotéis francanos feito em 1910 a seu pai por João Antunes de Araújo Pinheiro, representante local na Câmara Federal, quando este o convenceu a aceitar sociedade para a instalação do Hotel São Rafael: "o sr. sabe que a Franca não possui um hotel decente, os dois principais existentes não

Entretanto, no que diz respeito a determinados aspectos da infra-estrutura urbana, julgamos ser prudente considerar a intensidade de tais mudanças com certo critério. O serviço de energia elétrica, por exemplo, vital à atividade industrial, permaneceu precário até meados do século XX. Em 1907, o jornal *Tribuna da Franca* denunciava o "preço exorbitante [pago por] uma *luz ruim e, o que é mais grave, inconstante*" (*Tribuna da Franca*, 11/4/1907, p. 1, grifo nosso). Da mesma forma, em diversas outras ocasiões industriais locais foram à imprensa ou aos tribunais reclamar do instável fornecimento de energia elétrica.[25] Quanto à iluminação elétrica, a primeira tentativa de dotar Franca deste serviço se deu em 1901, no entanto, fracassada. Até 1904 a iluminação pública continuou a ser feita por meio de lampiões a querosene, passando à eletricidade em abril daquele ano, quando a "Cia. Paulista de Eletricidade", sediada em Limeira, inaugurou tal melhoramento; conforme ressaltado pela imprensa, o serviço da companhia, além de caro aos cofres públicos, era de péssima qualidade (Follis, 1999). Apenas em fins de 1909, vencidos os efeitos da crise de 1898/1906, bastante sentida pela cafeicultura em Franca (Faleiros, 2002), é que investidores locais se associaram e fundaram a "Cia. Francana de Eletricidade", passando, a partir do ano seguinte, a fornecer serviços de eletricidade e iluminação de forma um pouco mais estável; em 1912, a mesma empresa adquiriu também a concessão dos serviços telefônicos. Com efeito, de acordo com Follis (1999), a questão da energia e da iluminação foi tônica constante de protestos e abaixo-assinados dos cidadãos francanos entre as décadas de 1910 e 1930 e, pelo que se pode depreender da opinião manifestada em 1913 pelo *Tribuna da Franca*, a telefonia local também não sofreu melhoras significativas no período: "sabido de todos é o estado deplorável em que sempre tivemos este ramo de serviço tão necessário" (*Tribuna da Franca*, 30/8/1913, p. 1).

---

estão à altura" (1976, vol. 1, p. 218). Em 1923, a imprensa ainda chamava a atenção para a necessidade de um hotel de grande porte na cidade, assinalando que Ribeirão Preto e até mesmo cidades menores que Franca, como Bebedouro, possuíam hotéis de grandes dimensões (*O Alfinete*, 19/4/1923).

[25] Ver, por exemplo, as ações públicas movidas por diversos industriais contra a companhia de eletricidade local em 1933 e as notícias publicadas, em 1945 e 1946, acerca de reuniões de empresários francanos para tratar da questão do fornecimento de energia elétrica (*Registro Geral de Títulos, Documentos e Outros Papéis*, B-4, docs. 732, 748, 769, 772 e 912; *O Francano*, 7/9/1945, p. 1 e 1/9/1946, p. 1).

Segundo Follis, o abastecimento de água era igualmente precário à época, constituindo-se no principal problema de Franca no período entre 1890 e 1940. Conforme observa este autor, "até fins dos anos 30, bairros já bastante povoados estavam não só desprovidos de rede de esgoto como de água encanada" (1999, p. 123), até mesmo o bairro da Estação, que disputava com o centro da cidade o *status* de núcleo urbano mais próspero e hábitat das elites, abrigando grandes estabelecimentos comerciais, escritórios de agenciamento de café, armazéns e indústrias, empreendimentos atraídos pela proximidade da ferrovia; até 1938 o bairro da Estação possuía rede de esgotos em apenas uma rua (Dr. Jorge Tibiriçá) e "abastecimento de água bastante deficiente". No que diz respeito a um dos aspectos estéticos cruciais da urbe, Follis salienta que "até o início da década de 1920 as ruas de Franca permaneceram sem nenhum tipo de calçamento", e as principais ruas da área central da cidade, onde residia a maioria dos membros das classes abastadas, começaram a ser calçadas apenas em 1923 (1999, p. 132). Como se vê, tal paisagem parece distante do cenário de uma *belle époque* caipira financiada pelos capitais da cafeicultura.

Um aspecto a mais a ser destacado como fruto do desenvolvimento da lavoura cafeeira no município foi a monetarização da economia por ela propiciada. As negociações de café e o pagamento de salários aos colonos em moeda corrente contribuíram para a expansão da circulação de capital nas transações de compra e venda, estimulando ainda, com isso, o incremento do comércio e da indústria: ao favorecer a demanda por bens de consumo, a ampliação do meio circulante incentivou a inversão em empreendimentos os mais variados. O número de armazéns de secos e molhados, por exemplo, cresceu surpreendentemente entre 1877 e 1912, passando de 25 a 138 — chegando a ser 190 em 1901. Fábricas de calçados, cerveja, licores, cigarros, sorvetes, além de tipografias, olarias, serrarias e muitos outros negócios especializados, surgiram para atender a demanda de uma população que cada vez mais passava a ter no dinheiro o seu principal meio de troca.[26] O surgimento de casas bancárias, como a de Crisógono de Castro, fundada em 1893, e casas comerciais, como a

---

[26] Para um quadro descritivo dos estabelecimentos comerciais e industriais, assim como das ocupações e profissões em Franca nos anos de 1872/1877, 1901, 1911 e 1912, ver Tosi (1998, pp. 126-8).

"Casa Hygino Caleiro" e a "Casa Guerner", onde empréstimos a juros, desconto de títulos e ordens de pagamento eram comuns,[27] confirmam a maior intensidade do fluxo de capitais a partir da emergência da cafeicultura.

Todavia, também neste aspecto faz-se necessário tomar o devido cuidado de interpretação para que não se venha a superestimar a dimensão local desse processo de expansão da circulação de capitais, não atentando para os seus óbvios limites. Em primeiro lugar, é importante lembrar que a instalação de bancos comerciais em Franca foi bastante tardia e se fez de modo precário. De acordo com Maria da Conceição Martins Ribeiro, apenas em 1912 foi instalado o Banco de Custeio Rural, sendo esse o primeiro "estabelecimento desse gênero a aparecer naqueles sertões". Segundo Ribeiro, "este banco fracassou, porém, com muita rapidez, falindo em 1919. Somente em 1921 é que foi instalado o Banco Comercial do Estado de S. Paulo e ano e pouco depois o Banco do Brasil" (1941, p. 152). No mesmo sentido, Faleiros chama a atenção para o fato de que, no estudo dos bancos paulistas realizados por Flávio Saes,[28] "nenhuma Casa Bancária francana foi considerada em seu texto, denotando que no cenário dos «Bancos do Interior» os de Franca não alcançavam maior destaque" (2002, p. 158). Os efeitos dessa realidade são descritos pelo jornal *Tribuna da Franca* em 1919:

> É sabido por todos que o pequeno comércio, a indústria e mesmo os proprietários agrícolas, acham-se privados do auxílio bancário dos grandes institutos de crédito, e assim abandonados, são forçados a recorrer ao crédito particular, sujeitando-se aos juros onzenários de 5% e mesmo 10% ao mês, com grave dano para o seu progresso nos ramos da atividade (*Tribuna da Franca*, 25/5/1919, p. 1).

De outra parte, cabe ressaltar uma condição que julgamos fundamental para o entendimento da dinâmica da cafeicultura e de seus capitais em

---

[27] Este tipo de procedimento era comum nas grandes casas comerciais da época. Segundo Flávio Saes, "as formas primitivas de empréstimos de dinheiro acompanham os primeiros estágios do desenvolvimento comercial e da circulação monetária. Aliás, não poucas vezes comerciante e usurário confundem-se na mesma pessoa até que haja certa especialização típica do capital" (Saes, 1986, p. 61).

[28] A referência bibliográfica aqui é a mesma da nota anterior.

Franca: a observação criteriosa da especificidade da estrutura fundiária local, assim como da pouca expressividade da lavoura cafeeira do município em comparação com outros centros produtores de reconhecida importância na região, como Ribeirão Preto e São Simão.[29] Seria um grave equívoco pensar em Franca como uma cidade onde a agricultura restringiu-se à monocultura cafeeira para a exportação assentada em grandes propriedades, ou mesmo onde o capital cafeeiro atingiu vultosas dimensões e fez dezenas de grandes fortunas, disseminando-se por atividades as mais variadas como bancos, ferrovias e indústrias, entre outros. Uma breve reflexão sobre o tema revela muito mais uma economia marcada pela escassez de capital e pelo baixo nível de acumulação da incontestável maioria de seus elementos ativos, que uma sociedade caracterizada pela opulência dos "homens do café" ou pela magnitude dos símbolos dessa hegemonia, como aconteceu em outros centros produtores a exemplo de Ribeirão Preto.

Em Franca sempre predominou a pequena propriedade. De acordo com Faleiros, mesmo com a formação e o desenvolvimento da cafeicultura não se verifica "um processo mais amplo de concentração de terras, muito pelo contrário, por mais paradoxal que possa parecer, quanto mais avançamos no tempo mais as pequenas propriedades se impõem como conformação dominante" (2002, p. 4). Conforme assinala Faleiros em recente estudo, por todo o século XIX "predominavam modestos criadores de gado e lavradores de pequenas culturas de alimentos" (2002, p. 4); e quando o café se estabelece como cultura principal

> não se verifica no espaço em questão um processo mais amplo de concentração de terras e capitais que desalojam os pequenos fazendeiros e impõe o latifúndio e o trabalho livre como realidades. O café, desde logo, nasce estreitamente ligado às pequenas posses (2002, p. 21).

---

[29] Ribeirão Preto passou a ser o centro da zona cafeeira paulista a partir das duas décadas finais do século XIX até a década de 1920, representando a expansão da produção do chamado *Oeste Velho* (regiões de Campinas, Limeira e Rio Claro) para o *Oeste Novo*, que geograficamente corresponde ao nordeste e ao norte paulista. Na região de Ribeirão Preto estavam estabelecidos alguns dos maiores fazendeiros de café do período, como Francisco Schimidt (com 7.885.154 cafeeiros), Martinho Prado (com 2.112.700) e Henrique Dumont (com 1.500.000) (Monbeig, 1984).

No *Gráfico 1* podemos observar a predominância da pequena propriedade cafeeira nas lavouras do município nas duas primeiras décadas do século XX.

Gráfico 1. Cafeicultores e plantações entre 1901 e 1920

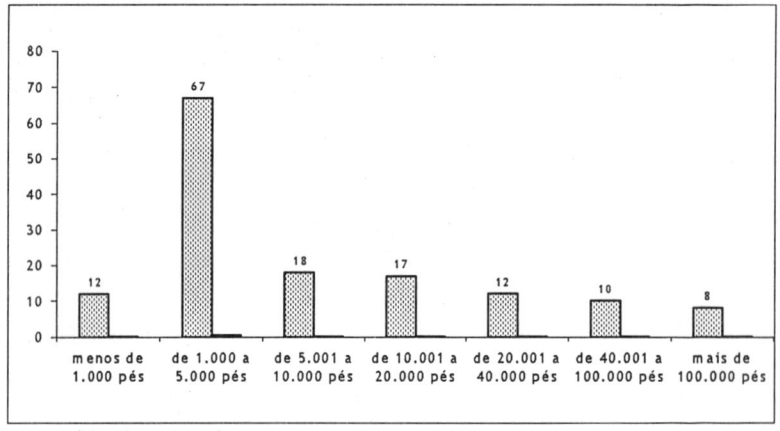

Faixa	Cafeicultores
menos de 1.000 pés	12
de 1.000 a 5.000 pés	67
de 5.001 a 10.000 pés	18
de 10.001 a 20.000 pés	17
de 20.001 a 40.000 pés	12
de 40.001 a 100.000 pés	10
mais de 100.000 pés	8

Fonte: Faleiros (2002, p. 67).

Note-se que mais de dois terços dos cafeicultores locais possuíam lavouras com até dez mil pés de café, e quase a metade situava-se na faixa dos mil a cinco mil cafeeiros. Se compararmos estes números com os de alguns dos principais municípios da chamada Alta Mojiana, veremos que em Franca se encontrava a maior média de pequenos produtores da região (Gráfico 2).[30] O número médio de cafeeiros por propriedade em Franca evidencia igualmente a modesta magnitude das plantações locais. Enquanto em Ribeirão Preto a média é de 152.480 pés por propriedade, em Franca essa média é de 20.382 — quase sete e meia vezes menor. Em localidades como Cravinhos e Serra Azul o número médio de pés de café plantados por propriedade ultrapassa a casa dos cem

---

[30] Os principais núcleos urbanos da região nordeste do estado de São Paulo, servida pela via férrea da Companhia Mojiana e por isso chamada também de Alta Mojiana, eram as cidades de Ribeirão Preto, Altinópolis, Batatais, Brodósqui, Cajuru, Cravinhos, Franca, Guará, Igarapava, Ituverava, Jardinópolis, Nuporanga, Orlândia, Patrocínio do Sapucaí, Pedregulho, Santa Rosa de Viterbo, Santo Antônio da Alegria, São Joaquim da Barra, São Simão, Serra Azul e Sertãozinho.

mil; em São Simão, em Sertãozinho, em São Joaquim da Barra, em Orlândia e em Jardinópolis a média fica entre cinqüenta mil e cem mil (Bacellar, 1999).

Gráfico 2. Porcentagem das lavouras com até dez mil pés de café na Alta Mojiana

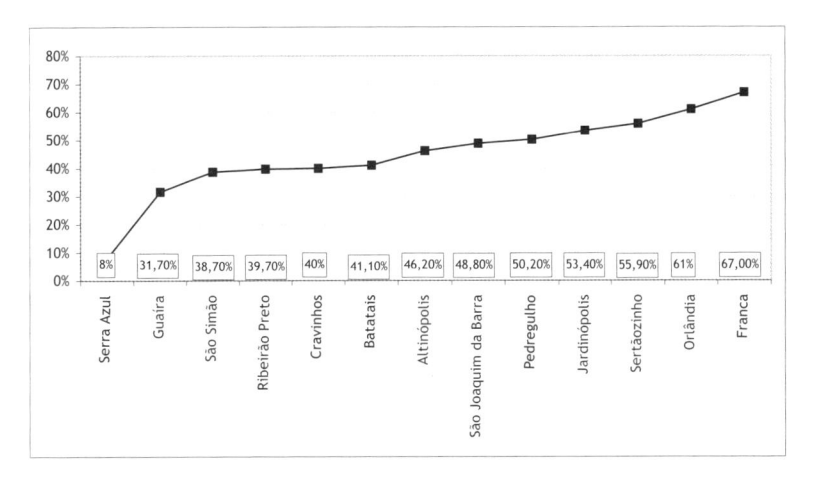

Local	%
Serra Azul	8%
Guaíra	31,70%
São Simão	38,70%
Ribeirão Preto	39,70%
Cravinhos	40%
Batatais	41,10%
Altinópolis	46,20%
São Joaquim da Barra	48,80%
Pedregulho	50,20%
Jardinópolis	53,40%
Sertãozinho	55,90%
Orlândia	61%
Franca	67,00%

Fonte: Faleiros (2002, p. 67).

A preponderância da pequena propriedade e, por conseguinte, da pequena lavoura cafeeira, se refletiu no nível de acumulação dos proprietários, assim como na dinâmica de circulação de capitais. Analisando 835 inventários de proprietários entre 1901 e 1920, Faleiros revela que em Franca a grande maioria dos detentores de bens de raiz (imóveis de qualquer natureza) situava-se na faixa cujo patrimônio perfazia "entre um e cinco contos de réis", e a segunda faixa de maior destaque seria a de "menos de um conto de réis"; os representantes dessas duas faixas, quase sempre pequenos lavradores que viviam da policultura ou do minifúndio cafeeiro, compunham mais da metade do total de inventários pesquisados (2002, p. 139). Faleiros nos chama a atenção ainda para o fato de que esses pequenos proprietários possuíam "poucos recursos em forma de dinheiro", sendo este um tipo de bem que somava, em âmbito local, menos de 10% de toda a riqueza acumulada. Não por acaso, o autor acusa um cenário de "baixa monetarização em termos concretos", existindo algumas poupanças, todavia, "diminutas em relação às outras formas de riqueza presentes" (2002, p. 140).[31]

Prevalecendo em Franca o minifúndio, as pequenas plantações de café e o baixo nível de acumulação, o município ocupou posição residual no complexo cafeeiro. A despeito de estar localizada em uma região que assumiu a dianteira da produção de café no País a partir da década de 1890, tendo em Ribeirão Preto seu núcleo principal, Franca teve importância secundária se considerarmos o volume de café produzido por outras localidades do nordeste paulista. Não havia em Franca produtores de expressão: em 1902, a cafeicultura já consolidada, entre 294 produtores apenas quatro possuíam mais de cem mil pés de café; o maior produtor, João de Faria, era proprietário de 185 mil cafeeiros. Daí, Bacellar dizer que, na Alta Mojiana, se considerados somente os vinte maiores proprietários de pés de café por município, tem-se confirmada "a grande concentração da lavoura cafeeira em Ribeirão Preto, seguida por Sertãozinho, São Simão, Cravinhos e Orlândia, onde estavam situados os maiores complexos cafeeiros, com mais de 500 mil pés" (1999, pp. 128-9). Em 1924, apenas André Martins Andrade possuía mais de meio milhão de cafeeiros em Franca, com 567 mil pés de café plantados. Mesmo sendo Franca o segundo município mais importante da região, a lavoura cafeeira local apresenta números menos expressivos que os de cidades como Sertãozinho e São Simão e, em alguns anos, Cravinhos e Batatais. Vejamos:

Tabela 1. Número de cafeeiros nos principais municípios da região

Município	Pés de café em produção, por safra		
	1914-1915	1919-1920	1924-1925
Franca	7.380.980	11.727.800	12.000.000
Ribeirão Preto	31.394.365	31.394.365	31.395.000
Sertãozinho	14.750.000	15.620.000	15.620.000
São Simão	14.520.000	22.000.000	18.600.000
Cravinhos	11.289.000	11.289.000	10.786.000
Batatais	7.454.750	9.737.200	6.831.000

Fonte: Baseado em Bacellar (1999, p. 125).

---

[31] A análise se encontra em um tópico sugestivamente intitulado "Inventários: o domínio da pobreza". Para o autor, ainda que os dados pesquisados denotem baixa monetarização, não se pode afirmar que a categoria dinheiro estava de todo ausente. Como observa, o próprio fato de as safras futuras de café serem caracterizadas nos inventários como "dinheiro" revela que se tratava de economia monetarizada.

Outros números saltam aos olhos e contribuem para reforçar nosso argumento acerca da posição residual ocupada por Franca na zona cafeeira do nordeste paulista. Em 1912, enquanto todos os produtores locais contavam com 7.380.980 cafeeiros, produzindo 626.024 arrobas, um único produtor ribeirão-pretano — diga-se de passagem, o maior — superava esta marca: Francisco Schimidt, proprietário de 7.885.154 cafeeiros, produziu naquele ano 700.000 arrobas (Bacellar, 1999; Tosi, 1998; Garcia, 1997). Quando comparamos Franca com o município de São Carlos, uma das últimas fronteiras do chamado *Oeste Velho*, constatamos o mesmo contraste. Em 1902, momento em que a cafeicultura local começava a adentrar seu melhor período, o número de cafeeiros plantados era da ordem de 4.222.500. Na mesma época, o número de pés de café plantados em São Carlos alcançava 25 milhões. Em 1909, um dos melhores momentos da produção cafeeira local, o total produzido chegava a 794.560 arrobas; no mesmo ano, os cafeeiros de São Carlos, em plena decadência, produziram quase o dobro: 1.501.472 arrobas (Truzzi, 2000).

É significativo desta posição residual ocupada por Franca no complexo cafeeiro o fato de a cidade ter sido ameaçada de ficar de fora dos planos da "Cia. Mojiana de Estradas de Ferro e Navegação" no momento em que a empresa teve de se decidir sobre o percurso mais adequado para a linha-tronco do prolongamento entre o município de Casa Branca e o rio Grande, na divisa de São Paulo com Minas Gerais, tendo como destino a partir daí a localidade mineira de Uberaba. Indiferente ao que os cronistas da época chamavam de "caminho natural da Mojiana" para chegar ao rio Grande, passando por São Simão, Cajuru, Altinópolis, Batatais e Franca, Martinho Prado Júnior escreveu em 1882 uma série de artigos no jornal *A Província de São Paulo* defendendo a mudança do traçado da ferrovia, que deveria, segundo seu entendimento, passar por Ribeirão Preto rumo a Uberaba, deixando Franca e Batatais à direita da linha-tronco. Sabe-se que Martinico Prado, como era chamado, foi um dos principais representantes do grande capital cafeeiro em São Paulo e tinha interesses econômicos na região, onde chegou a possuir posteriormente, em Ribeirão Preto e circunvizinhanças, quase três milhões e meio de pés de café. Depois de muitos estudos e debates, em 1887 a ferrovia chegou a Franca, tendo sido inaugurada em Ribeirão Preto em 1882. Com efeito, o que se pode depreender da polêmica gerada em torno desta questão é que Franca, como bem lembra Faleiros, "apesar da volumosa população, não reunia condições e potencialidades de atrair por suas próprias forças os trilhos da Mogiana" (2002, p. 57); conforme argumenta o autor, a recusa inicial de se colocar a cidade como um dos trajetos dos caminhos de ferro pode ser explicada pelo modo de inserção do município no complexo cafeeiro:

> a predominância da pequena e média propriedade, [. . .] a não existência de terra roxa [. . . .] e todo um conjunto populacional voltado a outras atividades de certa forma apresentariam resistência à implantação do café nos moldes até então aplicados, e os administradores que definiam os prolongamentos [das ferrovias] sabiam disso. Isso com certeza foi significativo (2002, p. 59).

Diante da discussão empreendida até aqui acerca da cafeicultura e seus desdobramentos em Franca, podemos presumir que o número de representantes do que podemos chamar de *grande capital cafeeiro*, ou seja, signatários de investimentos que ultrapassavam os limites da lavoura, estendendo-se ao comércio, bancos, ferrovias e concessão de serviços públicos, não foi grande. Segundo Renato Monseff Perissinoto,

> esse grande capital, embora diversificado, tem um caráter predominantemente mercantil e pode ser definido como uma burguesia comercial. É a camada superior da burguesia cafeeira. [. . .] Na economia cafeeira da época, os maiores "produtores" de café, os maiores fazendeiros, faziam parte [dessa] camada superior da burguesia cafeeira (Perissinoto, 1991, pp. 25-6).

Em Franca, poucos são os elementos da cafeicultura que poderíamos destacar nesta categoria e, mesmo assim, seus investimentos não extrapolaram a constituição de casas bancárias de influência apenas local e casas comerciais que tinham a atribuição de emprestar dinheiro e descontar títulos. Crisógono de Castro, um dos dez maiores cafeicultores do período, com noventa mil cafeeiros e proprietário de uma casa bancária fundada em 1893, certamente é um dos mais importantes representantes deste "grande capital" que vai além das fronteiras das plantações propriamente ditas. José Guerner de Almeida, proprietário da Casa Guerner e de 160 mil cafeeiros, e Higino Caleiro, dono de casa comercial com seu nome e possuidor de 130 mil pés de café no início do século, também figuram entre os nomes mais proeminentes desta categoria de capital (Faleiros, 2002). Modestino Gomes é um caso interessante de representante do capital cafeeiro que primeiro investiu na indústria e depois se imiscuiu nos negócios do café; antes de se estabelecer como comissário de café e cereais em 1929, Gomes foi proprietário de fábrica de arreios fundada em 1920 e também de curtume de considerável porte — com capital de 150 contos — entre 1927 e 1929 (*Registro de Firmas Comerciais*; *Revista Comércio da Franca*, 1/5/1956, p. 22). No entanto, a atividade de capitalista de Modestino Gomes se iniciou antes de sua relação com a cafeicultura; seu nome compõe a lista dos maiores credores na falência do "Curtume Progresso" (1926), tendo sido ele um dos síndicos do processo. Afora estas figuras, poucas outras se destacam, e importantes nomes do setor cafeeiro em Franca tinham exclusivamente na lavoura o seu principal negócio.

 De acordo com diversos autores que estudaram direta ou indiretamente a relação entre café e indústria, foi o grande capital cafeeiro que, em grande medida, financiou o surgimento da indústria em São Paulo. Esse capital, cuja essência é predominantemente mercantil e financeira, buscou ao máximo a diversificação de suas inversões, encontrando na indústria uma das formas rentáveis para a reprodução dos recursos que tinha sua origem primeira na cafeicultura.[32] Se no conjunto da indústria paulista temos numerosos exemplos da presença do grande capital cafeeiro na atividade fabril, como os de Antônio da Silva Prado (Vidraria Santa Marina), Antônio Pereira Inácio (Fábrica de Tecidos Votorantin) e outros já mencionados no início deste capítulo, em Franca não encontramos indícios de que este capital tenha participado do surgimento da

---

[32] Conforme observa Sérgio Silva, "os grandes capitais — isto é, a camada superior da burguesia cafeeira — definiam fundamentalmente uma burguesia comercial. Os médios capitais — isto é, a camada inferior da burguesia cafeeira — definiam sobretudo uma burguesia agrária, cuja fraqueza (resultante do fraco desenvolvimento do capitalismo ao nível de produção) a aproximava de uma simples classe de proprietários de terra" (1976, p. 61).

principal indústria local, ou seja, a do calçado. Entre os prováveis representantes do grande capital cafeeiro local não encontramos nenhum que tenha investido na indústria do calçado até meados dos anos 1950, quando o setor começa a se consolidar em Franca.

Tampouco nos parece ter havido investimentos diretos de cafeicultores de uma forma geral nesta atividade. Realizando o cruzamento dos nomes de proprietários das 562 indústrias de calçados cadastradas entre 1900 e 1969 nos livros de *Registro de Firmas Comerciais* do "Cartório de Registro Geral de Hipotecas e Anexos de Franca" com diversas listas de cafeicultores publicadas em almanaques e em monografias de órgãos públicos das quatro primeiras décadas do século XX, não encontramos nenhum nome comum às duas atividades.[33] Na pesquisa com inventários o mesmo ocorreu.

Ao que tudo indica, em razão de suas modestas posses, a grande maioria dos cafeicultores não tinha condições de investir em outra atividade, e aos poucos representantes locais do grande capital cafeeiro não parecia atrativo o risco da inversão de recursos em uma indústria periférica como a de calçados, em grande medida ainda artesanal, de mão-de-obra intensiva, a disputar mercado com um grande número de oficinas mantidas por artesãos do couro. Reforça o argumento de que parece ter havido resistência dos detentores do capital à indústria do calçado o fato de que alguns cafeicultores investiram em curtumes, atividade fabril que do ponto de vista tecnológico poderia ser classificada à época, segundo Wilson Cano, como "intermediária", em contraste com a fabricação de calçados, classificada no grupo das de tecnologia "simples" (Cano, 1998).[34] Nomes de cafeicultores como os de Osório de Paula Marques,[35] João Cae-

---

[33] Tais listas de cafeicultores foram consultadas em Franco (1902, p. 177-84), Nascimento & Moreira (1943, Seção Agrícola; p. 2), Tosi (1998, vol. II, Anexos IV e V) e Faleiros (2002).

[34] Os curtumes eram uma atividade que exigia investimentos bem maiores que a indústria do calçado, e em Franca, de acordo com nosso levantamento, a média de capital invertido nesses estabelecimentos ultrapassava cerca de três vezes o das fábricas de sapatos.

[35] Proprietário de oito mil pés de café recebidos em herança em 1916, conforme inventário do mesmo ano. Foi ainda co-proprietário de curtume registrado em 1920 com capital de 20:000$000 e um dos três sócios de curtume registrado no mesmo ano com capital de 150:000$000 (*Inventário de Joaquim de Paula Marques*, 1916).

tano Alves[36] e do comissário de café Modestino Gomes[37] aparecem nos registros de curtumes. Da mesma forma, Antônio Torres Penedo Filho,[38] filho de um dos maiores cafeicultores da região nos anos 1930, aparece como sócio de uma grande indústria de solados de borracha vulcanizada em 1944; sabe-se que o nível de mecanização também nessa indústria é muito maior que na indústria do calçado. Osvaldo Sábio de Melo salienta que o investimento de proprietários rurais na fabricação do calçado propriamente dito se deu apenas a partir da consolidação do setor nos anos 1950, por certo estimulados pelo significativo êxito obtido por diversas empresas locais no período (Mello, 2001).

Com base nas reflexões desenvolvidas acima, pensamos ser possível asseverar que o empresariado calçadista de Franca não tem vínculos de origem com a burguesia cafeeira, não sendo esta classe a sua matriz social. Como discutiremos no segundo capítulo, o que poderíamos chamar de uma *burguesia do calçado* originou-se do pequeno capital de proprietários de oficinas e de modestos comerciantes que iniciaram seus negócios tendo sua própria força de trabalho como elemento fundamental do empreendimento. Presumimos que pequenas poupanças e/ou empréstimos de familiares — como foi comprovado pelas fontes em alguns casos — tenha sido o ponto de partida das empresas. Analisando a origem dos investimentos nas empresas industriais paulistas, Luiz Carlos Bresser Pereira (2002) também relativiza a importância do capital cafeeiro para o surgimento da atividade fabril em São Paulo; segundo constata, em mais de três quartos das empresas os fundos iniciais que financiaram o surgimento do negócio vieram do próprio empresário ou da família.

---

[36] Proprietário de dez mil pés de café. Foi também co-proprietário de curtume registrado em 1908 com capital de 10:000$000.

[37] Não obstante situarmos Modestino Gomes como representante do grande capital cafeeiro, seu nome tem grande identificação com a indústria curtumeira, setor no qual participou de grandes empreendimentos desde os anos 1920 até fins da década de 1960. Foi sócio do "Curtume União", sócio-proprietário do "Curtume Della Torre", em conjunto com seu genro Antônio Della Torre, e também do "S. Barros & Cia.", em conjunto com seu filho Sebastião Leone de Melo Barros (*Registro de Firmas Comerciais*; *Revista Comércio da Franca*, 1/5/1956, p. 22).

[38] O pai de Antônio T. P. Filho, Antônio Torres Penedo, foi proprietário de trezentos mil pés de café, deixados em herança conforme meação em inventário de 1944 (*Inventário de Magnani Cesira Torres*, 1944). Penedo Filho foi um dos três sócios da indústria de solados para calçados "Borracha Manaus", fundada em 1953.

De maneira geral parece não ter havido maior vinculação entre o capital cafeeiro e a indústria do calçado. Grandes fábricas do Rio de Janeiro e São Paulo, como a Cathiard & Alaphillippe (RJ), Bordallo & Cia. (SP), São Paulo Alpargatas (SP) e Calçados Clark (SP), foram constituídas com capital estrangeiro: as duas primeiras tinham origem francesa e as duas últimas inglesa. Para outras como a Lameirão Marciano & Cia. (RJ), Ferreira Souto & Cia. (RJ) e Coelho da Rocha & Cia. (SP), de capital nacional, não encontramos indícios dessa ligação. Na Miguel Melillo & Cia., terceira maior fábrica de calçados paulistana na década de 1910, nota-se a presença de um agente econômico recorrente na indústria de Franca: o imigrante italiano; e pelo que se pode inferir da observação da lista das principais empresas da cidade de São Paulo em 1928, neste núcleo este seria o nexo mais comum quando o assunto é a fabricação de calçados.[39] No que diz respeito ao interior paulista, pouco se sabe sobre as suas fábricas de calçados; todavia, se considerarmos os sobrenomes da mesma lista observada para a capital, confirma-se a relação entre o setor estudado e o elemento imigrante, sobretudo os oriundos da península itálica. É interessante destacar, ainda, que em importantes cidades do complexo cafeeiro, como Araraquara e São Carlos, não existiram indústrias de calçados, não obstante possuírem curtumes.[40]

Nas fábricas dos demais principais centros produtores como Bahia, Pernambuco e Rio Grande do Sul, a ausência do vínculo entre café e indústria do calçado é evidente. Entre os gaúchos, com efeito, a origem da indústria calçadista parece se aproximar mais do tipo de desenvolvimento inicial verificado em Franca. Segundo Lígia Gomes Carneiro, em boa parte das empresas de calçados da região do Vale do Rio dos Sinos, no Rio Grande do Sul, o capital adveio da acumulação feita por pequenos arte-

---

[39] Em São Paulo, além da fábrica de Miguel Mellilo outras grandes empresas do setor tiveram origem no empreendimento de italianos ou de pessoas de origem italiana, como a "Ernesto Luchetta", "Domingos Marelli & Cia.", "D'Acontti & Borelli", "E. Dedivitis & Bottoni", "Vicente Napoli & Cia." e "Scatamacchia & Cia.", além de outras ligadas a proprietários de outras etnias. A relação dos principais fabricantes de calçados da cidade de São Paulo encontra-se em Tosi (1998, vol. II, Anexo V). As demais informações sobre empresas calçadistas baseiam-se em Suzigan (1986, pp. 176-90) e Carone (2000, pp. 116-8).

[40] Em São Carlos o número de curtumes chegava quase a duas dezenas na década de 1910. Para um quadro demonstrativo da indústria nos municípios de Araraquara e São Carlos, ver Lorenzo (1979, pp. 147-50).

sãos, embora nem todos os artesãos conseguissem acumular o suficiente para criar indústrias; conforme observa, "as maiores fábricas deveriam contar com capitais advindos de outras fontes — principalmente do comércio" (Carneiro, 1986, p. 65).

Quando pensamos no financiamento da atividade industrial pelo escoamento de excedentes da acumulação cafeeira que se tornam capitais disponíveis ao crédito no mercado, o que Wilson Cano chama de "mascaramento do capital cafeeiro" chegamos a resultados igualmente negativos para Franca.[41] Se estes capitais tomaram o caminho do precário sistema bancário da época, não chegaram às mãos dos industriais do calçado. É conhecida e amplamente documentada a queixa dos fabricantes de calçado locais quanto à inexistência de crédito à sua atividade na rede bancária "tradicional", situação que ficou patente na investigação de falências e inventários, documentos nos quais os principais credores são os emprestadores de dinheiro informais, os chamados *capitalistas* ou, mais vulgarmente, *agiotas*.[42] Malgrado alguns "homens do café" terem se estabelecido também como capitalistas, não encontramos nas fontes pesquisadas elementos que pudessem nos levar à constatação de que o capital cafeeiro tenha financiado a indústria com fundos captados na rede de transações financeiras particulares — agiotagem — da economia local. Como veremos com maior detalhe no terceiro capítulo, os fornecedores de crédito mais comumente encontrados nos papéis referentes aos empresários do calçado apresentam outra natureza econômica: são geralmente pequenos comerciantes, profissionais liberais, pessoas de pequenas posses ou outros industriais que, estabelecidos a um maior tempo, se encontravam em melhor situação financeira. Pelo visto, e as reflexões do segundo capítulo corroboram a idéia, em virtude da pequena expressão

---

[41] Cano salienta que "a forma pela qual a intermediação financeira se apropriou de grande parte do capital cafeeiro mascarou a sua origem, não se dando conta de que os capitais industrial, financeiro e comercial são eles próprios, fundamentalmente, faces do capital cafeeiro" (1998, p. 98).

[42] Edgard Carone chama a atenção para o fato de que "a escassez de recursos financeiros pessoais é a tônica que caracteriza o sistema bancário no Brasil, durante o século XIX e o começo do século XX. Essa é a característica do funcionamento dos bancos, tanto os de origem estrangeira, como os nacionais. São, no entanto, os agiotas particulares — ou, como se denominam, os capitalistas — os que emprestam dinheiro com juros de agiotagem" (2000, p. 72).

de seus negócios, pelo menos nos primórdios os empresários do calçado não usufruíram de credibilidade suficiente para ganhar confiança dos *capitalistas* de maior relevo.

Entretanto, neste aspecto nossa interpretação se choca frontalmente com outro importante trabalho desenvolvido acerca da indústria do calçado de Franca. Em *Capitais no Interior: Franca e a História da Indústria Coureiro-Calçadista (1860-1945)*, sua tese de doutoramento, Pedro Tosi sustenta que o capital industrial do setor coureiro-calçadista de Franca teve origem nos excedentes de renda agrícola da cafeicultura, beneficiando-se de "uma certa disponibilidade de dinheiro, que, ordinariamente, pôde servir de capital de empréstimo" (1998, p. 209). Vemos, desse modo, uma interpretação do processo de surgimento da indústria do calçado local que reproduz em parte as análises correntes. Se no caso dos curtumes houve mesmo algum "vazamento" — para usar a expressão de João Manuel Cardoso de Mello — de capitais da cafeicultura para a atividade fabril, no caso específico da indústria do calçado isso não aconteceu; e mesmo quando se trata do segmento curtumeiro, vimos que o surgimento dos primeiros estabelecimentos, como os de Padre Alonso ou Elias Mota, tiveram origem em capitais de procedência distinta do setor cafeeiro.

Tosi baseia seu argumento sobretudo no estudo de dois casos específicos, os das empresas "Calçados Jaguar" e "Curtume Progresso", acerca das quais realiza longa análise dos respectivos processos de falência. A "Calçados Jaguar", primeira fábrica mecanizada a se estabelecer em Franca, foi fundada em 1921 com capital de 150 contos de réis, tendo como principais sócios Samuel Carlos Ferreira dos Santos e Arnaldo Pacheco Ferreira dos Santos, genros de Carlos Pacheco de Macedo, comerciante e fabricante de selas e calçados que comprou o "Curtume Progresso" em 1917 e se empenhou na sua modernização por meio de aporte considerável de capital: de início, em 1920, 400 contos de réis, perfazendo 800 contos no momento de sua concordata em 1926. Parece notável a ligação entre os dois negócios, haja vista que tanto sogro quanto genros constam como credores uns dos outros em suas falências e avalizavam-se mutuamente em empréstimos (*Falência de Carlos, Pacheco & Cia.* [Calçados Jaguar], 1926; *Falência de Macedo, Marx & Cia.* [Curtume Progresso], 1926).[43]

---

[43] Salvo outra citação, as referências às duas empresas têm essa indicação bibliográfico-documental.

Os processos de falência de ambos os empreendimentos deixam transparecer sua dependência em relação aos capitais em disponibilidade na economia local: quase a metade do montante de suas dívidas, que juntas somavam cerca de dois mil contos de réis, referia-se a empréstimos contraídos fora do sistema bancário tradicional.[44] Dentre os credores, havia nomes ligados à cafeicultura das cidades de Franca, de Ribeirão Preto e de Batatais, como Francisco Andrade Junqueira, Ernesto Moreira da Silva, Eufausino Martins Coelho e Virgínio Pereira dos Santos, entre outros. Os próprios proprietários da "Calçados Jaguar", Samuel Carlos Ferreira dos Santos e Arnaldo Pacheco Ferreira dos Santos, adquiriram terras em Ribeirão Preto e no estado do Paraná em meados da década de 1920, ao que tudo indica — pelas localidades em questão — para plantio de café. O capital do "Curtume Progresso", no entanto, teve origem distante de ser vinculada exclusivamente aos capitais excedentes da cafeicultura. No momento de fundação da empresa, em 1920, de um capital total de quatrocentos contos de réis, cinqüenta contos foram integralizados pelos sócios Joseph Marx, imigrante alemão qualificado no processo de falência como gerente técnico da empresa, e Cristiano Heckler, também imigrante alemão qualificado como banqueiro na cidade do Rio de Janeiro. Já em 1921, a despeito da saída de Heckler da sociedade, o curtume passou a contar com um aporte suplementar de capital da ordem de 350 contos, obtidos com o ingresso de Guilherme Pinsdorf, brasileiro de origem alemã que é descrito no processo como negociante de couros e proprietário de charqueada na cidade de Aquidauana, no estado de Mato Grosso.

De toda forma, as fontes nos mostram que os casos da "Calçados Jaguar" e do "Curtume Progresso" correspondem muito mais a circunstâncias isoladas que à regra comum no que diz respeito à emergência da indústria do calçado em Franca. As empresas que impulsionaram a consolidação do parque industrial calçadista local, atravessando as décadas de 1930, 1940, 1950 e 1960, surgiram exatamente no contexto após a falência da "Calçados Jaguar", em fins dos anos 1920 e início dos anos

---

[44] A falência do "Curtume Progresso" se deu paralelamente a outra empresa de Carlos Pacheco de Macedo, a "Fábrica de Fósforos Soberano". Nosso interesse reside apenas no caso do curtume, e todas as referências feitas aqui se limitam a esse empreendimento.

1930, ou seja, em momento de crise da economia cafeeira.[45] A investigação empírica demonstra que o ocorrido nos casos da "Calçados Jaguar" e do "Curtume Progresso" constituiu um fato senão irrepetível em outras situações, pelo menos não repetido em escala que pudesse tornar a sua constatação observável. Presumimos que a captação de recursos provenientes do setor cafeeiro para a atividade industrial da "Calçados Jaguar" e do "Curtume Progresso", ocorrência incomum na volumosa documentação pesquisada, tenha sido facilitada pelo prestígio de Carlos Pacheco de Macedo na sociedade local. Membro da maçonaria, vereador por diversos mandatos, capitão e depois major da Guarda Nacional, Macedo era visto também como negociante hábil, empresário dinâmico, que tendo se estabelecido com casa de arreios e selaria em 1901 conseguiu ampliar consideravelmente seus empreendimentos, a ponto de no final da década de 1910 seu patrimônio alcançar o montante de quase quinhentos contos de réis, incluindo também uma fábrica de fósforos (*Inventário de Francisca Luiza de Macedo*, 1919). Certamente, o fato de Carlos Pacheco de Macedo ter se casado em segundas núpcias com Estefânia Vieira Caleiro, em 1919, contribuiu para aumentar ainda mais o seu reconhecimento por membros da elite francana; Estefânia era sobrinha de Higino Caleiro, proprietário da maior casa comercial (que também fornecia crédito) da cidade, e de Torquato Caleiro, prefeito municipal à época e sócio da "Andrade Martins", outra importante casa comercial de Franca (Tosi, 1998). Tal condição de parentesco pode, com segurança, ser entendida como uma das chaves para a sua bem-sucedida estratégia de acesso ao crédito entre os quadros da classe dominante; o êxito de Macedo na captação de recursos pode ser medido pelo fato de que ele próprio passou a exercer a atividade de agiota, levantando capital nas classes abastadas e emprestando a juros mais altos a pessoas de outros segmentos da população (*Falência de Macedo, Marx & Cia.* [Curtume Progresso], 1926).

Acreditamos que o prestígio pessoal de Carlos Pacheco de Macedo e

---

[45] João Manuel Cardoso de Mello assinala o fato de que a indústria "não atraiu capitais do complexo cafeeiro num momento de crise, porque lhes remunerasse melhor, mas, pelo contrário, num momento de auge exportador, em que a rentabilidade do capital cafeeiro há de ter alcançado níveis verdadeiramente extraordinários" (1984, p. 100).

sua extensão a seus genros, jovens recém-chegados da capital federal no início dos anos 1920, além do fato de estarem à frente de grandes empreendimentos, aparentemente sólidos, pode ter minimizado o receio dos credores quanto aos riscos do negócio. A sedução exercida pelo pagamento de juros da ordem de 8% ao ano, pelos empresários, seguramente foi um outro grande atrativo da operação. Não obstante, não encontramos outros casos semelhantes a estes. O *sonho* da "Calçados Jaguar" e do "Curtume Progresso" também durou pouco: apenas meia década. Pensamos que em tempos de incerteza econômica e política, como os de fins da década de 1920 e início da década de 1930, o acesso de empresários fabris ao crédito de investidores privados em busca de melhor remuneração ao seu capital teria sido bastante improvável, tanto mais quando temos em mente uma atividade como a indústria, marcada por tantos altos e baixos durante a Primeira República. Mais duvidoso se torna esse raciocínio quando sabemos que os primeiros empreendimentos da indústria do calçado de Franca foram protagonizados por homens de modestos capitais e, portanto, sem muita credibilidade no mundo das finanças.

O que expusemos neste capítulo constitui o resultado de um esforço de análise destinado a subsidiar nosso trabalho no que diz respeito às relações entre a cafeicultura local e o surgimento da indústria e do empresariado do calçado. Pelo que demonstramos, fatores históricos exteriores à economia cafeeira também influenciaram o aparecimento deste setor fabril em Franca, contribuindo para criar a tradição da *lida* com o couro e sua transformação artesanal em artigos os mais variados, entre eles o calçado. Em ambiente econômico marcado pela escassez de recursos, a cafeicultura operou transformações significativas, porém, não tão intensas como em outros centros mais importantes do complexo cafeeiro. As análises que celebrizaram a tese do escoamento de divisas dos negócios do café para o setor industrial foram todas elas referenciadas em realidades históricas das regiões hegemônicas da economia cafeeira, onde o fluxo de capital adquiriu dimensões consideráveis e o grande capital cafeeiro se fez presente de modo marcante. Em Franca, constatamos que a indústria do calçado contou apenas com a influência indireta da cafeicultura, beneficiando-se da infra-estrutura e do mercado por ela gerado.

No próximo capítulo refletiremos acerca das principais características do empresariado do calçado de Franca em suas primeiras décadas de formação, ou seja, no momento histórico em que, em razão do contexto no qual emerge, suas raízes sociais estavam mais próximas do artesão e do modesto comerciante que de uma configuração burguesa originária de uma aristocracia rural ou mesmo de estratos da classe média, relações estas predominantemente salientadas pela bibliografia que trata do tema.

2
As origens do empresariado

Desde meados da década de 1970 uma idéia vem sendo muito difundida na bibliografia da industrialização brasileira e de outros assuntos adjacentes: a concepção de que o capitalismo industrial não tenha conhecido no País as fases do artesanato e da manufatura, ingressando já na etapa da grande indústria. Na análise dos que advogam tal interpretação, a característica tardia do capitalismo brasileiro impôs a grande indústria como padrão necessário às exigências do momento histórico em que emergiu a indústria nacional; ao surgir já na fase monopolista do capitalismo mundial, a indústria brasileira teve como imperativo sua organização em grandes empreendimentos, sob pena de sucumbir facilmente à concorrência dos produtos importados aos gigantescos trustes internacionais. Ainda de acordo com essa interpretação, embora a pequena indústria artesanal tenha sido uma realidade presente até as últimas décadas do século XIX, ela acabou por desaparecer, uma vez que a competição em condições altamente desvantajosas com os novos conglomerados industriais realizou uma espécie de *seleção natural* entre as unidades fabris.

No seio de uma certa tradição interpretativa que se tornou hegemônica nos anos 1970 esta se tornou uma idéia corrente. Em *O Capitalismo Tardio*, de João Manuel Cardoso de Mello, tal concepção subjaz na afirmação do autor de que "a burguesia cafeeira não teria podido deixar de ser a matriz social da burguesia industrial, porque [era a] única classe dotada de capacidade de acumulação suficiente *para promover o surgimento da grande indústria*" (1984, p. 143, grifo nosso). Outro exemplo emblemático pode ser observado no clássico estudo de Wilson Cano sobre as raízes da concentração industrial em São Paulo:

Nosso processo histórico de formação industrial reveste-se de mais uma peculiaridade importante: *aqui não se deu a clássica e gradativa transformação de uma produção manufatureira ou artesanal para uma produção mecanizada*. Muito embora nossa história registre a ocorrência de certas atividades artesanais, como algumas produções têxteis "caseiras" realizadas em algumas fazendas, carpintarias, alfaiatarias, joalherias, etc. Muitas destas atividades, efetivamente, eram mais prestadoras de serviços (artífices e artistas) do que produtoras de bens industriais para o mercado. Daí, portanto, sua precária possibilidade de realizar uma acumulação de capital que possibilitasse sua transformação técnica e seu desenvolvimento (1998, pp. 224-5, grifo nosso).

O caráter de prevalência do grande capital e das grandes empresas na estrutura industrial brasileira desde os seus primórdios, nas últimas décadas do século XIX, também é salientado por Renato Monseff Perissinotto em importante estudo dos anos 1990:

As indústrias que surgiram no período já empregavam um grande número de trabalhadores e um capital de grande valor. Caracterizavam-se também pela profunda mecanização e pela consolidação da separação entre trabalhador e meios de produção — pressuposto fundamental do sistema capitalista. A industrialização brasileira não foi, portanto, precedida por nenhuma fase manufatureira. O seu início, já com plena mecanização do processo de trabalho, foi também uma exigência do próprio momento em que ela surgiu (1991, vol. II, p. 218).

As interpretações acima enunciadas derivam da tese consagrada por Sérgio Silva, a qual, partindo do exame crítico dos censos industriais de 1907 e 1920, procurou demonstrar, por meio de evidências estatísticas, a carência de legitimidade das análises que enfatizavam a predominância das pequenas empresas industriais voltadas para os pouco significativos mercados locais e regionais no período da hegemonia cafeeira. Conforme Sérgio Silva se esforçou em comprovar, no Brasil a atividade fabril já nasceu tendo na grande indústria seu principal sustentáculo econômico. Analisando o levantamento realizado pelo Centro Industrial do Brasil em 1907, Silva fundamenta seu argumento baseado na constatação de que à época pelo menos 39 mil operários trabalhavam nas grandes empresas do País, as quais possuíam um capital que se aproximava de 230 mil contos de réis; do total de trabalhadores fabris, mais de 24 mil concentravam-se em empresas com cem ou mais operários e um capital igual ou superior a mil contos. Em São Paulo, mais de onze mil operários trabalhavam em empresas que empregavam, em média, quatrocentos operários e mais de três mil contos de capital. Na cidade do Rio de Janeiro, mais de treze mil operários trabalhavam em empresas que empregavam, em média, quinhentos e cinquenta operários e cerca de quatro mil contos de capital. Quanto ao Censo Industrial de 1920, Silva diz o seguinte:

> No que se refere à importância relativa das empresas com 100 ou mais operários, verificamos que, no antigo Distrito Federal, elas empregam 73% do capital e 63% do número total de operários. Em São Paulo, nelas encontramos 65% dos operários. [. . .] devemos concluir que a importância relativa das empresas industriais com 100 ou mais operários acentua-se entre 1907 e 1920. Fato esse que se destaca quando verificamos que mais de 20 mil operários, no antigo Distrito Federal, e mais de 30 mil, no estado de São Paulo, trabalham em estabelecimentos industriais que empregam 500 ou mais operários. *Afirma-se assim a nossa tese de que são essas empresas — e não as pequenas empresas dispersas pelo país — que melhor caracterizam a estrutura industrial brasileira durante o período estudado* [. . .] (1976, pp. 86-7, grifo nosso).

Outras análises, como as de José de Souza Martins e Edgard Carone, apresentam perspectiva distinta da desenvolvida por Sérgio Silva; todavia, raramente são lembradas nos trabalhos sobre o tema. Segundo Martins (1986), no Brasil o aparecimento da indústria se deu à margem das atividades engendradas pelo complexo agroexportador e, por conseguinte, esteve vinculada a uma estrutura de relações e produtos que não pode ser reduzida ao "binômio café-indústria". Conforme argumenta esse autor, muito antes da abolição da escravatura e da grande imigração, a indústria artesanal já se encontrava instalada por toda a província de São Paulo e também em outras províncias. Nesse sentido, os grandes grupos econômicos que começaram a surgir no último quartel do século XIX se ocuparam em "substituir a produção artesanal e doméstica ou a produção em pequena escala disseminadas por um grande número de pequenos estabelecimentos tanto na capital quanto no interior", e não em substituir importações (1986, p. 106). Para Carone (2001), não obstante os limites existentes à formação de um mercado interno no País, desde a primeira metade do século XIX (a qual chama de "primeira fase do processo industrial brasileiro"), mas especialmente após esse momento, pode-se constatar uma produção artesanal que se intensificou gradativamente e supriu com folga as modestas exigências da grande maioria do público consumidor.

A idéia da desvinculação do artesanato da evolução posterior da indústria, assim como o enfoque central na prevalência do grande capital, mesmo quando há fortes indícios de que ele não está presente em alguns contextos, parece ter se tornado requisito básico para o estudo do processo de desenvolvimento industrial seja qual for a realidade a ser analisada. Na maioria dos trabalhos sobre a industrialização no interior paulista com os quais tomamos contato, a concepção segundo a qual a atividade fabril local se estabeleceu sob a égide do grande capital, obviamente se sobrepondo ao escasso capital dos artesãos que predominam até as décadas iniciais do século XX, tem o sentido de uma explicação *natural*.[1] Todavia, conforme pudemos perceber, tais conclusões parecem obedecer mais a um critério ideológico que científico.

2.1. O predomínio do pequeno capital

Por força do curso do processo histórico, tomamos, em nosso estudo, o caminho contrário à tradição explicativa que se tornou hegemônica. Nossa pesquisa demonstrou que a indústria calçadista local teve como característica fundamental a evolução gradativa da fase artesanal, passando à manufatureira, para depois de quase meio século alcançar o estágio de grande indústria. Desse modo, encontramos a origem do empresariado do calçado em modestos empreendimentos iniciados por artesãos e pequenos comerciantes. Em Franca o grande capital esteve ausente da formação da indústria do calçado, somente se fazendo presente a partir dos anos 1960, quando o setor já se encontrava plenamente consolidado no município. Para confirmar o argumento de que a indús-

---

[1] Entre os trabalhos por nós analisados, apresentam essa perspectiva os de Lorenzo (1979), Tosi (1998) e Zampieri (1976).

tria do calçado foi instalada em Franca sob a égide do pequeno capital, nas páginas que seguem empreendemos uma análise quantitativa e qualitativa das empresas e empresários do setor nas sete primeiras décadas do século XX, período que entendemos ser o de origem, evolução e consolidação desta atividade fabril no município.

Começamos pela análise da estrutura industrial no contexto de emergência da fabricação de calçados, destacando os resultados obtidos no que diz respeito à concentração de capitais e dimensão das unidades produtivas em Franca. Primeiramente, julgamos serem necessários alguns esclarecimentos quanto aos parâmetros estabelecidos para apreciação dos dados. Examinando as indústrias relacionadas no Censo de 1907, Silva (1976) chama de *grandes empresas* as constituídas com capital igual ou superior a 1.000 contos de réis (equivalente a 64 mil libras) ou cem ou mais operários; se considerarmos a equivalência em libras para o valor proposto, em 1920 o montante de capital exigido para tal classificação seria de cerca de 1.440 contos.[2] Pensamos que o coeficiente de trabalhadores proposto por Sérgio Silva como uma das variáveis para a definição de *grande empresa* seja questionável; em muitos casos, tal número pode não refletir a realidade da grande indústria, caracterizada pelo alto nível de mecanização, mas a de estabelecimentos de natureza manufatureira, nos quais há emprego intensivo de mão-de-obra.[3] Assim, em nosso estudo optamos por privilegiar o capital aplicado como fator de classificação dos empreendimentos fabris, por considerarmos que este seja o elemento que melhor expresse o componente fundamental da indústria moderna representado pela maquinaria; todavia, não desprezamos o contingente de operários como fator complementar na demonstração da hipótese de

---

[2] A equivalência em libras para o capital das empresas do Censo de 1907 é proposta por Sérgio Silva com base na média de câmbio do ano em questão. Como não há indicação de valores por Silva para o ano de 1920, utilizamos o mesmo procedimento de conversão pela taxa cambial média baseando-nos na tabela encontrada em IBGE (1990, pp. 570-1).

[3] Em seu estudo acerca da estrutura e concentração industrial em São Paulo nos anos 1940/1950, José Carlos Pereira sugere parâmetros que nos parece mais adequado para a definição de *grande empresa*: estabelecimentos que empregavam quinhentas pessoas ou mais, sendo consideradas *médias* aquelas com número entre cem e 499 operários. Ao propor tal limite, Pereira (1967, p. 116) tem consciência de que ele se acha superestimado e até chega a argumentar que "este poderia ser diminuído até 200 pessoas (sem dúvida um grande estabelecimento na maioria dos ramos)"; porém, para o autor o coeficiente indicado apresentaria resultados mais confiáveis.

trabalho. Tomamos como referência o ano de 1920, haja vista ser na década que se segue a tal ano o momento histórico de surgimento de maior número de empresas, assim como de aparecimento das fábricas que constituíram a base local da indústria do calçado. Levando em conta o fato de que muitas vezes o capital declarado nos registros não traduz a situação real das empresas, e que o setor calçadista tem como característica o emprego menos intensivo de capital se comparado a outras indústrias, utilizamo-nos de valores bastante inferiores aos estipulados por Silva (1976): classificamos como *grandes* as empresas cujo capital era igual a 500 contos ou maior, como *médias* as que apresentaram capital entre 100 e 500 contos e como *pequenas* as que tiveram capital inferior a 100 contos.

Note-se no gráfico abaixo a inexistência da *grande empresa* entre os 33 estabelecimentos fundados em Franca entre 1900 e 1940, embora tenhamos estipulado um valor correspondente a quase um terço do valor definido por Sérgio Silva para esta categoria.[4] Chama a atenção ainda o número pouco significativo de empresas de médio porte.

Gráfico 3. Capital inicial das empresas calçadistas registradas entre 1900 e 1940

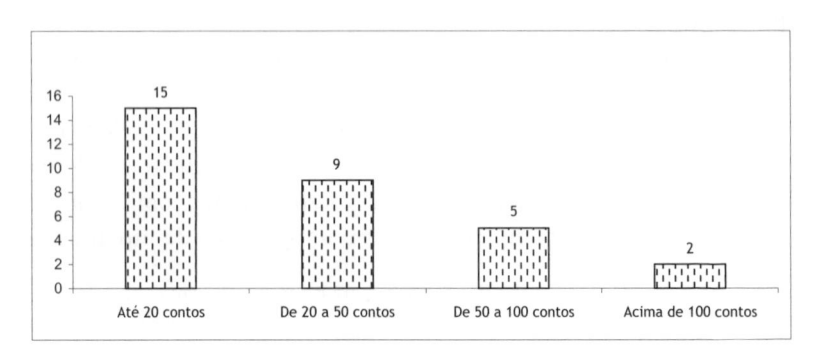

Faixa	Número
Até 20 contos	15
De 20 a 50 contos	9
De 50 a 100 contos	5
Acima de 100 contos	2

Fonte: AHMF. Livros de *Registros de Firmas Comerciais* do Cartório do Registro-Geral de Hipotecas e Anexos de Franca, SP.

[4] Para fins de atualização dos capitais, em razão dos quarenta anos analisados, optamos pela utilização do índice de preços por setor de atividade (indústria), tendo em vista o fato de que a constituição do capital das empresas subentende, sobretudo, a propriedade de bens de capital do setor industrial. Para a correção dos valores, consideramos como ano base 1939 (= 100). Para estes índices, ver: "Deflatores implícitos, por setor de atividade" em IBGE (1990, p. 177).

Das duas empresas que poderíamos classificar como *médias* no gráfico anterior, uma é "Calçados Jaguar" e a outra a "Calçados Peixe" (Honório & Cia.);[5] em valores corrigidos, o capital da primeira chegava a cerca de 220 contos e o da segunda a pouco mais de 100 contos. Cabe aqui um breve comentário sobre ambas. A "Calçados Jaguar" foi a empresa que introduziu a moderna fabricação de sapatos no município; com uma estrutura significativamente mecanizada e um número considerável de operários (cerca de oitenta), foi a primeira indústria de calçados local a ultrapassar os limites da produção artesanal. A *Jaguar* nasceu já como uma empresa de médio porte, todavia, seu tempo de vida foi bastante curto: funcionou entre 1921 e 1926, quando foi consumada a sua falência. Conforme vimos no capítulo anterior, tal empreendimento correspondeu a uma exceção na estrutura da indústria do calçado de Franca. O tipo de empresário presente no surgimento da *Jaguar* de forma nenhuma corresponde ao "padrão" encontrado nas fábricas do período posterior ao seu fechamento; pelo contrário, a maioria dos industriais cujos estabelecimentos constituíram o núcleo central da fabricação de calçados à época em que esta atividade se consolida em âmbito local, nos anos 1940/ 1950,[6] foram antigos sapateiros, modestos comerciantes ou até mesmo ex-operários da *Jaguar*. A homens como Samuel Carlos Ferreira dos Santos e Arnaldo Pacheco Ferreira dos Santos, sócios-proprietários da "Calçados Jaguar", e Carlos Pacheco de Macedo, que a despeito de não figurar como sócio da empresa participou ativamente de sua organização,[7] a

---

[5] Esclarecemos que optamos, no decorrer do trabalho, por utilizar a denominação com a qual a empresa ficou conhecida e não a sua razão social no momento da fundação. O mesmo vale para o caso de algumas outras empresas.

[6] Consideramos este como o momento histórico de consolidação da indústria do calçado em Franca por ser por volta.de 1945 que a produção local atinge a marca de 1 milhão de pares fabricados anualmente e as principais empresas locais, por meio de um gradativo avanço do processo de mecanização e modernização dos processos produtivos, haviam superado o estágio artesanal. No que diz respeito ao capital empregado no empreendimento, é no início dos anos 1940 que as principais fábricas locais atingem o nível de empresas de médio porte.

[7] Não obstante tradicionalmente o nome de Carlos Pacheco de Macedo ter sido associado à "Calçados Jaguar", ele não figurava como sócio da empresa, cuja razão social era Carlos, Pacheco & Cia. Certamente a inobservância da vírgula que separa os segundos nomes dos verdadeiros sócios, genros de Macedo, na denominação da razão social da empresa tenha causado a confusão que se perpetuou com o tempo. Com efeito, conforme se pode depreender da análise da falência da *Ja*-

história da indústria do calçado de Franca deve muito mais pelo exemplo do espírito empreendedor que ao fato de terem sido a matriz originária do empresariado do calçado. Ao proporem — e executarem — em sua fábrica a superação da tradicional e pouco produtiva artesania do couro, inserindo máquinas em ofícios antes realizados exclusivamente pelas mãos, estes homens foram pioneiros na execução de "novas combinações" dos meios de produção, procedimento que Joseph Schumpeter classifica como um dos elementos essenciais ao dinamismo e conseqüente desenvolvimento de qualquer atividade econômica.[8] O exemplo da *Jaguar* muito possivelmente serviu de inspiração a diversos "empreendedores" que vieram depois, e no caso de alguns buscou-se reproduzir em suas pequenas manufaturas o que haviam aprendido "de dentro", no chão da fábrica que cerrou as portas em 1926. Diante da força das grandes empresas da capital e da concorrência com um *mar* de pequenas oficinas, o imperativo do aumento da produtividade mediante a mecanização apareceu como o norte a ser seguido.

A "Calçados Peixe" (Honório & Cia.) certamente foi uma das empresas que se espelhou no paradigma de inovação preconizado pela *Jaguar*, sobretudo por ter como gerente das suas oficinas Hercílio Batista Avelar, que exercia a mesma função na fábrica falida seis anos antes. Tudo indica que a "Calçados Peixe", fundada em 1927, tenha se utilizado de maquinário adquirido à massa falida da *Jaguar*, especialmente se considerarmos que Avelar, responsável pela venda do equipamento de sua antiga empregadora, tornou-se funcionário da nova fábrica que se estabelecia. Das empresas pioneiras que sobreviveram aos anos 1930/1940 e se firmaram como estabelecimentos importantes, a *Peixe* é seguramente um exemplo singular. Tendo à frente em seu início um homem de posses como Clau-

---

guar, provavelmente Carlos Pacheco de Macedo possuía interesses de certo vulto na empresa, haja vista o fato de seu nome figurar como credor de quantia significativa no passivo da fábrica de calçados e também estar associado a diversas movimentações na administração do negócio. Ver: *Falência de Carlos, Pacheco & Cia.* [Calçados Jaguar], 1926.

[8] Segundo Schumpeter, as "novas combinações" seriam inovações de ordem tecnológica e/ou organizacional que pudessem desencadear transformações significativas no desenvolvimento de determinada atividade. De acordo com o economista austríaco, "alguém só é um empreendedor quando realmente «empreende novas combinações» e perde esta característica logo que estabelece negócios, quando os estabiliza, deixando-os correr, como outras pessoas" (1961, p. 108).

domiro Honório da Silveira, cinco anos depois a "Calçados Peixe" incorporou Hercílio Batista Avelar como sócio;[9] em 1943, com a saída de Silveira da sociedade, Avelar assumiu o comando da empresa juntamente com Abílio Altafim, mudando a razão social da empresa para "Avellar & Cia.". Tem-se aí a saída de cena de uma figura certamente de origem burguesa para a entrada, em posição de destaque, de outra de origem operária.

Se nos tivéssemos deixado guiar pela lógica da superioridade do *grande* e *médio* capital a eliminar pela competição desigual os negócios dos empreendedores mais modestos, poderíamos ser levados a pensar que as demais empresas que compõem o Gráfico 1 não passaram de pequenas fábricas que sucumbiram à concorrência com a *Jaguar* ou a *Peixe* — ou mesmo com os estabelecimentos mecanizados surgidos nas duas décadas seguintes. Tal conclusão mostrar-se-ia equivocada. As fábricas "Spessoto", "Palermo", "Mello" e "Edite" (futura *Samello*), todas elas constituídas com capitais inferiores a trinta contos não apenas sobreviveram como se tornaram, juntamente com a "Calçados Peixe", as mais importantes empresas locais a partir dos anos 1940/1950. Conforme veremos com detalhes mais adiante, podemos dizer que estas cinco empresas, somadas a mais uma ou duas, formaram a base da indústria calçadista local no momento histórico em que ela se firmou como força econômica além do nível local.

Mesmo se considerarmos os setenta anos entre 1900 e 1969, ou seja, todo o período de origem, evolução e consolidação da indústria do calçado de Franca, chegando até a época em que se iniciou a fase exportadora, ainda assim não encontraremos uma presença significativa de empreendimentos iniciando seus negócios já como *médias* empresas; pelo contrário, sua presença é insignificante. Analisando o capital inicial das 562 fábricas de calçados registradas em Franca nas sete primeiras décadas do século XX, constatamos o evidente predomínio das empresas que inicia-

---

[9] Provavelmente, assim como também aconteceu no caso da "Calçados Jaguar", Hercílio Batista Avelar tenha sido admitido como *sócio de indústria*, ou seja, responsabilizando-se pela parte técnica da empresa, sem compromisso com os interesses da parte administrativa. Avelar passou a ser sócio da empresa no momento da saída de dois outros: José Rodrigues da Silveira, o "Juca Peixe", e Adalgiso de Lima. Ver: Livros de *Registro de Firmas Comerciais* do Cartório do Registro-Geral de Hipotecas e Anexos de Franca.

ram suas atividades de maneira bastante modesta. Optamos pela conversão em dólar dos capitais em questão, por se tratar de um período muito longo e marcado por várias mudanças da moeda nacional. Tomamos por base para a nossa classificação o valor em dólar do parâmetro anteriormente estabelecido, isto é, a equivalência em moeda norte-americana dos valores em contos de réis. Assim, de acordo com o ano de referência 1920, se estabelecemos 500 contos de capital como a definição de uma *grande* empresa, em dólar tal parâmetro será, segundo a média cambial, de US$ 110 mil; para as *médias*, entre US$ 22 mil e US$ 110 mil, e as *pequenas* abaixo de US$ 22 mil.[10]

Gráfico 4. Capital inicial das empresas calçadistas registradas entre 1900 e 1969

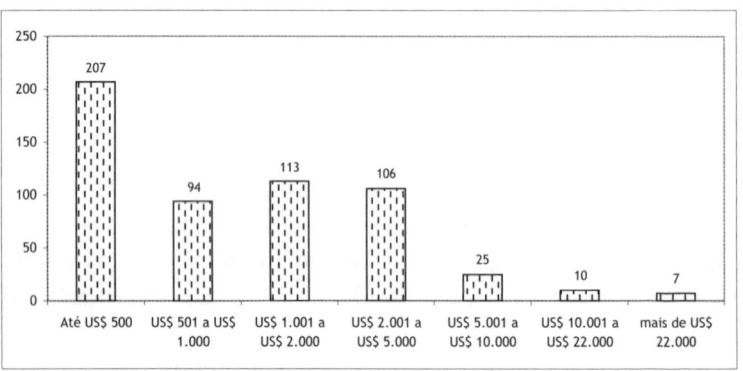

Faixa	Nº
Até US$ 500	207
US$ 501 a US$ 1.000	94
US$ 1.001 a US$ 2.000	113
US$ 2.001 a US$ 5.000	106
US$ 5.001 a US$ 10.000	25
US$ 10.001 a US$ 22.000	10
mais de US$ 22.000	7

Fonte: AHMF. Livros de *Registro de Firmas Comerciais* do Cartório do Registro-Geral de Hipotecas e Anexos de Franca, SP.

O gráfico a seguir nos dá uma idéia melhor da clivagem dos capitais aplicados nas empresas no contexto estudado:

---

[10] Os valores de conversão são referentes à média cambial dos anos em questão. Para a conversão da moeda nacional em dólar nos utilizamos das tabelas encontradas em Abreu (1990, pp. 388-412) e IBGE (1990, 570-1). Para a correção dos valores em dólar, contamos com o precioso auxílio de Antonio Luiz M. C. da Costa, consultor econômico da revista *Carta Capital* (São Paulo: Carta Editorial), a quem agradecemos pela enorme ajuda. Os índices de correção constam da tabela de Índices de Preço ao Consumidor (CPI), principal indicador de inflação nos Estados Unidos, elaborado pelo *Bureau of Labour Statistics* e estão disponíveis no endereço eletrônico: <http://sites.uol.com.br/antonioluizcosta/indices02.htm>. Todos os valores em dólar mencionados no livro têm estas mesmas referências, tanto no que diz respeito à conversão monetária, quanto à sua atualização (deflacionamento).

Gráfico 5. Representatividade por faixa de capital das empresas calçadistas registradas entre 1900 e 1969

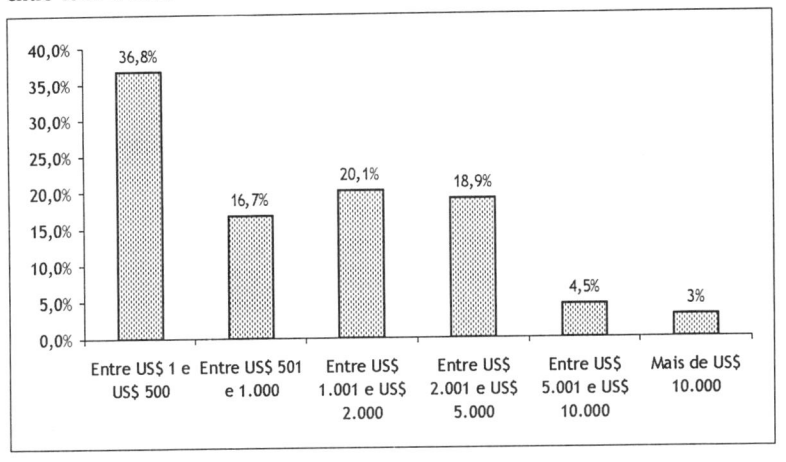

Faixa de capital	Percentual
Entre US$ 1 e US$ 500	36,8%
Entre US$ 501 e 1.000	16,7%
Entre US$ 1.001 e US$ 2.000	20,1%
Entre US$ 2.001 e US$ 5.000	18,9%
Entre US$ 5.001 e US$ 10.000	4,5%
Mais de US$ 10.000	3%

Fonte: AHMF. Livros de *Registro de Firmas Comerciais* do Cartório do Registro-Geral de Hipotecas e Anexos de Franca, SP.

Quando comparamos os números das principais fábricas de calçados da capital com as de Franca em 1930, constatamos a grande disparidade existente entre os dois casos. Empresas paulistanas fundadas no início do século XX, como a "Cia. de Calçados Clark", que contava com 7.800 contos de capital e quatrocentos e trinta operários, constituem exemplo nesse sentido; a "Cia. de Calçados Bordallo" empregava cento e noventa e sete operários e um capital de 7 mil contos; a "São Paulo Alpargatas C°." possuía cento e vinte e três funcionários e capital de 1.762 contos. No interior, a "Cia. de Calçados Flora", de Rio Claro, com capital de 500 contos e quarenta e dois funcionários, parece ter sido a maior do ramo de calçados. Estas e ainda outras tinham requisitos suficientes para serem classificadas como *grandes* empresas. Com efeito, à época, a maior fábrica de Franca, a "Honório & Cia." (*Calçados Peixe*), possuía capital de 80 contos e dezesseis funcionários. A segunda maior, "Calçados Maniglia", contava com capital de 70 contos e trinta e um operários; a "Palermo" e a "Spessoto", importantes na fase de consolidação, contavam, respectivamente, com 40 e 17 contos de capital e seis e quinze operários cada uma. Na "Mello", a terceira maior em meados dos anos 1940, o número de operários não chegava a duas dezenas e o capital perfazia

As origens do empresariado

apenas 20 contos.[11] Com exceção da fábrica de João Amélio Coelho, cujo capital era de 50 contos e possuía vinte e cinco funcionários, mas que não alcançou o segundo qüinqüênio da mesma década, em todas as outras o capital investido não ultrapassava 10 contos e o número de operários não chegava a uma dezena (*Registro de Firmas Comerciais*, vários anos; Tosi, 1998, vol. II, anexo V).[12] Como se vê, tanto no que diz respeito ao capital, quanto ao número de operários, as fábricas locais apresentavam números bastante modestos nos anos que se seguiram ao seu aparecimento.

Diante do quadro acima retratado, parece bastante provável que, com exceção da "Calçados Peixe", todas as outras empresas mencionadas tenham iniciado suas atividades nos quadros de uma estrutura ainda artesanal. Sabe-se que o artesanato diferencia-se da manufatura e da indústria moderna pelo volume de mão-de-obra que emprega, pela mecanização dos processos de produção, incipiente na primeira e plena na segunda, assim como pela maior concentração de capital. Sérgio Silva nos oferece uma elucidativa definição destas diferenças:

> A manufatura e a fábrica distinguem-se da empresa artesanal pelo número de trabalhadores que empregam. Nas duas primeiras, o número de trabalhadores é tal que o proprietário não se ocupa mais diretamente da produção e que a sua subsistência assim como a expansão da empresa não dependem mais diretamente do seu trabalho. Por sua vez, a fábrica distingue-se da manufatura pela importância do ca-

---

[11] Referindo-se às fábricas de calçados da cidade do Rio de Janeiro nos anos 1910, Maria Antonieta Leopoldi observa que as fábricas pequenas, com cerca de vinte trabalhadores, "bem poderiam ser consideradas oficinas" (2000, p. 49).

[12] Salvo outra menção, todas as indicações acerca de capitais das empresas têm estas referências. Advertimos que a "Relação das Empresas Fabricantes de Calçados em Franca, Principais Fabricantes da Capital e Interior de São Paulo: 1930", baseada na *Estatística Industrial do Estado de São Paulo*, da Secretaria Estadual da Agricultura, Indústria e Comércio, que consta de Tosi (1998), foi utilizada com certo cuidado de interpretação e sempre cotejada com os livros de registro comercial mencionados, além de outros documentos, como os inventários. Para alguns anos, "a Relação da Empresas Fabricantes de Calçados em Franca" omite empresas registradas há considerável tempo de acordo com os livros de *Registro de Firmas Comerciais*. No caso da "Calçados Antonio Lopes de Mello" (*Calçados Mello*), por exemplo, a empresa aparece pela primeira vez na Relação do ano de 1934, com um capital de 100 contos, o que pode dar idéia de que já surgiu como empresa de médio porte, quando na verdade seu primeiro registro ocorreu em 1929, em uma sociedade entre Antônio Lopes de Melo e Luís Ferro, totalizando 20 contos de capital.

pital que emprega; a importância do capital manifesta ao nível do valor uma outra organização técnica do trabalho, caracterizada fundamentalmente pela mecanização (1976, p. 82).

Tomando por base a força de trabalho utilizada, que não ultrapassa o número de duas dezenas e meia de operários na maior empregadora, não resta dúvida de que em 1930 alguns fabricantes locais quando muito se enquadrariam na categoria da manufatura. Por outro lado, se consideramos o nível de mecanização destas empresas na década de 1920, quando foram fundadas, temos a confirmação de que elas constituíam unidades artesanais que foram evoluindo gradativamente com os anos.

Quando analisamos o provável poder de aquisição de maquinário por tais empresas, verificamos que, na maioria dos casos, seus capitais iniciais eram insuficientes para obtenção do equipamento necessário a uma produção minimamente mecanizada. Para a realização deste cálculo, estabelecemos como parâmetro uma estrutura mínima de maquinário e nos valemos das importâncias atribuídas ao valor das máquinas arroladas na falência da "Calçados Jaguar" (1926) para chegar ao *quantum* médio a ser despendido na sua compra.[13] Desconsideramos o fato de que os valores conferidos ao equipamento da massa falida estivessem depreciados em razão de se tratar de maquinário usado, pois trabalhamos com a hipótese de que também fosse possível adquirir no mercado máquinas usadas, como era comum no setor.[14] Desse modo, tendo 1926 como ano-

---

[13] Contando com auxílio de um técnico do setor, estabelecemos como parâmetro dessa estrutura mínima o seguinte maquinário: máquina para pesponto (8:557$100), máquina para chanfrar (2:500$000), máquina lixadeira (1:650$000), máquina-prensa para colagem de sola (3:638$000), máquina para prensagem de saltos (800$000), máquina para fresar (2:023$000), máquina para carimbar (762$000) e máquina de furar e pregar ilhoses (638$100). Os valores entre parênteses são os atribuídos a cada máquina no arrolamento efetuado na falência da "Calçados Jaguar". O valor total corresponde a 20:568$500, o qual arredondamos para baixo para efeito de análise. Agradecemos a Helder da Silva Veríssimo o auxílio técnico no que diz respeito à questão da infra-estrutura necessária à fabricação do calçado.

[14] Por outro lado, é importante lembrar que o expediente de alugar máquinas para calçado não se havia tornado fato entre as empresas de Franca até meados dos anos 1930, não obstante existir no mercado brasileiro desde o início do século XX, com a instalação da *United Shoe Machinery Company* no País; conforme demonstraremos no Capítulo 3, o primeiro registro deste tipo de relação comercial, envolvendo a mesma *USMC*, data de 1936.

base, chegamos ao valor de 20 contos de réis como o montante médio necessário à compra do equipamento essencial à mecanização mínima do processo de produção de uma empresa de calçados; para a correção deste valor nos anos anteriores e posteriores nos utilizamos do índice de preços por setor de atividade (indústria) elaborado pelo IBGE (1990, p. 177).[15]

Considerando que em 1922 fossem necessários 14:480$000 para a aquisição do maquinário acima descrito, podemos dizer que a "Calçados Palermo", iniciada naquele ano com capital de 5:000$000, estava longe de possuir uma produção minimamente mecanizada. Cinco anos depois, já com capital de 30 contos, é provável que tenha alcançado tal condição. No caso da "Calçados Spessoto", os cinco contos de capital com os quais contava quando surgiu em 1924 estava bastante distante dos 17:920$000 necessários para se equipar. Um qüinqüênio mais tarde, não obstante ter mais que triplicado seu capital, perfazendo 17 contos, ainda não alcançava os 19:360$000 de que precisaria para mecanizar minimamente a empresa. Quanto à "Calçados Mello", fundada em 1929, a menos que tivesse comprometido quase todo o seu capital de 20 contos na compra de maquinário, também podemos deduzir que não foi iniciada com um nível mínimo de mecanização. Em 1934, quando o capital da empresa atingiu a cifra de 100 contos, é certo que tenha ampliado sua mecanização. No que diz respeito à "Calçados Edite" (futura *Samello*), sabemos que seu capital de 25 contos, quando foi fundada em 1935, seria suficiente para a aquisição de um equipamento orçado em cerca de 19:260$000; com efeito, o memorial da empresa relata que a essa época seu proprietário, Miguel Sábio de Melo, "compra as primeiras máquinas nas quais aprende a trabalhar rapidamente e que são em maior parte operadas por ele mesmo" (Samello, 2000, s.p.). Como se vê, a separação entre trabalhador e os meios de produção, característica fundamental da superação da fase artesanal, não era uma realidade nos primeiros anos da que é hoje uma das maiores e mais importantes empresas do setor calçadista brasileiro — seguramente, não era uma realidade também nas outras.

Ao que tudo indica, a julgar pela incipiente mecanização apresentada

---

[15] De acordo com tal índice: 1939 = 100.

por estas empresas, a década de 1930 marcou o momento de sua transição da fase artesanal para a fase manufatureira. A combinação do trabalho manual intensivo e a utilização de algum maquinário para tarefas mais pesadas, característica que parece comum às empresas acima mencionadas, se identifica com a observação de Marx, segundo a qual

> o período manufatureiro estabelece conscientemente como princípio a diminuição do tempo de trabalho necessário para a produção de mercadorias, e de maneira esporádica chega a utilizar máquinas, sobretudo para certos processos preliminares simples que têm de ser executados em larga escala e com grande emprego de força (1996, livro I, vol. I, p. 399).

O fato de antigos artesãos/sapateiros estarem à frente das primeiras unidades manufatureiras de sucesso expressa nitidamente a evolução por fases da indústria do calçado de Franca; de igual modo, o fato de os mesmos sujeitos seguirem participando do processo de produção em suas empresas, depois de suplantada a etapa artesanal, confirma a concepção marxiana de que a habilidade profissional do artesão continua sendo o fundamento da dinâmica produtiva na fase da manufatura.

Como pudemos perceber, o início artesanal e a pequena dimensão dos capitais que deram início às empresas calçadistas locais não significou a inviabilidade do prosseguimento dos negócios. Ainda que não possamos falar do aparecimento da *grande empresa* em meados dos anos 1940, momento histórico em que a indústria do calçado se consolidou, cinco fábricas já se encontravam no patamar dos estabelecimentos de médio porte ou em aproximação gradativa desta categoria. Em 1945, as cinco maiores empresas locais eram, por ordem de volume de capital, "Calçados Palermo", "Calçados Peixe", "Calçados Mello", "Calçados Spessoto" e "Calçados Samello". Como se pode observar, quatro delas tiveram origem artesanal, baseada no pequeno capital. Retomando o parâmetro em dólar anteriormente estabelecido para a classificação das empresas no período em que a moeda era diferente do mil-réis, temos a tabela seguinte:

Tabela 2. Quadro demonstrativo das maiores empresas calçadistas de Franca em 1945

Empresa	Capital (equivalente em dólar)	Operários
João Palermo & Filhos (Calçados *Palermo*)	US$ 61.650	63
Avelar & Cia. (Calçados Peixe)	US$ 36.338	46
Antônio Lopes de Melo (Calçados *Mello*)	US$ 29.573	68
Spessoto & Cia. (Calçados *Spessoto*)	US$ 13.816	70
Miguel Sábio de Mello (Calçados *Samello*)	US$ 11.179	54

Fonte: Adaptado de "Relação das Indústrias na Cidade de Franca: 1945". In: Tosi, 1998, vol. II, anexo V e Livros de *Registro de Firmas Comerciais* do Cartório do Registro-Geral de Hipotecas e Anexos de Franca, SP.

Em fins dos anos 1950, tanto a *Palermo*, quanto a *Spessoto*, a *Mello* e a *Samello*, apresentavam notória evolução e se mantinham entre as maiores empresas locais, o que comprova a inequívoca consolidação dos empreendimentos surgidos do pequeno capital. Ademais, se considerarmos o volume de capital, à época a "Calçados Samello" já alcançava uma condição financeira que nos permitiria classificá-la como grande empresa. Note-se, entretanto, que esse processo levou mais de trinta anos desde o estabelecimento de Miguel Sábio de Melo como oficial sapateiro em 1926.

Tabela 3. Quadro demonstrativo das maiores empresas calçadistas de Franca em 1959

Empresa	Capital (equivalente em dólar)	Operários
Calçados Samello	US$ 137.345	256
Cia. de Calçados Palermo	US$ 73.577	180
Calçados Peixe	US$ 44.146	150
Calçados Mello	US$ 39.241	200
Calçados Agabê	US$ 39.241	156
Calçados Terra	US$ 29.431	100
Calçados Spessoto	US$ 29.431	93

Fonte: *Diário da Tarde*, 9/11/1959 (n.º 3.824). Encarte especial em comemoração à criação do Sindicato da Indústria de Calçados de Franca.

A teoria marxiana prevê que a concentração do capital constitui uma "das leis imanentes da própria produção capitalista", gerando uma situação em que "cada capitalista elimina muitos outros capitalistas" uma vez que o desenvolvimento das forças produtivas se torna mais visível (Marx, 1978a, livro I, vol. II, p. 881). Em Franca, porém, a modernização da indústria do calçado não engendrou efeitos dessa ordem que pudessem se evidenciar na *seleção* dos competidores. Pelo contrário, mesmo após 1945, momento em que, com o fortalecimento das indústrias "pioneiras", o surgimento de empresas de maior porte começou a se esboçar, não observamos um processo significativo de concentração de capitais entre os empreendimentos locais. Prova disso é que das 497 empresas registradas nos vinte e cinco anos entre 1945 e 1969, apenas cinco (1%) iniciaram suas atividades já como empresas de médio porte. Dessa meia dezena de *médias* empresas, duas, no entanto, não constituíam novidade, pois tiveram origem no período anterior: uma é a "Calçados Peixe", que ao incluir novo sócio e mudar a razão social — passa a ser denominada "Avellar & Cia." — realizou novo registro; e a outra é a "Cia. de Calçados Palermo", empresa originada da "Calçados Palermo" que, com a morte de seu fundador, se desmembrou em duas empresas (a outra seria a "Calçados São Lucas"). A terceira, a "Calçados Agabê", se distingue pouco do padrão modesto verificado comumente em outras fábricas: foi criada em 1945 por um ex-contador da *Palermo* e *Samello* e proprietário de uma pequena loja de calçados, em associação com seu sogro, Miguel Bagueira Leal, farmacêutico no interior de Minas Gerais (Betarello & Betarello, 1990);[16] o registro já como uma empresa de médio porte aconteceu quando em 1961 mudou sua razão social de "H. Betarello" para "Calçados Agabê Ltda.", incorporando novos sócios e adquirindo a identidade com a qual é conhecida até os nossos dias. As duas empresas restantes são as únicas a representar um grande diferencial em relação à origem predominante dos fabricantes locais: a "Calçados Terra", fundada em 1951, surgiu da associação entre Válter Terra, de procedência pobre, e o fazendeiro Afonso de Andrade Nogueira, conformando o que parece ser o primeiro caso de participação de proprietários rurais na indústria do calçado; e a efêmera "Calçados Abbud", criada em 1963, por intermédio da associação dos comerciantes José Abbud Sobrinho, Fause Abbud e Jorge Abbud, de origem sírio-libanesa.

---

[16] O caráter típico de uma pequena fábrica apresentado pela *Agabê* em seus primeiros anos, quando o proprietário e sua família participavam ainda do processo de produção, é lembrado por um dos filhos de seu fundador: "Lembro que meu pai levava as fichas de produção para a casa e ficava carimbando-as. Fazia o planejamento da produção para o dia seguinte. Com isso, nós o ajudávamos, pegando gosto e traquejo pela fábrica" (Betarello & Betarello, p. 35).

É certo que um mercado em expansão, de demanda crescente, favoreceu o progresso de pequenas empresas iniciadas com parcos capitais no interior de São Paulo. O duplo processo de industrialização e urbanização crescente do País a partir de 1930, assim como a instituição da legislação social que beneficiou os trabalhadores dos centros urbanos, trouxe em seu rastro a ampliação do poder de compra das classes populares e, por conseguinte, a expansão do mercado consumidor, projetando promissoras oportunidades à indústria de bens de consumo. Por outro lado, o declínio da indústria do calçado em outros centros produtores, como São Paulo e Rio de Janeiro, em virtude do aumento crescente dos custos inerentes à metropolização (alta dos bens de salário, de consumo e dos serviços), acabaram por beneficiar o surgimento de um pólo calçadista no interior, onde o preço da mão-de-obra — intensiva na fabricação do sapato — era consideravelmente mais baixo. Conforme salienta Tosi, no que diz respeito à indústria calçadista, "na Capital, os salários pagos eram 60% mais altos em 1953 e 32% mais em 1960, quando relacionados aos vigentes em Franca" (1998, p. 254). Em um segmento como o de calçados, no qual o preço da força de trabalho é um componente que tem peso significativo no custo final do produto, em razão do baixo nível tecnológico do setor, essa diferença era expressiva.

Em Franca, o número de empreendedores a se aventurar na indústria do calçado cresceu surpreendentemente nesse contexto, refletindo o momento extremamente favorável aberto pela década de 1930 e estendido pelas seguintes. Se nos anos 1930 foram dez as fábricas abertas, na década de 1940 o otimismo gerado pelo sucesso industrial de um Palermo, Spessoto ou dos irmãos Melo pode ser percebido pelo número de empresas abertas: 71 — sete vezes mais que na década anterior; nos anos 1950, o número de 59 empresas iniciadas expressa o arrefecimento natural do entusiasmo vivido na década anterior, entretanto, seguido por um novo *boom* nos anos 1960, quando o governo militar passou a *acenar* com incentivos ao setor e as possibilidades do mercado internacional começaram a aparecer no horizonte, sendo criadas 399 empresas. Logicamente, apenas uma parte dessas centenas de pequenas empresas criadas entre as décadas de 1940 e 1970 sobreviveu às intempéries de uma economia marcada pela instabilidade, pela inflação, pela dificuldade de crédito, assim como às insuficiências de sua própria administração.

É importante esclarecer que um fator em especial contribui para nos ajudar a explicar a dinâmica do caso aqui estudado. Singularidades da indústria do calçado facilitam a entrada de novos empreendedores e possibilitam a ascensão de pequenos fabricantes à condição de empresários. O baixo nível tecnológico, resultante da lentidão das inovações no setor, refletiu-se em uma indústria de mão-de-obra intensiva na qual as exigências de capital, sobretudo nas primeiras décadas do século XX, tendiam a ser muito baixas — daí o predomínio de artesãos e ex-operários em seus primórdios em Franca. Esta, também, é uma tendência inerente à fabricação do calçado de forma geral, não se limitando à indústria nacional. De acordo com Maurice Dobb, em seu clássico *A Evolução do Capitalismo*, mesmo na Inglaterra, pátria por excelência do grande capital, a transformação das oficinas e manufaturas de calçados em fábricas se deu muito lentamente, predominando as pequenas oficinas especializadas na fabricação de calçados; conforme observa, por quase todo o século XIX a produção de sapatos "estava em sua esmagadora maioria em mãos de firmas pequenas que empregavam menos de dez trabalhadores cada" e "só na última quadra do século é que a produção de botas e sapatos, com a introdução trazida da América da máquina Blake de costura e outros instrumentos automáticos como a fechadura, mudou do sistema de trabalho em casa ou manufatura para uma base fabril" (1976, p. 324).[17]

O trabalho em domicílio, característico da fase pré-fabril, persistiu por muito tempo como forma produtiva predominante na indústria do calçado, mesmo em um estágio avançado do capitalismo, e tem ainda presença significativa nesse segmento até os dias de hoje. Segundo Dobb, em 1871 haviam registradas na Inglaterra 145 "fábricas" de sapatos, nas quais a energia a vapor era utilizada apenas nas tarefas mais pesadas, como o corte de peças mais grossas ou na costura; não obstante, "diversos dos processos na fabricação de botas ainda eram executados por trabalhadores externos", e "quase todo o acabamento era feito em casa" (1976, p. 324, nota 21). Em *O Capital*, o trabalho domiciliar de costuradores e costuradeiras de calçados é exemplo recorrente utilizado por Karl Marx para tratar do moderno trabalho em domicílio; segundo Marx (1996), o

---

[17] A máquina *Blake*, a qual Dobb se refere, foi inventada nos Estados Unidos em 1858 e era uma adaptação da máquina de costura têxtil para a execução do pesponto (processo de costura do couro).

trabalho familiar na fabricação de sapatos e botas absorveu boa parte da produção de máquinas de costura, que eram, já na época, alugadas aos trabalhadores domiciliares que não tinham condição de comprá-las. Marx assinala ainda que, em Londres, após o surgimento da máquina de costura, a distribuição de trabalho em domicílio para fabricação de calçados foi a última a desaparecer, entre os setores nos quais esse tipo de trabalho era comum, e a primeira a reaparecer depois de algum tempo.[18]

Atualmente, enquanto se assiste nos mais diversos setores ao avanço quase sem limites da microeletrônica no que diz respeito ao planejamento, execução e controle dos processos de produção fabris, na indústria do calçado tal dinâmica é ainda incipiente, restringindo-se praticamente à concepção do produto. Estudos recentes nos dão idéia do presente estágio tecnológico dessa indústria no Brasil e no mundo. Achyles Barcelos da Costa ressalta, por exemplo, que a produção de calçados ainda

> caracteriza-se por constituir um processo de trabalho de natureza intensiva em mão-de-obra, *com tecnologia de produção que guarda ainda acentuado conteúdo artesanal*. Assim, esta indústria apresenta elevado potencial de emprego, desempenhando importante papel na incorporação de mão-de-obra, inclusive não-especializada (1993, p. 1, grifo nosso).

Conforme também observa, a própria natureza do calçado como produto é um elemento a obstar a modernização técnica da sua fabricação: "a complexidade das fases de costura e montagem, onde se concentra cerca de 80% da mão-de-obra, tem limitado as possibilidades de automação" (1993, p. 2). No mesmo sentido, Valmíria Carolina Piccinini assinala que "a tecnologia da maioria das máquinas utilizadas no setor calçadista é relativamente simples", e "presentemente 50 a 60% das máquinas utilizadas na fabricação do calçado são convencionais, isto é, não dispõem de dispositivos eletrônicos" (2001, s.p.). Mesmo em países onde a indústria calçadista apresenta maior evolução técnica, o processo de fabricação do sapato mantém poucos traços que possibilitem identificar procedimentos tecnológicos avançados. Em pesquisa sobre o operariado da indústria de calçados portuguesa, Elísio Estanque assinala que

---

[18] Ver, sobretudo, o tópico 8 do capítulo XIII (livro I, vol. I), que trata do trabalho domiciliar.

pode dizer-se que o calçado é um daqueles setores em que a automação é assaz limitada. Mesmo nas tarefas mais mecanizadas, *a componente manual tem um peso significativo*. Em todas as posições da linha de montagem essa componente está presente, muito embora haja umas que são mais facilmente efetuadas do que outras" (2000, p. 246, grifo nosso).

Na seqüência, procuramos traduzir brevemente em imagens a essência do nosso argumento acerca das especificidades técnicas que caracterizam a fabricação do calçado.

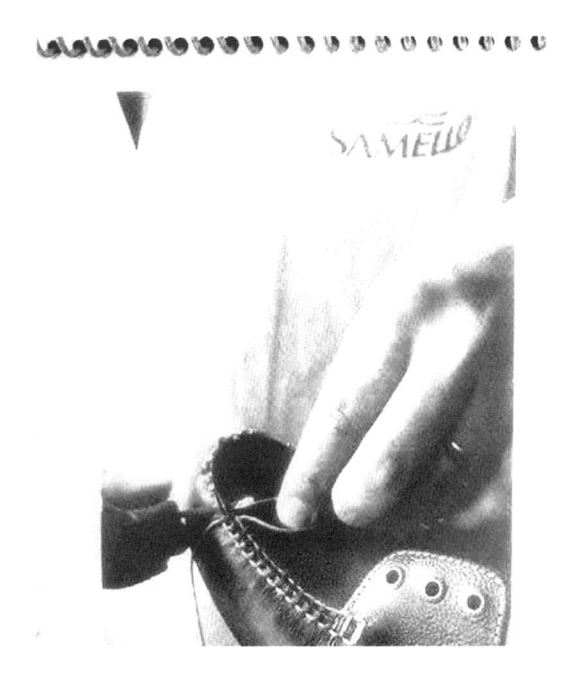

Foto 1. Costura do sapato modelo "mocassim" na *Samello*. Década de 1990 (Fonte: *Memorial Samello*, 2000). Introduzido com sucesso no Brasil pela *Samello*, no início dos anos 1950, ainda em nossos dias o mocassim tem no tra-balho manual intensivo um componente imprescindível de sua "construção".

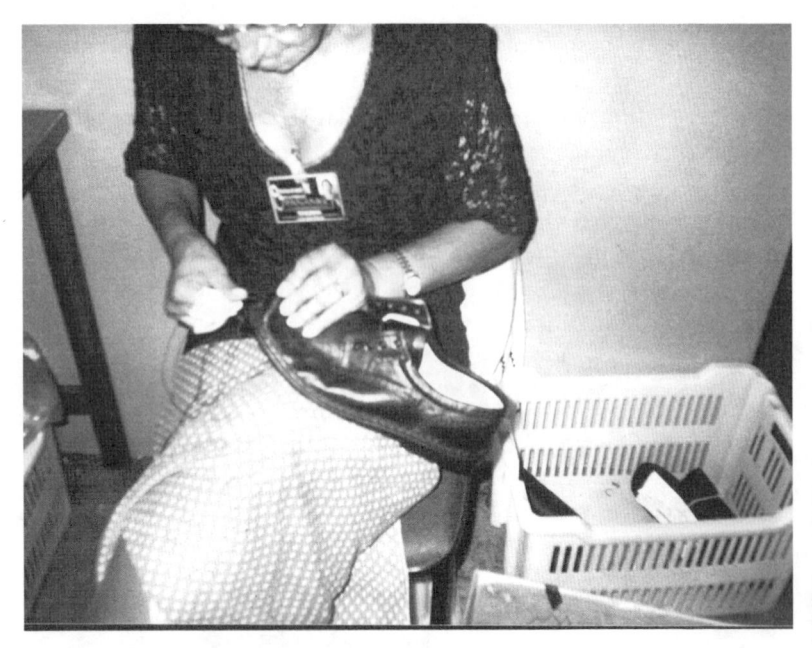

Foto 2. Costura manual do cabedal ao solado na *Opananken Antistress*, 2002 (Fonte: Acervo do autor). Não obstante a concepção moderna dos produtos da *Opananken*, diversos modelos produzidos atualmente na empresa não dispensam a costura manual.

Foto 3. Pesponto do calçado na fábrica da *Mello*, 1956 (Fonte: Acervo MHM).

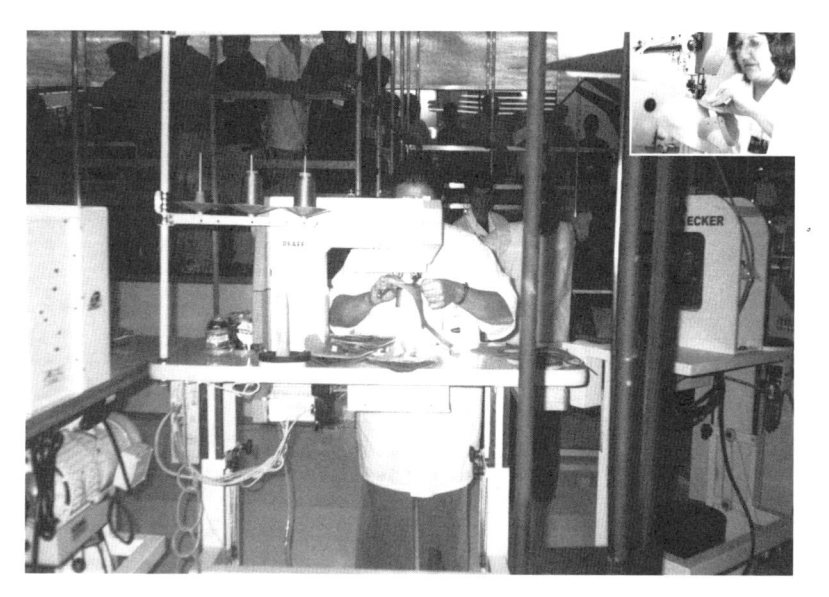

Foto 4. Pesponto do calçado na Fábrica Modelo instalada na *Couromoda 2003* (Fonte: Acervo do autor). No destaque, pesponto do calçado na fábrica da *Opananken Antistress*, 2002 (Fonte: Acervo da empresa). Observe-se, comparando com a Foto 3, que o maquinário utilizado para tal tarefa sofreu, em essência, poucas modificações, exigindo razoável habilidade manual para o exercício da função.

Foto 5. Seção de corte do calçado na fábrica da *Mello*, 1956 (Fonte: Acervo MHM).

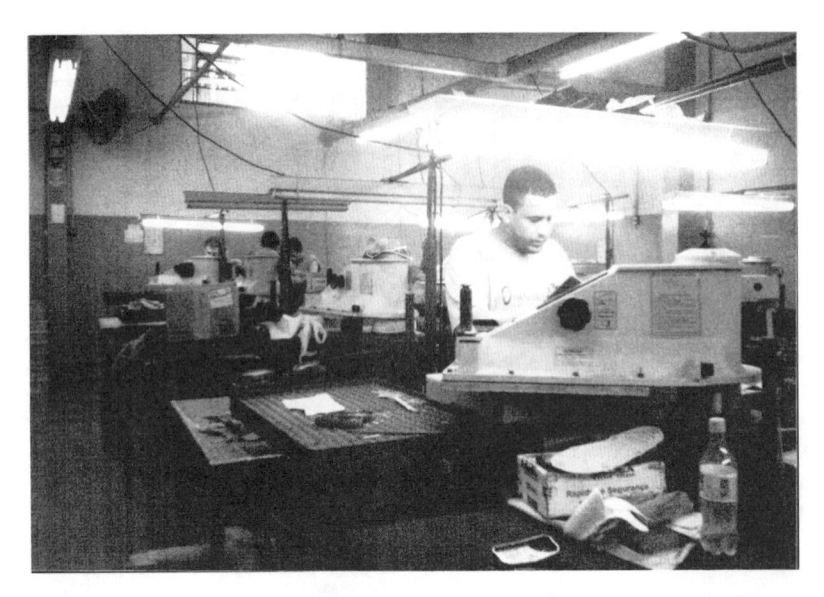

Foto 6. Seção de corte do calçado na fábrica da *Opananken Antistress*, 2002 (Fonte: Acervo do autor). Não obstante o surgimento de maquinário automático — de programação computadorizada — para o corte do couro, o balancim manual continua sendo o equipamento mais utilizado pelas empresas na execução de tal operação. Assim como há meio século atrás, o serviço de corte continua dependendo predominantemente da habilidade do trabalhador.

Diante desse quadro peculiar, não acreditamos que seja equivocado pensar que, no contexto da indústria do calçado, que é periférica do ponto de vista do capitalismo industrial, tenha havido a possibilidade, pelo menos em seus primórdios, de pequenos artesãos e operários se converterem em outro ser social que não o proletário propriamente dito. Marx e Engels, no *Manifesto Comunista*, negam a probabilidade de camponeses e artesãos sobreviverem como tais no capitalismo moderno, "em parte porque seu capital diminuto não basta para a escala na qual a indústria moderna é levada avante [. . .] e, em parte, porque suas especializações se tornaram inúteis com os novos métodos de produção"; o resultado disso é que "todos eles se afundam, gradualmente, no proletariado" (1998, p. 21). Todavia, se pensarmos nas franjas do sistema, nos setores onde as configurações mais modernas do capital não se fizeram sentir de modo profundo, julgamos ser razoável supor que haja lugar para manutenção de possibilidades já extintas no capitalismo avançado como, por exemplo, a ascensão social com base nas habilidades e ndo esforço pessoais, tendo em vista o fato de que, nestes casos, a concorrência com o capital em suas formas mais avassaladoras não constitui ainda uma realidade imediata. O caso da origem da indústria e do empresariado do calçado em Franca parece adequar-se a esse raciocínio.

O estabelecimento de uma perspectiva comparativa entre o surgimento da indústria do calçado em Franca e em outras localidades seria o procedimento ideal para que pudéssemos conhecer a origem desse setor fabril em outros espaços e sabermos se neles ocorreram o mesmo tipo de experiência verificado em nosso estudo. Com efeito, não obstante existirem muitos estudos sobre a trajetória e a dinâmica geral do setor, poucos se dispuseram a analisar exclusivamente a origem das experiências de industrialização localizada voltada para a fabricação de calçados.[19] Entre os raros trabalhos realizados, não encontramos nenhum que tivesse empreendido uma investigação rigorosa, com o uso de fontes diversificadas tais como inventários, falências e papéis cartoriais, documentos esses que oferecem subsídios mais confiáveis acerca da origem das empresas e empresários. Em seu estudo sobre a formação do pólo calçadista do Vale do Rio dos Sinos, no Rio Grande do Sul, embora Lígia Gomes Carneiro reconheça o predomínio da pequena empresa até meados do século XX, alega que "as informações sobre a origem do capital aplicado nas indústrias [são] escassas"; conforme observa, "a grande dificuldade, quando se trata da industrialização do setor coureiro, é estabelecer até que ponto os capitais investidos vieram da acumulação feita por pequenos artesãos" (1986, p. 65). Carneiro afirma que "é pouco provável que se tenha verificado um processo de crescimento progressivo, onde as firmas passavam

---

[19] Os demais pólos de fabricação de calçados do País são: o Vale do Rio dos Sinos, no Rio Grande do Sul, responsável por aproximadamente 40% da produção nacional, onde as principais cidades em que se concentra a indústria do calçado são Novo Hamburgo e São Leopoldo; Birigüi e Jaú, em São Paulo, responsáveis, respectivamente por 7% e 2% da produção nacional; Nova Serrana e Belo Horizonte, em Minas Gerais, responsáveis em conjunto por cerca de 10% da produção nacional; e São João Batista, em Santa Catarina, responsável por cerca de 1% do total produzido no País. Aglomerações incipientes estão se constituindo em Santa Cruz do Rio Pardo (SP), em cidades de Goiás e em diversos municípios de estados como Ceará, Paraíba, Bahia, Rio Grande do Norte e Sergipe; todavia, são de formação ainda muito recente para merecerem estudos de maior rigor. Para uma descrição sintética da dinâmica dos pólos já constituídos ver, por exemplo, o bom trabalho de Corrêa (2001, pp. 65-92).

sucessivamente pelas fases de artesanato, pequena, média e grande fábrica" (1986, p. 65), contudo, tal assertiva não ultrapassa a dimensão da mera conjetura sem comprovação de base empírica. Por outro lado, Sandra Jatahy Pesavento (1986), na densa investigação que realiza sobre a burguesia industrial gaúcha, nem sequer realiza uma análise mesmo que superficial a respeito da indústria do calçado e seus empresários, a despeito de ter-se formado no Sul desde o século XIX um importante centro coureiro-calçadista.[20] Helvécio Zampieri (1976), que estudou o caso de Birigüi, no interior paulista, também não fornece informações consistentes acerca da origem dos empresários do calçado e da origem de seus capitais, parecendo mais preocupado em reproduzir a interpretação já consagrada sobre a hegemonia do grande capital, ainda que alguns dos números que exibe indiquem o contrário.

Em face da impossibilidade de estabelecermos parâmetros comparativos objetivamente seguros, não temos outra opção senão nos concentrarmos na dinâmica exclusiva do caso de Franca. Acreditamos, entretanto, que a sólida base documental da qual nos valemos na pesquisa possa fornecer aval confiável à linha de interpretação que assumimos. A seguir refletiremos sobre a origem social, trajetória profissional e padrão de acumulação dos agentes que tornaram possível a experiência de desenvolvimento industrial aqui discutida.

2.2 Uma burguesia de "pés descalços" (?)

No primeiro capítulo vimos que para o caso da indústria calçadista de Franca não podemos falar de um empresariado fabril originário da burguesia cafeeira. De igual forma, conforme demonstramos no primeiro tópico, não é possível conceber o empresariado do calçado como grupo social cujas raízes históricas remontam ao grande capital e, no limite, até mesmo ao *médio* capital. Como fica claro, o processo local se distingue das interpretações correntes acerca da formação da indústria e, por extensão, da burguesia industrial no Brasil. Nossa constatação de que o núcleo original do empresariado calçadista deriva da

---

[20] Ver, especialmente, o capítulo 1 (pp. 32-128), no qual a historiadora reflete sobre as origens da burguesia industrial gaúcha e apenas uma única referência é feita ao setor coureiro-calçadista (no caso, a um curtume).

atividade de artesãos/sapateiros e, em menor grau, do pequeno comércio, confronta a interpretação predominante, que vincula o surgimento da burguesia industrial ao grande capital cafeeiro, e, por outro lado, também se choca com uma certa análise crítica dessa visão, que considera a classe média como matriz social dos empreendedores fabris paulistas.

Principal nome da vertente que liga a classe média às origens da burguesia industrial brasileira, Luiz Carlos Bresser Pereira assinala, baseado em significativa pesquisa empírica realizada no início dos anos 1960, "que os empresários industriais do estado de São Paulo, onde se concentrou a industrialização brasileira, não tiveram origem nas famílias ligadas ao café. Originaram-se em famílias imigrantes principalmente de classe média" (2002, p. 146).[21] Como se vê, Bresser Pereira antecipou em quase uma década a idéia de Warren Dean segundo a qual o imigrante teve papel fundamental na formação da burguesia industrial brasileira.[22] Dean, por sua vez, introduziu um diferencial importante nessa interpretação; de acordo com sua análise, os imigrantes que se envolveram na atividade comercial e industrial eram de origem burguesa, muitos dos quais chegaram ao Brasil com alguma forma de capital: "economias de algum negócio realizado na Europa, um estoque de mercadorias, ou a intenção de instalar uma filial de sua firma" (1971, p. 59). No intuito de destacar esses indivíduos da massa de imigrantes que vieram para Brasil trabalhar nas lavouras de café, Dean os chama de "burgueses imigrantes", cuja experiência e treinamento os predispunha a se dedicar à indústria ou ao comércio.[23]

A noção de uma "burguesia imigrante" como elemento de relevo na

---

[21] Nesse artigo publicado em 2002, Bresser Pereira retoma sinteticamente reflexões desenvolvidas em sua tese de doutoramento publicada com o título de *Empresários e Administradores no Brasil* (São Paulo: Brasiliense, 1972).

[22] Por mais paradoxal que isso possa parecer, não obstante destacar o importante papel desempenhado na industrialização pelo imigrante, Dean deu também grande ênfase aos *homens do café* como elementos que compunham a matriz da burguesia industrial.

[23] Para este tema, ver especialmente o quarto capítulo. De acordo com Dean, "em geral os burgueses imigrantes chegavam a São Paulo com recursos que os colocavam muito à frente dos demais e praticamente estabeleceram uma estrutura de classe pré-fabricada". Essa mesma idéia é retomada por Zélia Cardoso de Mello (1985) em seu estudo sobre a formação da riqueza em São Paulo no contexto da economia cafeeira da segunda metade do século XIX.

constituição do empresariado brasileiro é reforçada por Sérgio Silva, que chama atenção para o caráter errôneo das teses que defenderam a idéia de que imigrantes pobres teriam se transformado em industriais, identificando neles uma espécie de *self-made man*. Para Silva (1976), os imigrantes que se estabeleceram como empresários fabris não se confundiam com a massa de imigrantes, constituída em sua maioria por trabalhadores braçais. No mesmo sentido, José de Souza Martins vê na figura do industrial de origem imigrante que ascendeu socialmente uma espécie de mito — o *burguês mítico* — que servia à reprodução do capital e legitimava suas formas de exploração. Conforme observa,

> a industrialização brasileira encontrou no mito do burguês enriquecido pelo trabalho e pela vida penosa um ingrediente vital. [. . .] Foi a partir daí que a dominação burguesa se apresentou como legítima para o operário. O enriquecimento do burguês foi entendido como resultado do seu próprio trabalho, das suas privações e sofrimentos, e não como produto da exploração do trabalhador. A dominação e a exploração burguesas passaram a ser concebidas como legítimas porque a riqueza não seria fruto do trabalho proletário, mas sim do trabalho burguês (1986, p. 149).[24]

Em que pese a pertinência pontual de alguns aspectos das considerações acima mencionadas, as generalizações levadas a efeito estão longe de contemplar o caso por nós investigado. Nas páginas seguintes traçaremos um painel das características gerais do empresariado do calçado em Franca, procurando demonstrar a validade de nossa linha interpretativa. Primeiramente, julgamos ser útil demonstrar a origem étnica predominante entre os industriais calçadistas para depois passarmos ao exame de sua origem social e trajetória profissional.

Em seu estudo sobre as origens da indústria coureiro-calçadista de Franca, Tosi (1998) relativiza a influência do imigrante italiano no setor em razão do fato de que entre os funcionários do "Curtume Progresso",

---

[24] Na formulação de sua tese, Martins tem em mente, em especial, o caso de Francisco Matarazzo, "o burguês mítico por excelência", não obstante entender que outros burgueses imigrantes também tivessem contribuído para a elaboração desse mito.

de propriedade de Carlos Pacheco de Macedo, os oito operários mais bem pagos eram de origem judaica, germânica, austríaca ou húngara. O fato de os 25 italianos encontrados entre os trabalhadores do curtume terem média salarial inferior aos oito mencionados, o induz a esse procedimento. Pensamos que tal argumento seja impróprio. O trabalho de técnicos alemães foi mais comum na indústria do couro (curtumes), e na indústria do calçado o predomínio incontestável era de egressos da península itálica. Entre as 562 empresas calçadistas registradas entre 1900 e 1969, em um único caso um indivíduo de origem germânica aparece como sócio; assim como os de procedência libanesa, síria, grega ou lituana, faziam parte de uma minoria.

Analisando a origem étnica dos empresários do calçado verificamos que uma proporção significativa era natural da Itália ou tinha ascendência italiana.[25] Em uma amostragem de cinqüenta empresários (9% do total de empresas registradas entre 1900 e 1969), na qual o critério de seleção foi a existência de inventário que os envolvesse na condição de inventariado ou cônjuge do inventariado, temos a seguinte tabela:

Tabela 4. Nacionalidade dos empresários calçadistas (por amostragem de cinqüenta inventários)

	BRASILEIROS	ITALIANOS	ESPANHÓIS	OUTROS
Natos	25	6	1	1
Filhos ou netos	–	14	3	–
Total	25	20	4	1
%	50	40	8	2

Fonte: AHMF. Inventários dos Cartórios de 1.º e 2.º Ofício Cível (1890-1980).

---

[25] As informações sobre as origens dos empresários são baseadas em informações dos inventários dos próprios industriais, dos cônjuges, dos pais ou dos avós. Para a definição da origem imigrante nos valemos de parâmetros semelhantes aos utilizados por Bresser Pereira (2002) para definir a origem étnica e social do empresariado paulista. Todavia, enquanto esse autor classifica como de origem estrangeira todo empresário que fosse ele próprio nascido no exterior ou cujo pai ou avô paterno fosse estrangeiro, consideramos igualmente a ascendência materna do indivíduo analisado. Nos motivou a isso o fato de que pela legislação do país (Itália), desde 1/1/1948, a cidadania italiana é transmitida também da mãe para o filho.

As origens do empresariado

Como se percebe, se os industriais de origem italiana não eram maioria, pelo menos correspondiam a proporção considerável do total de empresários, o que denota sua grande importância na construção da estrutura fabril predominante em Franca. Ainda que se trate de amostragem, acreditamos que a Tabela 4 seja inegavelmente representativo das origens do empresariado calçadista local. Em nossa amostragem, consideramos as sete primeiras décadas de história do setor em Franca, isto é, desde o incipiente aparecimento de singelas oficinas artesanais até o momento histórico em que a indústria local se encontrava plenamente consolidada em âmbito nacional e alçava vôos maiores rumo ao mercado internacional. Quando consideramos as 65 empresas registradas entre 1900 e 1945, período que poderíamos classificar de gênese e princípio da afirmação das bases do empresariado do calçado, constata-se que 36 delas (55%) tinham proprietários ou sócios de origem italiana. Nomes como Pedro Spessoto, João Palermo, Salvador Mazzota, Antônio Maniglia, Luís Ferro, Humberto Lanza, Mário Nalini e Vítor Repezza, entre muitos outros, se destacam como exemplos de industriais de origem italiana que foram pioneiros na fabricação de calçados em Franca. Teriam eles origem nos quadros do que poderíamos chamar de uma "burguesia imigrante"? Pelo contrário, como veremos, estes e os de procedência espanhola, segunda comunidade estrangeira mais importante, eram todos homens de origem modesta. À exceção da família Pucci, o grupo social que poderíamos denominar de "burguesia imigrante" local, que chegou ao País trazendo certo montante de capital e uma posição de classe preestabelecida, não se imiscuiu na atividade de fabricação de calçados, talvez por ser esta uma indústria periférica. Entre as atividades industriais desenvolvidas por esse grupo, destacam-se os curtumes, a indústria da borracha, de cerveja e de lapidação de diamantes. Seus membros mais proeminentes, como o farmacêutico Gaetano Afonso Gaspar Petraglia e o médico Domenico De Lucca (Barão de Strazzari), se notabilizaram por serem grandes proprietários de terras e homens de considerável influência política da oligarquia cafeeira local; Petraglia, por exemplo, é um dos fundadores do PRP (Partido Republicano Paulista) em Franca (Di Gianni, 1997).[26]

---

[26] De acordo com Tércio Pereira Di Gianni, Domenico De Lucca possuía, além da propriedade rural localizada em Franca, fazendas nos estados de Minas Gerais e Goiás. Já Gaetano Petraglia, também proprietário de terras, teve como

Entre as dez maiores fábricas de Franca em 1945, oito tinham à frente proprietários ou sócios de ascendência italiana ou espanhola. Examinemos agora as origens destes homens. A maior das dez fábricas, a "Calçados Palermo", teve origem na oficina de sapateiro — com pequeno comércio de calçados anexo — iniciada em 1922 por João Palermo, italiano de Basilicata e filho de camponeses da região do Pó, que tendo ficado órfão ainda criança ganhava a vida em "serviços avulsos" na Itália até vir para o Brasil em 1911, então com dezenove anos de idade (*Diário da Tarde*, 9/11/1959, encarte, s.p.). Iniciou seu negócio com o exíguo capital de cinco contos de réis, o equivalente a US$ 720 à época; dez anos mais tarde, em 1932, o capital da empresa havia subido a 40 contos (cerca de US$ 3.170) e contava com seis funcionários.[27] Como se pode perceber, a evolução do empreendimento foi lenta e mesmo uma década depois João Palermo permanecia como pequeno empresário. No anúncio reproduzido na página seguinte, publicado em 1923 no jornal *Tribuna da Franca*, Palermo aparece como proprietário da "Sapataria Palermo", tendo suas habilidades manuais destacadas — "executa-se com perfeição qualquer calçado sob medida" —, o que demonstra claramente, a nosso ver, a ligação da atividade de artesão com a de futuro empresário. Reproduzimos também ao lado do anúncio de João Palermo um anúncio da "Calçados Jaguar", contemporânea à sua sapataria, publicado na mesma edição, à mesma página.

---

provável motivo de sua vinda para o Brasil o comércio de pedras preciosas; credita-se a ele a fundação da primeira indústria de lapidação de diamantes de Franca no início do século XX. Além da indústria de calçados, o município é também conhecido até os dias atuais por ser importante pólo diamantário. Ver, especialmente, pp. 70 e ss.

[27] Todas as referências aos capitais das empresas baseiam-se, salvo indicação, nas informações dos livros de *Registro de Firmas Comerciais* do Cartório do Registro-Geral de Hipotecas e Anexos de Franca e em Tosi (1998, anexos).

Figuras 1 e 2. Anúncios: Sapataria Palermo e Calçados Jaguar (Fonte: *Tribuna da Franca*, 4/3/1923, p. 3).

A "Calçados Spessoto", quarta maior em 1945, foi iniciada em 1924 pelo oficial de sapateiro Pedro Spessoto com cinco contos de réis, o equivalente a apenas US$ 550; quase dez anos depois, em 1933, o capital da empresa era ainda de 37 contos (cerca de US$ 3.240), saltando para 200 contos em 1934 (cerca de US$ 17.500). Subtende-se dessa surpreendente elevação de capital que a empresa tenha sido significativamente modernizada, pois o número de operário aumentou de dezesseis para quarenta e dois. Em 1928 Spessoto adquiriu um pequeno curtume, o *Santa Cruz*, e possivelmente a ampliação da empresa tenha de ver com o aumento dos lucros, já que expandiu sua área de atuação, assim como do aumento do fluxo de couros à sua fábrica. A origem humilde de Pedro Spessoto é notória. Nascido em 1888 na cidade paulista de Araras, em uma família de sete irmãos, ficou órfão de pai aos nove anos; era do filho do imigrante italiano Giuseppe Spessoto, natural de Treviso e trabalhador rural na fazenda "Boa Vista", em Ribeirão Preto. O inventário de Giuseppe não apresenta nada além que meros 3:800$000, quantia em dinheiro correspondente a pouco mais de US$ 800 em 1897, quando faleceu (*Inventário de Giuseppe Spessoto*, 1897). A infância difícil de Spessoto pode ser deduzida do fato de que nem mesmo o modesto pecúlio deixado pelo pai pôde ser usufruído pela família; em 1916, dezenove anos depois da morte do marido, Giovanna Freganezzi, mãe de Pedro Spessoto, reclamava na justiça o direito de reaver o dinheiro do espólio, pois tendo-o cedido ao filho mais velho para que montasse uma padaria, declarava: "até o presente o seu referido filho, Antônio Spessoto, não tem querido restituir esta importância para ser inventariada entre a suplicante e os mais herdeiros do casal" (*Inventário de Giuseppe Spessoto*, 1897, anexos). Em face das dificuldades, em 1901 Spessoto começou a trabalhar como ajudante na selaria e oficina de sapateiro de seu cunhado Donato Ferrari, onde dez anos mais tarde foi admitido como sócio. Não há como negar que a atividade de artesão do couro esteja indelevelmente vinculada ao surgimento desta que foi uma das maiores e mais importantes fábricas de calçados de Franca, tão expressiva que despertou a atenção do Grupo *Vulcabrás*, de capital franco-suíço, para o qual foi vendida na década de 1970, após a morte precoce do herdeiro da empresa, Ivo Spessoto, em 1971 (*Lançamentos*, janeiro de 1980, s.p.).

A terceira e a quinta maiores fábricas em 1945, respectivamente "Calçados Mello" e "Calçados Samello", tinham à sua frente dois irmãos filhos de imigrantes espanhóis: Antônio Lopes de Melo e Miguel Sábio de Melo. Apesar de irmãos, Antônio e Miguel tinham pais diferentes; o primeiro era filho do trabalhador rural Mariano Lopes Della Torre e o segundo de José Sábio Garcia, que veio para o Brasil em 1894, tendo trabalhado em fazendas de café no interior de São Paulo e Minas Gerais e também como limpador de trilhos da "Cia. Mogiana de Estradas de Ferro" (Samello, 2000). Antônio Lopes de Melo, irmão mais velho, trabalhou em fazendas de café até a idade de treze anos, quando veio para Franca e se empregou como aprendiz de sapateiro na oficina de Ananias Melo (*Diário da Tarde*, 9/11/1959, s.p., encarte); trabalhou também como lavador de vidros, zelador, viajante comercial e até mesmo como operário da *Jaguar*, até se estabelecer como pequeno fabricante de calçados em 1929, em sociedade com o também ex-operário Luís Ferro, com capital de vinte contos de réis (equivalente a US$ 2.500) e produção de vinte pares diários. Em 1932, com a saída de Ferro, seu irmão Miguel Sábio de Melo passou a fazer parte da empresa; os negócios se ampliaram e em 1934 o capital chegava já a 100 contos, momento em que a fábrica operava com quarenta e oito funcionários. Em 1935, Miguel se afastou da sociedade e montou sua própria fábrica, pequena, com menos de duas dezenas de operários e capital de vinte contos (cerca de US$ 2.300). Miguel Sábio de Melo começou sua vida profissional trabalhando nos cafezais da fazenda Santa Maria, em Conquista (MG), onde permaneceu até aos dezoito anos. Em 1922 se mudou para Franca e empregou-se como aprendiz na oficina do sapateiro Horácio Lima, onde permaneceu por cerca de dois anos. Depois disso trabalhou em outras oficinas, utilizando seu tempo livre para fabricar artesanalmente chinelos e sandálias com tiras de couro, em grande parte sobras da "Calçados Jaguar". Em 1926 abriu sua própria oficina, com ajuda de um oficial sapateiro e dois aprendizes (Samello, 2000; Mello, 2001; Mello, 1990). A origem modesta do fundador do grupo *Samello*, sapateiro saído do campo e alfabetizado somente aos trinta anos, em nada lembra a representação de uma "burguesia imigrante"; tampouco, pelo menos nos primeiros quinze anos da idade adulta de Miguel Sábio de Melo, sua trajetória profissional pode ser dissociada de um ofício manual.

Origem distante de uma "burguesia imigrante" tinha também três outros proprietários cujas empresas estavam incluídas entre as dez maiores em 1945.[28] Gildo Nalini, sócio da "A. Mota, Nalini & Cia. Ltda.", a sexta maior, era filho do imigrante italiano Francesco Nalini. Malgrado não tenhamos encontrado informações específicas sobre o pai de Gildo Nalini, sabemos que se tratava de família pobre, pois no inventário de sua mãe, datado de 1937, sete anos antes da fundação da fábrica, o único bem constante era uma casa no valor de três contos de réis, quantia insuficiente para quitar os quatro contos de dívidas do espólio a ser dividido entre nove filhos. Antônio Maniglia, da "Calçados Maniglia", sétima maior, era filho do italiano José Maniglia, seu sócio juntamente com seu tio Miguel Maniglia no início da empresa em meados dos anos 1920 — pai,

---

[28] Não obstante utilizarmos como parâmetro de classificação as "dez maiores empresas", é importante ressaltar que apenas as cinco primeiras tinham porte significativo, podendo ser consideradas *médias* empresas. Da sexta à décima maiores, eram todas pequenas empresas com capital entre Cr$ 30 mil (cerca de US$ 1.900) e Cr$ 110 mil (US$ 6.900) e média de duas dezenas de operários.

tio e sobrinho eram todos ex-operários da "Calçados Jaguar". O contrato de sociedade anexo ao inventário de sua esposa demonstra que, no início da fábrica, seus rendimentos não se distinguiam muito do recebido pela maioria dos operários; com pró-labore de 300 mil-réis, seu ganho ficava abaixo do auferido por alguns trabalhadores qualificados do setor coureiro-calçadista (*Inventário de Maria Thereza Lopes Maniglia*, 1951).[29] Não obstante as inúmeras dificuldades financeiras que sempre marcaram seu empreendimento, Antônio Maniglia manteve sua empresa em atividade até sua morte em 1975.[30] Luís Puglia, proprietário da "Calçados São Luiz", décima maior, não se diferencia dos outros dois industriais. Era filho do pedreiro Hermenegildo Puglia, italiano de Salerno, dono de patrimônio modesto e chefe de uma família de dez filhos. Luís Puglia iniciou sua empresa em 1942, com o exíguo capital de quatro contos. A duração da *São Luiz* foi curta: em 1946 a fábrica foi vendida para a "Calçados Palermo" (*Comércio da Franca*, 31/3/1946, p. 4).

Dentre os oito empresários de origem imigrante, apenas Estélio Dante Pucci, sócio da "Thomaz Licursi & Cia.", a oitava entre as dez maiores, pode ser qualificado como de procedência burguesa. Seu pai Pedro Pucci, natural de Mongrassano na Itália, era proprietário de mais de uma dezena de imóveis urbanos em Franca e foi o fundador do "Curtume Pucci", juntamente com seu sobrinho Vicente Pucci, também grande proprietário urbano local. Pelo que se pode deduzir da leitura do inventário de Estélio Dante Pucci, seu investimento na indústria do calçado constituía um negócio ocasional em sociedade com seu cunhado Tomás Licursi; a empresa nunca chegou a ter porte considerável — tinha vinte funcionários em 1945, setenta e cinco em 1956 — e não sobreviveu aos anos 1960. Seu principal investimento era a "Pucci & Cia.", indústria fabricante de solados de borracha que deu origem à "Amazonas S/A — Produtos para Calça-

---

[29] Segundo Tosi (1998), os salários médios dos operários italianos que trabalhavam no "Curtume Progresso" eram de cerca de 196 mil-réis. Todavia, os vencimentos de operários mais qualificados chegavam a 650, 700 e até mais de 800 mil-réis (ver p. 182).

[30] A julgar pelo que foi manifestado por Antônio Maniglia no inventário de sua esposa as dívidas de sua empresa remontam a princípios dos anos 1930. Em 1951, data do inventário, declarou que vinha "pagando ou acomodando situações" referentes àqueles débitos. No seu próprio inventário, de 1975, em razão de o espólio ser objeto de várias ações de cobrança, foi solicitada a penhora dos bens de herança (*Inventário de Antonio Maniglia*, 1975).

dos", atualmente maior empresa do setor na América Latina; o capital de Pucci nesse empreendimento era seis vezes maior que o investido na fábrica de calçados (*Inventário de Stélio Dante Pucci*, 1953; *Inventário de Pedro Pucci*, 1939).[31]

Se não podemos falar de uma "burguesia imigrante" como o grupo social de origem dos industriais do calçado, tampouco os de ascendência nacional tinham vínculos com os setores mais abastados da sociedade. Os dois empresários restantes da relação das dez maiores empresas em 1945, Hercílio Batista Avelar e Celso Ferreira Nunes, não vieram de famílias de posses ou mesmo da classe média. De Hercílio Batista Avelar, proprietário da "Calçados Peixe", a segunda maior e uma das poucas fábricas de calçados a já surgir como empresa de médio porte, seria difícil pensar que tivesse origem privilegiada. Seu pai Urias Batista Avelar, era enfermeiro da Santa Casa de Misericórdia local, profissão que exerceu até o momento de sua aposentadoria; no inventário de Urias consta apenas a sua residência, um imóvel de pouco valor, único bem a ser dividido entre seus dez filhos. Nascido em 1888, Hercílio Batista Avelar iniciou-se no ramo de couro e calçados em 1905, aos quinze anos, trabalhando na selaria mantida por Elias Mota, passando depois de alguns anos à empresa "Carlos Pacheco & Cia.", que produzia selas, botinas e sapatões; em 1919 Avelar foi beneficiado pelo estágio de alguns meses em fábrica de calçados na cidade do Rio de Janeiro, onde teve contato com maquinário moderno e se qualificou para exercer o cargo de gerente de oficina da "Calçados Jaguar", de propriedade dos genros de seu antigo patrão Carlos Pacheco de Macedo (*Inventário de Urias Baptista Avellar*, 1938; *Revista Comércio da Franca*, 1/5/1956, pp. 66-7). Ao que tudo indica, Avelar era um operário especializado e não um homem voltado aos negócios de ordem administrativa da empresa. Já Celso Ferreira Nunes era filho de um sitiante local, cuja pequena propriedade rural, avaliada à época em sete contos, era seu único patrimônio (*Inventário de Quirino Ferreira Nunes*, 1914). A julgar pelo capital aplicado na fábrica quando iniciou suas atividades em 1944 — 30 contos (cerca de US$ 2 mil) —, podemos concluir também que se tratava de pessoa de poucas posses.

---

[31] De acordo com inventário de Estélio Dante Pucci, a parte de seu capital investido na empresa "Thomaz Licursi & Cia." era de Cr$ 10 mil (cerca de US$ 500); na "Pucci & Cia." era de Cr$ 60 mil (equivalente a US$ 3 mil).

Enfim, qual quadro social podemos vislumbrar quando pensamos na parcela mais expressiva do empresariado do calçado no momento histórico em que o setor começa a se consolidar em Franca? De acordo com o descrito acima, podemos afirmar com segurança que, dos cinco principais fabricantes, aqueles cujas empresas havia alcançado a categoria de *médias* em 1945, todos, sem exceção, exerceram ocupação manual, como operário ou artesão, até no mínimo a idade de trinta anos. Dos cinco, quatro eram filhos de trabalhadores rurais imigrantes ou camponeses (caso de João Palermo), ou seja, homens que exerciam profissão braçal. Quando consideramos o conjunto dos dez principais empresários, é certo que seis exerceram trabalho manual e em seis casos a ocupação do progenitor era braçal. Se ponderarmos que os referidos industriais iniciaram-se em seus ofícios por volta dos quinze anos de idade, o que de fato pode ser comprovado para alguns deles, podemos inferir que em pelo menos um terço de sua vida produtiva exerceram a atividade de artesão ou operário.

Em face do exposto, como aceitar o argumento defendido por Tosi que sustenta que "seria ingenuidade pensar os curtumes e, no limite, as fábricas de calçados como atividades «democráticas» a ponto de operários serem guindados à posição de proprietários mediante seus respectivos esforços"? Tosi alega que alguns empresários, a despeito de teriam sido realmente operários na adolescência ou na juventude, eram dotados de outras qualidades e acabaram por assumir "posição na área de negócios nas fábricas em que trabalhavam" (1998, p. 243). Tosi toma como um dos seus exemplos o caso de Hercílio Batista Avelar, que trabalhou na *Jaguar* e depois tornou-se sócio e proprietário da "Calçados Peixe", como um dos homens que "não era, definitivamente, um operário fabril" (1998, p. 214). Contudo, esse autor parece superestimar o cargo de gerente de oficina exercido por Avelar tanto na *Jaguar* quanto na *Peixe*, haja vista que mesmo nos dias atuais tal função é caracterizada pelo domínio de funções ligadas à atividade produtiva, advindo de tal conhecimento a capacidade de supervisioná-las. Geralmente a gerência de produção é atribuída a operários com razoável experiência e habilidade na construção do calçado, tendo estes já passado por diversas funções dentro da fábrica;[32] pare-

---

[32] Agradecemos aqui a colaboração técnica obtida de Gilberto Naldi, em uma série de entrevistas realizadas em agosto de 2001, e também em conversas informais com o técnico Helder da Silva Veríssimo.

ce ter sido esse o caso de Avelar, que tendo trabalhado por mais de uma década na fabricação artesanal de calçados da "Carlos Pacheco & Cia.", foi lembrado pelo sogro dos proprietários para exercer a gerência de oficina da *Jaguar*.

A idéia que Hercílio Batista Avelar tinha de si mesmo quando era gerente de oficina da "Calçados Peixe" não parece ser a de um homem de negócios. Em que pese o conteúdo retórico dos pronunciamentos em uma campanha eleitoral, a propaganda política de Avelar, candidato a vereador pelo Partido Constitucionalista nas eleições municipais de 1936, chama a atenção por identificá-lo historicamente como figura operária:

> Operariado!
> [. . .]
> Lembrai bem ao depositar-lhes o vosso voto na urna, Hercílio Baptista de Avellar *sai da oficina* para entrar na Câmara.
> *Trinta anos de vida operários* onde ele pôde sentir de perto as vossas necessidades, e as vossas aspirações [. . .] (*Comércio da Franca*, 14/3/1936, p. 3, grifo nosso).

Pensamos que careça de suporte empírico a concepção de Tosi segundo a qual indivíduos como Avelar, Pedro Spessoto, João Palermo, Antônio Lopes de Melo e Miguel Sábio de Melo, entre outros empresários cujo ofício inicial estava ligado ao trabalho manual com o couro ou calçado, "não eram operários, eram negociantes, homens profundamente envolvidos com o mercado, que conseguiram ver as oportunidades, os limites e as possibilidades de obterem lucro fazendo o que sabiam" (1998, p. 243). Parece-nos exagerada a definição destes homens como "negociantes" que se destacavam pelo intenso envolvimento com o mercado. Um dos fatores que justificam nosso argumento é o fato de que Tosi vale-se de exemplos como o do empresário João Palermo, que havia sido viajante da fábrica de botinas feitas a mão "Ferrari & Fillipe" e, conforme vimos no anúncio reproduzido anteriormente, exercia o comércio de calçados em sua oficina de sapateiro, para afirmar que "evidencia-se aqui o sucesso do comerciante e viajante". A fim de comprovar sua tese, Tosi parece não levar em conta que a atividade comercial exercida na "Sapataria Palermo", cujo capital eram ínfimos cinco contos de réis, estava longe de ser um empreendimento que pudesse capacitar alguém a ser qualificado como um *manager*, um *top executive*, categorias que Fernando Henrique Cardoso (1963) utiliza para definir o moderno administrador, tanto mais porque a atividade principal levada a efeito ali era o artesanato, o feitio de sapatos sob encomenda. Por outro lado, não é difícil de se imaginar quão rústica e primitiva deveria ser a lide de um viajante vendedor de botinas no interior de São Paulo e Minas Gerais na década de 1920. O depoimento de Wilson Sábio de Melo, herdeiro do fundador da *Samello*, nos dá uma idéia da verdadeira realidade dos "negócios" nos primórdios da indústria do calçado:

> [...] no começo a fábrica era dentro da nossa casa... depois é que mudou para um prédio separado, mas que ficava ainda perto de casa. [...] Mas a fábrica começou a crescer e meu pai trabalhando cada vez mais: *ele fazia as compras, ajudava a produção. Trabalhava até duas da manhã e ainda saía para vender.* Ele tinha um espírito muito arguto e *quando o cliente não tinha dinheiro, papai trocava sapato pelo que tivesse: galinha, melancia...* depois vendia estes produtos e fazia dinheiro (1990, p. 43, grifo nosso).

No que diz respeito a essa época, a inadvertida associação do empresariado do calçado a homens de negócios envolvidos em complexos mecanismos de mercado é uma abstração sem nenhum fundamento empírico. Analisando uma amostra dos inventários de cinqüenta empresários,[33] ficou patente que estes eram na grande maioria homens de pequenas posses, que raramente contavam com investimentos que ultrapassassem

---

[33] Acreditamos que nossa amostragem constitua uma projeção inequivocamente representativa da realidade empresarial em Franca, pois constaram dessa seleção os inventários dos principais industriais locais, representantes das empresas que constituíram o núcleo central do setor, ou de seus cônjuges. Entre os mais importantes, destacamos o da esposa de Carlos Pacheco de Macedo (*Curtume Progresso/Calçados Jaguar*), de Miguel Sábio de Melo (*Calçados Samello*), de Antônio Lopes de Melo (*Calçados Mello*), de João Palermo (*Calçados Palermo*), da esposa de Hercílio Batista Avelar (*Calçados Peixe*), da esposa de Hugo Betarello (*Calçados Agabê*), da esposa de Pedro Spessoto, de Ivo Spessoto (*Calçados Spessoto*), da esposa de Válter Terra (*Calçados Terra*), e de Estélio Dante Pucci (*Thomaz Licursi & Cia.*), entre os mais importantes.

os limites de suas indústrias e cujo patrimônio quase sempre se restringia à própria residência e à fábrica. A presença de ações ou outros títulos e até mesmo de depósitos bancários é algo incomum nos inventários. As duas únicas exceções quanto à diversificação dos investimentos são Antônio Lopes de Melo e Ivo Spessoto, este último, porém, não fazendo parte da geração que poderíamos chamar de "pioneiros" (era filho de Pedro Spessoto). A estratégia de diversificação dos investimentos levada a efeito por Lopes de Melo certamente se refletiu na sua maior prosperidade se comparado aos seus iguais: foi sócio de um dos maiores curtumes locais na década de 1940, o "Curtume Della Torre", e acionista da "Companhia Têxtil Agro-Industrial" (Cotai); o espólio de Antônio Lopes de Melo era composto ainda por ações de oito empresas, além da fábrica e de alguns imóveis, alcançando o montante de Cr$ 2.350.000,00 (equivalente a cerca de US$ 100.000). Com efeito, uma leitura atenta de seu porta-fólio de investimentos nos mostra que pelo menos os mais importantes e de maior vulto se efetivaram na década de 1940 ou depois, ou seja, após a consolidação da "Calçados Mello" no mercado (*Inventário de Antonio Lopes de Mello*, 1955).[34]

Dentre os empresários que tiveram seus inventários analisados, podemos dizer que, de 1900 a 1975, apenas Antônio Lopes de Melo e Carlos Pacheco de Macedo chegaram a possuir patrimônio igual ou superior ao equivalente a US$ 100 mil. Se levarmos em conta que o negócio principal de Macedo era o "Curtume Progresso" e apenas indiretamente se ligava a "Calçados Jaguar", entre cinqüenta empresários calçadistas — onde estão incluídos todos os mais importantes — temos, portanto, apenas um único fabricante possuidor de riqueza que pudesse ser qualificada como significativa. O Gráfico 6 nos fornece um quadro representativo da composição da riqueza entre os empresários do calçado.

---

[34] Comprova nosso argumento o fato de que o "Curtume Della Torre", do qual Lopes de Melo era sócio, foi criado em 1942, a Cotai (Cia. Têxtil Agro-Industrial) foi criada em 1946, e as principais ações que possuía eram de empresas criadas nos anos 1940/1950, como a CSN (Cia. Siderurgia Nacional), Salgema e Panair do Brasil S.A.

Gráfico 6. Riqueza dos empresários do calçado por faixa de patrimônio

Faixa	%
Entre US$ 1 e US$ 1.000	28%
Entre US$ 1.001 e US$ 5.000	28%
Entre US$ 5.001 e US$ 10.000	6%
Entre US$ 10.001 e US$ 50.000	28%
Entre US$ 50.001 e US$ 100.000	6%
Mais de US$ 100.000	4%

Fonte: AHMF. Inventários dos Cartórios de 1.º e 2.º Ofício Cível (1890-1980).

Como podemos observar, quase dois terços dos empresários possuía patrimônio que não ultrapassava o equivalente a US$ 10 mil, o que confirma o baixo nível de acumulação dos fabricantes de calçado nas primeiras sete décadas dessa indústria em Franca e, de certa forma, os afasta da categoria de "homens de negócios profundamente envolvidos com o mercado". Não negamos que a habilidade comercial tenha sido importante para a prosperidade dos empreendimentos, mas também não concordamos que seja o único elemento que lhe sirva de explicação. Não esqueçamos que a "Calçados Jaguar", organizada à sombra de Carlos Pacheco de Macedo, negociante de reconhecido traquejo comercial, e capitaneada por seus genros, "experimentados moços da capital da República", malogrou após meia década de funcionamento. Ademais, prevalecendo a hipótese aventada por Tosi, como explicar o inegável êxito de Miguel Sábio de Melo, símbolo de sucesso empresarial cuja alfabetização só foi completada muito depois do início de sua fábrica?[35] Tosi parece ser indiferente ao fato de que o fundador da *Samello* deu início a um dos maiores grupos econômicos do setor calçadista brasileiro, referência nacional e internacional no seu segmento, para se limitar a destacar que "em 1945,

---

[35] Conforme foi destacado no memorial do grupo *Samello*, em 1934, Miguel Sábio de Melo, "casado e com filhos, levando uma vida de trabalho exaustivo, matricula-se numa escola noturna, dirigida pelo Pastor Ziler, a fim de aprender a ler e escrever corretamente e melhor. Miguel consegue vencer as limitações freqüentando, com sacrifício as aulas, até estar convencido de que tinha aprendido o suficiente para enfrentar outras etapas de seu progresso" (Samello, 2000, s.p.).

mesmo possuindo capital de 184:281$000, [Miguel Sábio de Melo] ainda estava longe dos 1.017$298$000 amealhados por João Palermo & Filhos", evidenciando-se aí "o sucesso do comerciante e viajante" (1998, p. 214). O caso de Sábio de Melo parece caracterizar elucidativamente a questão da "precariedade da posição econômica" do empreendedor quando ele advém das classes menos favorecidas, que Schumpeter assim descreveu:

> quando o grande êxito econômico o eleva socialmente, ele não possuir tradição nem atitude cultural alguma a que recorra, porém circula na sociedade como um *parvenu*, cujos modos são ridicularizados, e compreenderemos por que este tipo nunca foi popular e a razão por que até a crítica científica freqüentemente o arrasa (1961, p. 123).

A opinião da crítica científica sobre Miguel Sábio de Melo já salientamos, a das elites locais é destacada pela perplexidade demonstrada em relação à ascensão econômica do fundador da *Samello*, conforme lembra seu filho Osvaldo Sábio de Melo: "não estudou, não tem curso superior, o pai era catador de café, como é que pôde ganhar tanto?" (Mello, 2001).

As fontes documentais demonstram o equívoco do argumento de Tosi segundo o qual "quem afirma essa relação direta entre artesania e o patronato pode correr o risco de incorrer em uma interpretação carregada de culpável ideologia" (1998, p. 243). É questionável o estudo da indústria do calçado nos mesmos parâmetros de análise elaborados pelas teorias que generalizaram a discussão do tema da industrialização e do surgimento da burguesia industrial no Brasil; tais generalizações se basearam no exemplo da indústria moderna, que apresentava significativa mecanização e complexidade no processo produtivo, como era o caso da indústria têxtil à época da emergência de uma estrutura fabril no País. Conforme vimos antes, a evolução tecnológica na indústria do calçado se deu de forma muito lenta e ainda atualmente apresenta características manufatureiras, para não dizer artesanais; na fabricação do calçado, de maneira nenhuma podemos falar de uma situação na qual a grande indústria "por toda parte onde penetrou, destruiu o artesanato e, de modo geral, todos os estágios anteriores da indústria", cenário que Marx e Engels utilizam para descrever o ocorrido com a estrutura fabril de Inglaterra e França (Marx & Engels, 2001, p. 71). Julgamos que a forma de acesso à posição de empreendedores nesse setor tenha sido facilitada em razão da maior identificação dessa indústria com o trabalho manual, presente no artesanato e na manufatura. Mesmo nos dias de hoje, segundo Achyles Barcelos da Costa,

> a intensidade em força de trabalho e a relativa difusão da habilidade de produzir calçados têm permitido que se inicie essa atividade com uma necessidade de capital relativamente baixa, de modo que as barreiras à entrada e à saída de novas empresas no setor não são expressivas (1993, p. 2).

A evocação da teoria marxiana lança luz ao nosso problema. De acordo com Marx, na manufatura, "complexa ou simples, a operação continua manual, artesanal, dependendo portanto da força, da habilidade, da rapidez e segurança do trabalhador individual, ao manejar seu instrumento. O ofício continua sendo a base" (1996, livro I, vol. I, p. 389). A marcante presença do *trabalho vivo* é, para Marx, a peça-chave que diferencia a manufatura da fábrica moderna. Conforme assinala:

> Na manufatura e no artesanato, o trabalhador se serve da ferramenta; na fábrica, serve à máquina. Naqueles, procede dele o movimento instrumental de trabalho; nesta, tem de acompanhar o movimento do instrumental. Na manufatura, os trabalhadores são membros de um mecanismo vivo. Na fábrica, eles se tornam complementos vivos de um mecanismo morto que existe independente deles (1996, p. 483).

A persistência da fabricação predominantemente manufatureira na indústria do calçado possibilitou a sobrevivência do "saber" e da "habilidade" como fatores importantes no universo da produção, não fazendo da subsunção plena do trabalho à maquinaria uma realidade incondicional. Tudo indica que, nessa atividade, o trabalho manual não apenas se manteve como fator determinante na estrutura produtiva, como até mesmo foi — e talvez ainda o seja — o elemento de ligação na gênese de inúmeras trajetórias empresariais. Nesse sentido, entendemos que o ofício, a habilidade manual, possa ser interpretado como uma porta de acesso ao "mundo empresarial" e que a capacidade criativa constitua um aspecto relevante a explicar o êxito de empresários do setor, já que essa é uma indústria na qual a magnitude do capital não parece ser componente decisivo para o início do empreendimento.

De um ponto de vista schumpeteriano, pensamos ainda que a competência em efetivar "novas combinações" que otimizassem a capacidade de criação e produção deva ter sido fundamental para o sucesso das empresas analisadas. A iniciativa de Antônio Lopes de Melo de promover a mecanização da sua indústria em 1936, substituindo logo após o recém-adquirido maquinário alemão por equipamentos norte-americanos obtidos por arrendamento à *United Shoe Machinery Company*, procedimento que serviu de exemplo a outros pequenos industriais locais, pode ser considerada a primeira demonstração de empreendimento de "novas combinações" dos meios de produção após a malograda experiência da "Calçados Jaguar" em meados dos anos 1920. Em ambiente econômico marcado pelo predomínio do pequeno capital, a possibilidade de dispor de equipamentos para mecanização das empresas sem grande dispêndio de recursos certamente teve um aspecto *revolucionário*. Na seqüência imediata desse fato, deu-se a introdução de diversas outras "novas combinações" pelas mãos de alguns empresários, como a disseminação generalizada de métodos e técnicas de racionalização da produção e a inovação conceitual da estética do calçado trazida pela fabricação do *mocassim*, o que contribuiu para expandir e afirmar o parque calçadista local nos anos 1940/1950.[36] Certamente, homens como Antônio Lopes de Melo e Miguel Sábio de Melo cumpriram papel da liderança que, para Schumpeter, "dirige os meios de produção para novos canais" e "arrasta outros produtores de seu ramo atrás de si" (1961, pp. 122-3); exemplo nesse sentido é dado por Rafael Puglia Filho, que comentando a adoção do maquinário e do método norte-americano da *United Shoe* por Antônio Lopes de Melo, ressalta que ele "foi pouco depois seguido pelo industrial João Palermo, logo mais por outros fabricantes, até que a Segunda Guerra Mundial, interrompendo as importações, diminuiu o ritmo renovador do importante ramo" (apud Costa, 1966, pp. 585).[37]

---

[36] Uma discussão com maior profundidade acerca das "novas combinações" levadas a efeito pelos empresários locais será realizada no quinto capítulo deste livro.

[37] Rafael Puglia Filho era sobrinho de Antônio Lopes de Melo e foi diretor da "Calçados Mello", tendo assumido o controle da empresa quando do falecimento do seu tio em 1955. Essa declaração consta de entrevista sua concedida a Alfredo Henrique Costa.

Ao contrário do que argumenta Tosi, não há como negar que homens que iniciaram seus negócios com ínfimos capitais tenham alcançado a condição de empresários, isso mesmo nos momentos de maior desenvolvimento da indústria do calçado nos anos 1950/1960, quando era de se esperar uma certa *seleção* dos empreendedores em razão da previsível concentração de capital. E não se trata apenas de empresas cujo tempo de vida foi curto. A exemplo dos chamados "pioneiros", indivíduos como Rui de Melo, que em 1950 iniciou um pequeno negócio de "manipulação e conserto de calçados", ou seja, uma oficina de sapateiro, na qual o capital somava parcos Cr$ 3.000,00 (cerca de 160 dólares), prosperaram e chegaram a se tornar proprietários de grandes e médias empresas (*Registro de Firmas Comerciais*). No final dos anos 1950, o pequeno empreendimento de Rui de Melo já havia evoluído para uma fábrica cujo capital era de Cr$ 500.000,00 (cerca de US$ 4.900), com 32 operários e produção diária de 220 pares (*Diário da Tarde*, 9/11/1959, s.p., encarte); uma década depois, a empresa se tornou uma sociedade anônima, a "Calçados Ruy de Mello S/A", contando com capital de NCr$ 356.000,00 (em torno de US$ 76 mil) e 165 operários. Em 1968, um ano antes da abertura de seu processo de falência, consumado em 1971, a *Ruy de Mello S/A* havia sido responsável por um faturamento de NCr$ 2.244.220,00 (equivalente a US$ 660 mil), algo bastante significativo para uma indústria de calçados (*Falência: Calçados Ruy de Mello S/A*, 1969).

Da mesma forma, a pequena empresa fundada nos anos 1950 por Genésio Martiniano, na qual o proprietário se ocupava diretamente das tarefas de produção junto com os filhos mais velhos, Nélson Martiniano e José Martiniano de Oliveira, deu origem a um grupo econômico (*Grupo Martiniano*) que nos anos 1980 já se destacava o bastante para assumir a fabricação de cabedais para a multinacional *Nike* no Brasil. Tal indústria foi iniciada com capital de Cr$ 50.000,00 (cerca de 490 dólares) e sua produção diária não ultrapassava o número de vinte pares (*Registro de Firmas Comerciais; Comércio da Franca*, 17/5/1980, p. 7). Com efeito, a *performance* alcançada nos anos 1990 pelas empresas surgidas com base no grupo deixa patente que a ascensão dos Martiniano à categoria de grandes empresários não pode ser negada. Uma delas, a *N. Martiniano*, contava em 1985 com 1.500 funcionários e faturamento de US$ 14 milhões, estando entre as quatro maiores exportadoras locais (*Comércio da Franca*, 12/4/1985, p.

3). A *M2000*, que tinha à frente Antônio Galvão de Oliveira, um dos filhos mais jovens do fundador, contava em 1992 com dois mil e duzentos funcionários e faturamento de US$ 80 milhões (Martiniano, 1993).

O percurso de Eurípides Nocera também é emblemático de uma ascensão gradativa do trabalhador manual à condição de empresário. Em 1953, Nocera teve sua oficina de sapateiro — "Oficina Nocera" — registrada com capital de Cr$ 5.000,00 (cerca de 250 dólares); em 1962, registrou fábrica de calçados com capital de Cr$ 300.000,00 (cerca de mil dólares). Vinte anos depois, sua empresa, a "Calçados Vogue", apresentava potencial de mercado suficiente para atrair o interesse da franco-suíça *Vulcabrás S/A*, para a qual foi vendida em 1982 (*Registro Integral de Títulos, Documentos e Outros Papéis*, livro B-F, fls. 327).

No caso dos irmãos Flausino, proprietários da "Calçados Modelo", temos o exemplo da ascensão de operários ao patronato, em um processo de evolução lenta e gradual de uma empresa que ainda atualmente se encontra em atividade.[38] A *Modelo* foi fundada em 1944 pelos irmãos Delcides, Alcides e Júlio Flausino, contando com capital de Cr$ 10.000,00 (cerca de US$ 600) e sete funcionários (*Registro de Firmas Comerciais*). Entre seus fundadores, apenas Delcides Flausino não era operário fabril, mas alfaiate, profissão na qual começou como ajudante aos doze anos. Alcides Flausino iniciou-se profissionalmente como operário na fábrica de calçados de Elias Nassif, "ganhando, naquele tempo, um cruzeiro por par de calçado manufaturado" (*Revista Comércio da Franca*, 1/5/1956, p. 75); posteriormente, trabalhou por nove anos e meio na "Calçados Palermo", fábrica na qual também Júlio Flausino permaneceu por três anos, até se transferir para a "Calçados Spessoto". Pouco mais de uma década após a sua criação, a *Modelo* já havia crescido significativamente, possuindo quarenta operários e uma produção diária de cento e oitenta pares. O exemplo da *Modelo*, assim como todos os outros anteriormente citados, demonstram o quanto é equivocado pensar que as pequenas empresas, criadas por artesãos ou ex-operários com capitais irrisórios, não evoluíram e tiveram como destino incontornável o rápido declínio.

A mesma trajetória de gradativa ascensão social pode ser observada nos exemplos de Onofre Jacometti, Júlio Jacometti e Jorge Félix Dona-

---

[38] Atualmente a "Calçados Modelo" denomina-se *Medieval Artefatos de Couro Ltda*.

delli, fundadores de importantes empresas ainda em funcionamento nos dias atuais. Onofre e Júlio Jacometti, irmãos, eram filhos de imigrantes italianos que vieram para o Brasil a fim de trabalhar nas lavouras de café da região de Ibiraci (MG), a cerca de trinta quilômetros de Franca. O próprio Onofre Jacometti chegou a ser um pequeno sitiante no sul de Minas, quando as intempéries da natureza, que destruíram sua modesta plantação de café, o obrigaram a se mudar para Franca na década de 1950 e, assim como seu irmão Júlio, passou a trabalhar como costurador manual de sapatos (*mocassim*) na *Samello*. Sua habilidade no ofício é reconhecida por Osvaldo Sábio de Melo, seu antigo empregador: "nessa época que era só o mocassim, foi o maior costurador de mocassim" (Mello, 2001). Em 1969, os irmãos Jacometti estabeleceram-se por conta própria, tendo nos fundadores e nos filhos de Onofre a principal mão-de-obra para a produção de vinte pares de sapatos diários. Élcio Jacometti, atualmente presidente da Abicalçados (Associação Brasileira da Indústria de Calçados), principal entidade representante do setor calçadista do País, relembra o início das atividades da empresa de seu pai: "[. . .] ele montou uma fabriqueta e comecei a ajudá-lo a cortar palmilha e sola à mão. Manuseei sapato até meus dezoito anos e depois fui trabalhar em São Paulo [. . .]" (Jacometti, 1992, p. 42). Júlio César Monteiro Jacometi, filho de Júlio, também iniciou na fábrica trabalhando no almoxarifado (Jacometi, 2002). No início dos anos 1980 a "Irmãos Jacometti", sociedade desfeita em 1981, já produzia calçados para grifes européias como a *Cartier* e a *Gucci*. A representatividade no setor calçadista brasileiro das empresas surgidas da iniciativa dos dois ex-operários da *Samello*, a "Calçados Jacometti" e a "J. Jacometi & Filhos", pode ser medida pela posição ocupada por Élcio Jacometti, mencionada acima, e pelo fato de a indústria de Júlio Jacometti ter sido a fabricante escolhida para confeccionar o sapato do presidente da República eleito em 2002.

O caso de Jorge Félix Donadelli é semelhante ao dos irmãos Jacometti. É neto de italianos que saíram da região do Vêneto para trabalhar nas fazendas de café de Nuporanga, município a noventa quilômetros de Franca, e filho de um típico pequeno agricultor, que arrendava terras para culturas diversas. O próprio Donadelli chegou a trabalhar na lavoura com o pai, ocupação que exerceu até a idade de quinze anos, quando se mudou para Franca e começou a trabalhar no comércio. Influenciado pelo ambiente econômico marcado pela ascensão de diversas empresas calçadistas, em 1961, com vinte e um anos, fundou juntamente com seu irmão, Alberto Donadelli, a "Irmãos Donadelli", com capital de Cr$ 100.000,00 (pouco mais de 500 dólares). Embora não conhecesse o ramo, Jorge Félix Donadelli observa que aprendeu o ofício valendo-se dos préstimos de profissionais da época, chegando depois "a trabalhar em quase todas as operações da fabricação do calçado" (Donadelli, 2002). A trajetória da "Irmãos Donadelli" é emblemática do padrão comum a muitas outras empresas do ramo que surgiram do pequeno capital. De acordo com Donadelli, no início "a produção era limitada pelo poder de compra da matéria-prima: se havia dinheiro para comprar um meio-de-sola fabricávamos catorze pares, quando havia recursos para comprar dois meios-de-sola, produzíamos vinte e cinco pares"; desse modo, segundo afirma, a empresa demonstrou um crescimento expressivo somente após 1975, isto é, catorze anos depois de sua fundação. Atualmente, quatro décadas após ser criada, a empresa de Donadelli é referência nacional na fabricação de calçados de moda, produzindo sapatos para grifes importantes e estilistas brasileiros de reconhecido prestígio.[39]

Os casos descritos acima comprovam nosso argumento de que na indústria do calçado a possibilidade de ascensão de pequenos empresários, originários de famílias pobres, à condição de empresários não habita apenas o imaginário mítico elaborado pela ideologia burguesa. Dentre as centenas de empresas criadas em Franca, considerando as de maior ou menor sorte, grande parte teve no ofício manual de seus fundadores o ponto de partida para seu estabelecimento. Na maioria distantes da figura de "homens de negócios", fabricantes de origem inequivocamente humilde sobreviveram às agruras do mercado por mais tempo que os proprietários da "Calçados Jaguar", não obstante as enormes dificuldades de crédito enfrentadas pelos primeiros, o que parece não ter sido um problema para a empresa falida nos anos 1920. Os casos de Joaquim Sola Ávila, Pedro Tonhatti e Antônio Osório Lima são bastante significativos nesse sentido.

Iniciada em 1949 com capital ínfimo, a "Calçados Vitória", de propriedade de Joaquim Sola Ávila, que possuía menos de uma dezena de

---

[39] Atualmente denominada "Calçados Donadelli", a empresa produz sapatos para grifes como a *Ellus*, assim como para estilistas de renome como Alexandre Herchcovith, Marcelo Sommer e Mário Queiroz.

operários, funcionou por sete anos vindo a falir em 1956. O depoimento do advogado Fued Nassif no processo de falência da fábrica nos dá a noção do arquétipo do pequeno empresário que Ávila representa no contexto econômico-social que estamos estudando:

> Joaquim Sola Ávila é um desses operários que apoiados em pequenas economias da família deseja progredir e fazer o progresso da Pátria. Operário, quase analfabeto, casou-se com uma professora e dela recebeu a chama do entusiasmo para abandonar a solitária banca de consertos de sapatos e montar uma pequena indústria [. . .] (*Falência de Joaquim Sola Ávila*, 1957, fls. 22).

A prevalência do operário sobre o empresário, do artesão do couro sobre o homem de negócios e administrador, salta aos olhos nas declarações do próprio Joaquim Sola Ávila na tramitação criminal de sua falência. Segundo o perito que acompanhou o processo, Ávila

> [. . .] alega que sendo pessoa de pouca instrução, pois não passa de um operário que mal sabe as primeiras letras, entregou os encargos de sua contabilidade a profissional habilitado e, como é intuitivo, não tem o falido habilidade técnica para fiscalizar os serviços do contador, pois nem sequer sabe distinguir um [livro] diário de um [livro] razão.
> [. . .] reitera mais a sua inocência, pois como disse, é quase analfabeto, nada entendendo de escrituração comercial; que seu guarda-livros nunca lhe deu os esclarecimentos necessários (1957, fls. 15 e 20).

O perito do processo de falência aponta ainda o fato de "o falido não ter viajante-vendedor". Conforme observa, o próprio Ávila "é que desempenhava estas funções, realizando repetidas viagens até os mercados consumidores no estado do Paraná e em outras localidades distantes de Franca a fim de colocar sua produção" (1957, fls. 15). Seria Joaquim Sola Ávila um experimentado "negociante" por exercer tal função? Prevalecendo a visão de Tosi (1998), já destacada anteriormente, Ávila seria mais um "homem de negócios" que um operário propriamente dito, o que no caso analisado parece não corresponder à realidade.

O caso de Pedro Tonhatti também encontra paralelo em muitos outros. Assim como Miguel Sábio de Melo que, sendo empregado em oficina de sapateiro, à noite confeccionava botinas e chinelos com sobras de couro da "Calçados Jaguar", Tonhatti, ex-operário da "Cia. de Calçados Palermo", iniciou sua fábrica com o auxílio de seu antigo patrão Américo Palermo em 1953. O modesto início de seu empreendimento é descrito pelo próprio Tonhatti em processo criminal contra um de seus credores. Conforme atesta o documento, o pequeno fabricante

> [. . .] recebia de Palermo sobras de material que ocupava para fazer pequenos consertos em sua casa nas horas vagas; que, Américo Palermo, notando a boa vontade do declarante lhe propôs que principiasse a trabalhar por conta própria, ajudando-o mesmo, dando-lhe para iniciar dito negócio, cinco mil cruzeiros em dinheiro, um rolo de sola, seis peles de vaqueta de terceira e algumas tachas, pregos, etc. [. . .] (*Processo de Usura: Paulo Rodrigues Alves* [Réu], 1959, fls. 10).[40]

Pelo que se pode depreender das informações dos processos em que se encontra envolvida, a indústria de calçados em questão funcionava como uma verdadeira manufatura. Segundo o síndico da falência, seu patrimônio resumia-se a poucas máquinas e alguns "modestos apetrechos para fabricação de calçados". A figura de Pedro Tonhatti, qualificado no mesmo processo como "pessoa de instrução assaz insuficiente e sem muito traquejo comercial", também não parece distante da de um mestre-artesão. De acordo com o depoimento de um operário de sua fábrica, Pedro Tonhatti "executava os mesmos serviços que o depoente e os demais empregados; que daí surgiu verdadeira amizade entre o depoente e Pedro Tonhatti, que não tinha relações de empregado e empregador, mas de amigos, como companheiros de serviço" (1959, fls. 20).

Exemplo no mesmo sentido dos dois anteriores é o de Antônio Osório Lima, cuja empresa, "Irmãos Osório", foi iniciada em 1962 com um capital de Cr$ 500.000, 00 (cerca de US$ 1.600) e manteve-se em atividade por mais de uma década, falindo em 1973. Segundo o próprio Lima, "naquela sua firma [. . .] possuía apenas duas máquinas, uma do tipo balancim [para corte do couro] e outra para acabamento". A descrição de

---

[40] Américo Palermo, depoente no mesmo processo, confirmou o auxílio prestado a Pedro Tonhatti para que este iniciasse a sua empresa (*Processo de Usura: Paulo Rodrigues Alves* [Réu], 1959).

Lima feita por Carlos Roberto Faleiros Dinis, síndico do processo de falência, traduz a dimensão dos negócios e da riqueza do empresário:

> [...] As causas que determinaram a decretação da quebra foram os prejuízos sofridos pelo falido, que, trabalhando com dificuldade, diante da pequenez de seu negócio, não conseguiu crédito suficiente para saldar seus compromissos [...].
> O falido, homem de parcos conhecimentos, humilde e de vida modesta, após a decretação da falência passou a trabalhar de operário, não possuindo bens de espécie alguma" (*Falência de Antonio Osório Lima*, 1973, fls. 175).

Os casos de artesãos e operários que se tornaram industriais sobejam por todo o período de formação da burguesia industrial vinculada ao setor. Acrescentando mais alguns aos muitos outros já mencionados, podemos citar o de Ethel Gosuen, sapateiro na juventude, que teve fábrica registrada em 1949 (*Inventário de Maria Ferrari Gosuen*, 1947). O espanhol Pedro Granero Lopes, sapateiro nos anos 1930, teve fábrica registrada em 1953 (*Inventário de Pedro Granero Lopes*, 1969).[41] O ítalo-argentino João Nocera, operário nos anos 1940, teve fábrica registrada com significativo capital em 1962: Cr$ 3 milhões (cerca de US$ 10 mil) (*Inventário de Antonio Nocera*, 1943). O operário Sebastião de Oliveira também conseguiu tal propósito em 1968. Do mesmo modo, filhos de operários como João Herker Filho, de origem iugoslava e proprietário da "Calçados Jota-Jota", e Gutemberg Giolo, de origem italiana e proprietário da "Giolo & Giolo Ltda.", também alcançaram a posição de empresários (*Inventário de João Herker*, 1968; *Inventário de Pedro Giolo*, 1961). Ethel Gosuen e João Nocera, citados acima, eram igualmente filhos de operários: o primeiro, filho do sapateiro italiano Antônio Gosuen, o segundo, filho do pedreiro italiano Antônio Nocera. Outros, como José Nicácio de Sousa (*Calçados Sonolina*), Mário Guidoni (*Mário Guidoni & Cia.*) e Manuel Borges da Rocha Filho (*M. B. Rocha Filho*), cujo único patrimônio dos pais se limitava a uma "casinha de adobe" ou uma "pequena casa de taipas", chegaram igualmente a ser proprietários de fábricas de calçados

---

[41] A informação sobre sua profissão nos anos 1930 foi obtida por meio da certidão de casamento anexa ao inventário.

(*Inventário de Maria da Conceição Nicácio*, 1957; *Inventário José Guidoni*, 1942; *Inventário de Camila Amélia Borges*, 1958).

Diante do discutido neste capítulo, resta-nos concluir que a formação do empresariado do calçado de Franca apresenta características bastante diversas do que temos como idéia geral do processo de gestação da burguesia industrial brasileira. A tradição interpretativa hegemônica que vincula a origem da indústria no Brasil ao grande capital, especialmente ao advindo da cafeicultura, pressupõe a emergência de uma burguesia nativa originária da aristocracia rural, dos estratos superiores das elites terratenentes, formada sobretudo por seus membros envolvidos com o "alto comércio". Conforme destaca Nélson Werneck Sodré (1967), ao contrário de sua congênere européia, "tributária da classe dominante", a burguesia brasileira teria raízes na própria classe dominante, em uma elite senhorial de estirpe aristocrática; para esse autor, nossa diferença básica em relação à Europa, no que diz respeito ao processo de gestação da burguesia, estaria no fato de que no Brasil não se verificou um "movimento ascensional" das camadas mais baixas da população a fim de compor esta que seria a classe dominante universal. Tal visão é corroborada, por exemplo, por Florestan Fernandes, que salienta que nesse processo é o fazendeiro de café quem "experimenta transformações de personalidade, de mentalidade e de comportamento prático tão radicais", convertendo-se em "homem de negócios" (1987, p. 113).

A essência do empresariado que representa a indústria do calçado em Franca assemelha-se à formação burguesa clássica, à classe que Friedrich Engels definiu como uma "camada oprimida desde as suas origens, tributária da nobreza feudal dominante, recrutada entre servos e vassalos de toda espécie" (1976, p. 224). Talvez por estar associada a uma atividade fabril que por suas especificidades manteve traços característicos de estágios pretéritos do capitalismo industrial, a burguesia local tenha apresentado uma dinâmica de desenvolvimento congruente à fase primitiva de constituição da classe que forjou esse moderno sistema mundial produtor de mercadorias. Pensamos que essa hipótese deva ser considerada. A possibilidade de o empresariado do calçado ser concebido como uma "burguesia ascensional", para utilizar as palavras de Sodré (1967), não se dá pelo fato de a fabricação de sapatos ser uma "atividade democrática", mas por ser uma atividade de atributos próprios da manufatura ou mesmo do artesanato, etapas do capitalismo industrial nas quais o capital, ainda que necessário, é menos decisivo que na indústria moderna.

Assim, estabelecer uma relação direta entre artesãos e empresários não consiste em uma "interpretação carregada de culpável ideologia", como objeta Tosi (1998, p. 243), mas a sugestão de uma formação burguesa que encontra paralelo nas próprias origens da burguesia como classe; ou seja, esse é um *caminho* historicamente possível no processo de formação da burguesia. Em *A Ideologia Alemã*, Marx e Engels deixam bem claro que as raízes da dominação burguesa remontam, em parte, a prerrogativas obtidas por indivíduos advindos dos estratos sociais menos privilegiados na sociedade feudal; conforme observam, dentre os servos que conseguiam escapar à tutela do senhor "daí resultou uma hierarquização entre os próprios servos, de tal modo que aqueles que conseguem evadir-se são já semiburgueses. É assim evidente que os vilãos conhecedores de um ofício tinham o máximo de possibilidades de adquirir bens móveis" (Marx & Engels, 2001, pp. 96-7). E acrescentam:

> os pequenos capitais economizados pouco a pouco pelos artesãos isolados e o número invariável destes em uma população que crescia incessantemente desenvolveram a condição de companheiro e de aprendiz que deu origem, nas cidades, a uma hierarquia semelhante à do campo (2001, p. 17).

Aliás, como lembra Maurice Dobb, o "crescente predomínio de uma classe de mercadores-empregadores saídos das fileiras dos próprios artesãos" era para Marx "o caminho realmente revolucionário" dentre as formas de construção do domínio burguês (1976, p. 169). Em Franca, o prosaico quadro de uma fração burguesa vinda dos "de baixo", uma burguesia "de pés descalços", encontra a melhor representação na figura de Miguel Sábio de Melo, exemplo emblemático do empresário local, que "chegou na cidade descalço, como andava até então na roça" (Mello, 1990, p. 43).

3
Os empresários e o problema do crédito

PARA O DESENVOLVIMENTO INDUSTRIAL o crédito representa papel fundamental. Essa assertiva schumpeteriana parece ter assumido em Franca uma dinâmica um tanto tortuosa. Os caminhos do financiamento à indústria do calçado por meio de capitais disponíveis ao crédito quase sempre apresentaram obstáculos que para muitos se tornaram intransponíveis, abortando diversas iniciativas ainda em seu início. Na visão de Schumpeter, o crédito é um instrumento crucial para o desenvolvimento econômico por contribuir para a "criação do poder aquisitivo do empreendedor", gerando meios de "acesso à torrente social de bens, antes de ter adquirido o direito a reivindicá-la" (1961, p. 146). Para os empresários do calçado de Franca, todavia, as dificuldades de acesso ao crédito constituíram um problema agudo até o início da década de 1970, momento histórico em que o desejo do regime militar de incrementar a exportação de manufaturados acabou beneficiando as médias e grandes empresas calçadistas com linhas regulares de financiamento e incentivos fiscais variados.

O tema do crédito à indústria é recorrente na bibliografia que trata do tema da industrialização e do empresariado no Brasil. O reconhecimento do crédito industrial como problema premente a ser resolvido pelo Estado a partir dos anos 1930, é uma das tônicas que marcam as análises que buscam entender o incremento do processo de modernização capitalista no País após o fim da Primeira República. Eli Diniz, por exemplo, salienta que a ausência de mecanismos creditícios institucionalizados, voltados ao favorecimento da expansão das empresas constituiu "um dos alvos centrais das críticas formuladas pelo empresariado industrial, dadas as dificuldades que o sistema vigente acarretava para obtenção de financiamento para empreendimentos nessa área" (1978, p. 134). Opinião igualmente compartilhada pelos estudiosos do tema é a da expansão do crédito, assim como das instituições encarregadas de sua concessão, a partir do Estado Novo, cujos exemplos mais expressivos são a criação da Carteira de Crédito Agrícola e Industrial (Creai)[1] e a Carteira de Exportação e Importação (Cexim), ambas do Banco do Brasil, respectivamente em 1937 e 1941.[2]

Segundo Sonia Draibe, nesse contexto, o Banco do Brasil passou a exercer papel fundamental no processo de desenvolvimento, "seja como núcleo central do sistema creditício comercial, seja como «caixa» do Tesouro e mecanismo operativo direto das transações, dispêndios e receitas de todo o aparelho governamental" (1985, p. 87). Amparados pela idéia de expansão do crédito por meio do Banco do Brasil, como parte da política industrial do Estado Novo, alguns autores imputam a esse processo a modernização do parque fabril local a partir de fins dos anos 1930 (Zan, 1977; Navarro, 1998). Contudo, esta assertiva, formulada com base em um plano geral da economia brasileira, não se comprova em âmbito local. Não há nenhum registro de documento que confirme esse argumento, ao contrário do que ocorre quanto aos registros de concessões de crédito à agricultura e à pecuária local pela Creai nesse mesmo período.[3]

---

[1] De acordo com Diniz, "a criação da Carteira de Crédito Agrícola e Industrial do Banco do Brasil, aprovada em assembléia-geral do banco, desde o ano anterior, foi recebida pelo setor industrial como um importante passo no sentido de amparar a produção, embora certos aspectos da legislação tenham sido desde logo alvo de inúmeras críticas, por dificultarem a concessão de empréstimos para a indústria" (1978, p. 137).

[2] Draibe assinala que "a Cexim objetivava amparar as exportações e também assegurar condições mais favoráveis para o controle das importações. Seu poder regulatório específico era, porém, relativamente limitado, uma vez que quase se restringia a conceder incentivos, mediante adiantamentos creditícios aos produtores interessados na exportação" (1985, p. 88).

[3] A própria publicidade da Creai feita pela agência local do Banco do Brasil dava a entender que os seus benefícios eram estendidos predominantemente à agricultura. Um anúncio datado de 1939 salientava: "A Carteira, cujas operações se vêm expandindo notavelmente, com grande proveito para a Produção, habilitada a auxiliar eficientemente os srs. Produtores, graças às diversas modalidades de operações previstas em seu regulamento, sendo significativo o fato de haver triplicado, em nosso município, de 1938 para o ano corrente, o número de agricultores que recorreram aos seus empréstimos" (*Tribuna da Franca*, 25/8/1939, p. 2).

Em abril de 1944, por exemplo, a agência do Banco do Brasil de Franca registrou em cartório uma notificação que dá uma clara noção de seletividade na concessão dos créditos; segundo informa o banco, o documento visava "tornar público para conhecimento dos produtores que exerçam *atividades rurais* os benefícios da Creai" (*Registro Integral de Títulos, Documentos e Outros Papéis*, livro B-6, fls. 346, grifo nosso).

Acreditamos que um obstáculo legal, em especial, previsto no regulamento da Creai, possa ter impossibilitado, nesse momento histórico, o acesso dos industriais francanos ao mecanismo de crédito do Banco do Brasil: o impedimento de que máquinas e aparelhos industriais fossem oferecidos como objeto de penhor. Por não possuírem outros bens senão os exíguos maquinários das oficinas, conforme pudemos apreender no capítulo anterior, os empresários francanos não tiveram como cumprir a exigência legal de oferecer bens em penhor pelo crédito industrial.[4]

Nem mesmo o incremento dos mecanismos creditícios no segundo Governo Vargas (1951-1954),[5] impulsionado pela adoção de política industrial mais agressiva e abrangente, teve impacto considerável na evolução da indústria local, pois contemplou apenas algumas das maiores empresas. Entre dezembro de 1954 e fevereiro de 1956 foram registrados em Franca os primeiros contratos de financiamento industrial por meio de um banco oficial; todavia, não obstante terem somado um total de sete, somente três foram destinados a empresas fabricantes de calçados (*Registro Integral de Títulos, Documentos e Outros Papéis*, livro B-8, fls. 142, 147, 150, 165, 175, 188 e 271).[6] Após estes, novos financiamentos oficiais

---

[4] As informações sobre os regulamentos da Carteira de Crédito Agrícola e Industrial do Banco do Brasil baseiam-se em Diniz (1978, pp. 137-9). Diniz observa que os financiamentos da Creai estavam limitados, inicialmente, à aquisição de matéria-prima e à reforma e/ou melhoria de maquinário — não era permitido o financiamento de unidades industriais novas.

[5] Conforme ressalta Draibe, "com a volta de Vargas ao poder, em 1951, retorna também a aspiração à industrialização acelerada como condição para o progresso social e a autonomia nacional. Deve-se insistir, entretanto, que não houve mera retomada do projeto estadonovista: sobre bases e dinâmicas bastante distintas, definiu-se no início dos anos 1950 um projeto político e econômico de desenvolvimento do capitalismo no Brasil mais profundo e complexo, mais abrangente, ambicioso e integrado que o delineado ao final da década de 30" (1985, p. 180).

[6] Salvo outra indicação, todas as informações referentes a financiamentos têm essa documentação como referência. Ao todo foram pesquisados 24 destes livros, tendo cada qual duzentas e cinqüenta folhas (quinhentas páginas).

ocorreram somente em 1967. Pelo que pudemos constatar, entre os sete financiamentos, todos foram contratos de curto prazo, com prazo máximo de doze meses para solvência e destinados à aquisição de matéria-prima, ou seja, para manutenção de capital de giro. O prazo de pagamento dessas transações certamente é pouco significativo para um projeto de reaparelhamento industrial de grande envergadura, não obstante a atraente taxa de juros de 9% ao ano.

Confirmando nossa assertiva de que apenas as maiores empresas foram beneficiadas, chama a atenção o fato de que o principal beneficiado por esses financiamentos tenha sido o "Curtume Progresso S/A", à época sob controle do grupo suíço *Saint Roman Financial & Comercial Ltd.*, que obteve dois dos sete contratos de financiamentos e conseguiu amealhar Cr$ 11.999.400,00 (o equivalente a US$ 338.000). Os valores obtidos pelas outras empresas foram bem menores: "Calçados Mello", Cr$ 2 milhões (cerca de US$ 47.600); "Cia. de Calçados Palermo", Cr$ 498.450,00 (cerca de US$ 16.200); e "Calçados Puglia", Cr$ 500 mil (cerca de US$ 16.300). Empresas da área de componentes para calçados, como a "Borracha Manaus" e a "Borracha Amazonas", amealharam Cr$ 500 mil cada uma (cerca de US$ 11.900 para a primeira e US$ 10.400 para a segunda).[7] O fato de a "Calçados Puglia", uma pequena empresa que contava em 1956 com quarenta funcionários, ter sido beneficiada com financiamento de valor significativo, maior até que o obtido pela "Cia. de Calçados Palermo" que empregava cento e setenta operários, revela menos a possibilidade de as fábricas de menor expressão se beneficiarem do sistema oficial de crédito, mas um provável critério pessoal na sua concessão; Rafael Puglia Sobrinho, proprietário da empresa, era primo de Rafael Puglia Filho, diretor da "Calçados Mello", uma das três mais importantes empresas de Franca e a maior favorecida pelos empréstimos do Banco do Brasil entre as indústrias de calçado.

Tudo indica que a indústria do calçado no Rio Grande do Sul usufruiu de tratamento diferenciado no que diz respeito ao financiamento industrial de órgãos oficiais. Segundo Carlos Nelson dos Reis, quanto à questão

---

[7] Não obstante a "Borracha Manaus" e "Borracha Amazonas" terem obtido financiamento de valores iguais em cruzeiros, a diferença do valor em dólar se deu em razão do fato de a primeira ter sido beneficiada em março de 1955 e a segunda em fevereiro de 1956.

do crédito, "merece destaque o impulso desenvolvimentista do Governo Juscelino Kubitschek, que transferiu ao setor calçadista um forte estímulo" (1994, p. 136). Conforme argumenta,

> foi nesse governo que, por intermédio do Banco Nacional de Desenvolvimento Econômico (BNDE) e do Banco Regional de Desenvolvimento do Extremo Sul (BRDE), que o setor passou a dispor das primeiras linhas de financiamento para projetos que visassem reequipar e modernizar as fábricas (1994, p. 136).

Isso talvez explique o crescimento da participação do Rio Grande do Sul na produção nacional de calçados, passando de 29,1% em 1955 para 37,1% em 1966 (Carneiro, 1986, p. 132). Nesse mesmo período, não obstante a produção local ter experimentado um processo de acelerado crescimento (119%),[8] a situação do segmento em Franca quanto ao financiamento parece ter sido completamente diversa, conforme se pode depreender dos pronunciamentos de entidades representantes do setor.

Em 1957, por exemplo, um memorial enviado pela Associação do Comércio e Indústria de Franca (Acif) ao Presidente Juscelino Kubitschek, reclamava da falta de apoio do governo em relação à concessão de crédito industrial:

> Senhor Presidente:
> As classes produtoras de Franca, estado de S. Paulo, [. . .] pedem vênia a V.Ex.ª para em nome da produção deste município que canalizou aos cofres públicos em 1956 mais de cento e sessenta milhões de cruzeiros somente em tributos; que produziu mais de dois milhões de pares de calçados, sendo que a produção industrial do município atingiu a cifra superior a oitocentos milhões de cruzeiros, vir expor a V.Ex.ª e afinal solicitar enérgicas providências concretas capazes de sustar a crise que estamos atravessando.

---

[8] Em 1955, a produção da indústria local era de 1.960.582 pares, passando a 4.300.000 em 1966. Em 1967, a produção local alcançou a marca de 7.200.000 de pares, crescendo 67,4% em um único ano (Vilhena, dez. 1998, p. 81). Os dados da autora são baseados em fonte do IBGE.

[. . .] *As nossas atividades estão sofrendo limitações com as restrições bancárias, com a falta de numerário,* com a constante elevação dos estoques [. . .]. Estão aquelas indústrias na iminência de paralisarem seus milhares de operários, *pois não suportam mais as medidas restritivas de créditos* e os ônus fiscais e demais despesas [. . .].

[. . .] Querem as classes produtoras de Franca, neste grande Estado de S. Paulo apenas o direito de trabalhar e *produzir livremente sem as medidas restritivas do crédito* e contar com o apoio e colaboração do Governo para as legítimas transações [. . .] (*Diário da Tarde*, 6/10/1957, p. 8, grifo nosso).

Por mais que a bibliografia especializada enfatize o apoio estatal à indústria, dentro das perspectivas *desenvolvimentistas*, o auxílio do Estado vinculou-se, notadamente, ao grande capital, representado pelas indústrias metalúrgica, automobilística, químico-farmacêutica e de bens de consumo duráveis, entre outras. A indústria do couro não aparece, por exemplo, entre os setores considerados prioritários na classificação das atividades industriais e dos grupos preferenciais de produção do País, elaborada em 1952 pela Subcomissão de Planejamento da Comissão de Desenvolvimento Industrial; os setores prioritários foram energia, metalurgia, química, mecânica e borracha.[9]

Como foi possível, então, financiar a atividade industrial em um contexto de escassez de capitais como o verificado em Franca nas sete primeiras décadas do século XX, sobretudo, sem os auspícios do crédito estatal à produção? Um primeiro fator a ser ressaltado é o papel representado pela empresa norte-americana *United Shoe Machinery Company (USMC)*, fornecedora de equipamentos para a indústria de calçados. Wilson Suzigan ressalta o "papel decisivo exercido pela United Shoe Machine Company no fornecimento de maquinaria moderna para a fabricação de sapatos sob a forma de arrendamento, induzindo, dessa forma, uma drástica mudança no processo de produção" (1986, pp. 186-7). A mesma ênfase à importância da *USMC* para o setor calçadista é dada por Carlos Nelson dos Reis; segundo esse economista, o sistema de *leasing* posto em prática

---

[9] As informações acerca da classificação dos setores preferenciais de produção no País no segundo governo Vargas baseiam-se em Draibe (1985, pp 182-99 e anexo III).

pela empresa norte-americana "foi muito proveitoso para a indústria brasileira de calçados, principalmente porque havia escassez de recursos para aquisição definitiva de máquinas e equipamentos" (1994, p. 136).[10] Nesse mesmo sentido, a análise de Hélio Nogueira da Cruz aponta para a novidade introduzida pela *USMC*: "a prática do «leasing» do equipamento, ao reduzir as exigibilidades de equipamentos, as tornava acessíveis àqueles que produziam em escala de produção menor" (1976, p. 32).

A presença da *USMC* na indústria do calçado de Franca foi intensa a partir da década de 1930. Sua entrada como fornecedora de máquinas no mercado local pautou-se por uma estratégia comercial arrojada; em meados dos anos 1930, a "Calçados Mello" havia importado maquinário alemão para a produção de calçados e a empresa norte-americana se dispôs a comprar todo o equipamento recém-chegado, oferecendo, em contrapartida, o uso por arrendamento de suas máquinas e a garantia de assistência técnica permanente (Costa, 1966). Conforme vimos no capítulo anterior, o exemplo da "Calçados Mello" foi logo seguido por outras unidades fabris, como ressaltou o diretor da empresa à época, Rafael Puglia Filho. Não encontramos registros dos contratos firmados entre a *USMC* e empresas locais; no entanto, o substancial aumento do capital de algumas indústrias de calçados, especialmente as mencionadas por Puglia Filho,[11] entre os anos de 1934 e 1937, oferece sólidos indícios de que tal operação de arrendamento de máquinas às principais empresas locais tenha se concretizado. Em 1934, a empresa de Antônio Lopes de Melo apresentava capital de 100 contos; em 1937 saltou para 400 contos. A fábrica de João Palermo elevou seu capital de 40 para 100 contos no mesmo período, o mesmo acontecendo com o capital da "Spessoto & Cia.", que foi de 37 contos em 1933 para 200 contos em 1936 (Tosi, 1998, vol. II, anexo V).

A ligação mais notável da *USMC* com uma empresa local materializou-se na sua relação com a "Calçados Samello". Em 1947, Miguel Sábio de Melo, proprietário da empresa, e seu filho Wilson Sábio de Melo, fizeram uma viagem de 45 dias aos Estados Unidos com o objetivo de conhe-

---

[10] Reis lembra ainda que "a USMC dominou, durante o decênio 1940, o mercado de equipamentos e máquinas para a produção de calçados" (1994, p. 136).

[11] Vide Capítulo 2, p. 104.

cer as instalações da *USMC*, em Boston, e aprender novas técnicas de produção de calçados. Dois anos depois, mais dois membros da família, Osvaldo Sábio de Melo e Miguel Sábio de Melo Filho, foram para os EUA estudar na *Lynn Shoemaking School*, instituição mantida pela *USMC*. Em 1956, a inauguração do novo prédio da *Samello*, projetado pelos técnicos da *United Shoe* de acordo com os padrões de melhor desempenho para a utilização de suas máquinas, representou um fator a mais da enorme influência que a corporação norte-americana exerceu no que diz respeito às diretrizes de modernização da indústria local; isso porque a partir dos anos 1950 a *Samello* tornou-se um exemplo seguido pelas demais empresas (Mello, 1990).[12] Neste sentido, Vera Lucia Navarro observa o seguinte:

> A Calçados Samello S/A é, certamente, a empresa calçadista brasileira que mais incorporou a orientação da United Shoe na confecção de calçados. Essa empresa tornou-se referência para o setor calçadista brasileiro e latino-americano, desde meados dos anos 50, por incorporar aquelas diretrizes produtivas [. . .] (1998, p. 52).

A presença efetiva da *United Shoe* na dívida passiva de inventários e falências comprova a sua força no contexto da indústria do calçado de Franca e não apenas na *Samello*. Para citar alguns casos, entre os inúmeros que encontramos, a *USMC* aparece, por exemplo, como uma das maiores credoras no balanço da "Calçados Spessoto" de 1955, com crédito menor apenas que os valores devidos aos curtumes (*Inventário de Maria Gaspardes Spessoto*, 1956).[13] No balanço da "Calçados Palermo" de 1947 o crédito da multinacional também é significativo (*Inventário de João Palermo*, 1948). Na falência da "Calçados Alvorada", de Marcílio Francisco de Vidal Dinis, a *USMC* é uma das maiores credoras (*Falência de Marcílio Francisco Vidal Diniz*, 1973). Aparece também como credora na falência

---

[12] Wilson Sábio de Melo comenta que a *Samello* já havia distribuído mais de cem plantas da fábrica concebida em Boston pela *United Shoe* em 1952, "que serviram de modelo para muitas das fábricas de hoje" (1990, p. 45).

[13] Conforme observa Carneiro, a *USMC* alugava as suas máquinas "instalando em cada uma delas um contador que marcava o número de calçados produzidos. Com base na quantidade registrada, cobrava-se o aluguel mensal do equipamento" (1986, p. 104). Tal informação foi confirmada também por Osvaldo Sábio de Mello em entrevista ao autor (Mello, 2001).

da "Calçados Santa Rita", de José Granero Lopes (*Falência de José Granero Lopes*, 1954). Ademais, em meados da década de 1960, quando a *USMC* já havia perdido muito do seu poderio monopolístico no setor de máquinas e componentes para calçados (Reis, 1992), em Franca seu prestígio ainda era grande; a exemplo do ocorrido com a *Samello* nos anos 1950, a *USMC* continuava sendo a porta de acesso dos industriais locais ao conhecimento da realidade tecnológica do setor calçadista norte-americano. Em artigo escrito após excursão de um mês visitando "uma das maiores fábricas de calçado palmilhado dos Estados Unidos", Hugo Luiz Betarello, filho do fundador da "Calçados Agabê", descreveu a relação entre a sua viagem e os vínculos mantidos com a *United Shoe*:

> Esta minha visita foi conseguida através de uma carta de apresentação levada daqui para os diretores da Companhia United Shoe Machinery, que nos designou um cicerone dentro da indústria. E quero deixar aqui meu agradecimento a esta companhia por ter me dado tão boa oportunidade (*Comércio da Franca*, 17/10/1965, p. 4).

Pensamos que até fins dos anos 1960, em razão da predominância do pequeno capital no setor fabril local e das dificuldades de acesso aos créditos oficiais, tenha sido considerável o peso da ação comercial da *USMC* para o financiamento da modernização e evolução da indústria do calçado em Franca, haja vista possibilitar, para o descapitalizado empresário francano, o aprimoramento da produção sem grande dispêndio de recursos. Não se pode esquecer, porém, que uma outra fonte de recursos foi significativamente importante no financiamento da atividade industrial, sobretudo no que diz respeito ao provimento das operações produtivas cotidianas. Trata-se do crédito informal, obtido de particulares e que advinha, como veremos adiante, das mais diversas fontes. Tal forma de crédito cumpriu a função de suprir as deficiências do sistema bancário tradicional que, ademais, via com desconfiança os signatários da indústria do calçado.

Em 1960, um ofício enviado conjuntamente pela Associação do Comércio e Indústria de Franca (*ACIF*) e pelo recém-fundado Sindicato da Indústria de Calçados de Franca aos bancos locais, dá a real dimensão do problema de crédito vivido pelo empresariado calçadista. O documento, que assume a conotação de um apelo dramático às instituições bancárias, diz o seguinte:

> [...] Nestes últimos dois meses, Srs. Diretores, têm as classes conservadoras, e dentre estas, principalmente, as classes industriais, *sofrido as mais duras restrições de seu crédito*, sendo quase invencíveis, às vezes, as dificuldades para obter cauções, mesmo supragarantidas, e outras operações de crédito. *Em face disso, seus negócios sofrem um abalo profundo, seja porque os industriais têm que valer-se do capital de particulares, muito mais caro, seja porque, dada a cadência, têm que restringir sua produção.*
>
> Sobe hoje a 200 milhões de cruzeiros mensais o faturamento das indústrias francanas. E isso dá aos Srs. Diretores uma idéia do vulto da indústria francana, relegada a plano inferior pelas autoridades e posta em perigo pelas atuais restrições [...].
>
> Nessas condições, vem a Associação do Comércio e Indústria de Franca encarecer vivamente a V.S.ª *a urgência de uma medida que, favorecendo a ampliação dos crédito bancários na cidade, permita o desafogo em suas atividades criadoras de riqueza e que fazem de Franca um dos maiores parques industriais do Estado* (Diário da Tarde, 22/7/1960, p. 1, grifo nosso).

É interessante notar que, pelo empenho mostrado pelas entidades patronais em buscar uma solução para a ampliação do crédito, este era um problema vivido não apenas pelos pequenos, mas também pelos industriais de maior envergadura. Em quase todos os processos de falência pesquisados, a falta de capital e a sujeição aos juros abusivos cobrado por intermédio do crédito de particulares aparecem como causa da derrocada das empresas. Nas entrevistas com Osvaldo Sábio de Mello (2001), ex-diretor do Grupo *Samello*, e com Gilberto Naldi (2001), consultor com três décadas de experiência no mercado nacional e internacional de calçados, o problema também é enfatizado. A verdade é que, até meados da década de 1960, quando os governos militares passaram a financiar pesadamente a indústria de calçados, interessados que estavam em promover a exportação, o crédito a essa atividade sempre foi muito instável e teve procedência bastante diversificada. Ao que tudo indica, diante da escassez de recursos, capitais das mais diferentes origens — sobretudo de pequeno porte — contribuíram para viabilizar a produção de calçados nesse ambiente econômico-social que tinha a seu favor alguns trunfos que garantiam a competitividade da sua principal mercadoria.

Encontramos como fornecedores de crédito pessoas das mais diferentes profissões como comerciantes, corretores de imóveis, corretores de seguros, professores, industriais e até mesmo o caso de um modesto pedreiro.[14] Foi-nos possível observar ainda que, a partir da década de 1950, industriais que já haviam alcançado certa prosperidade em seus negócios, podendo ser classificados como "médios empresários", tenham também se convertido em fornecedores de crédito. No balanço da "Calçados Maniglia" de 1954, por exemplo, Miguel Sábio de Melo, Antônio Lopes de Melo e a "Cia. de Calçados Palermo", sinônimos de três dos cinco maiores empreendimentos fabris da cidade, aparecem como credores de somas consideráveis para os padrões locais: os dois primeiros mais de Cr$ 200 mil (superior a US$ 10 mil) e o terceiro Cr$ 55 mil (quase US$ 3 mil) (*Inventário de Maria Thereza Lopes Maniglia*, 1951, anexos). Confirma essa tendência o processo criminal de usura impetrado contra o industrial Válter Amêndola, sócio-diretor da "Calçados Peixe", um dos cinco maiores estabelecimentos industriais de Franca e também um dos mais antigos. Em seu depoimento, Amêndola, acusado da cobrança de juros de dez por cento ao mês, declarou que "o dinheiro empregado para tais empréstimos é a sobra de uma parcela do dinheiro auferido nas atividades industriais" (*Processo de Usura: Walter Amêndola* [Réu], 1959, fls. 34).[15] Como se vê, conforme o processo de acumulação foi evoluindo, as próprias empresas industriais que apresentaram maior crescimento se incumbiram de suprir a carência de crédito manifestada entre as pequenas empresas; assim, de "vítimas" passaram a "algozes".

O depoimento de Olívio Borges de Freitas no processo do industrial

---

[14] Uma ação de cobrança movida pelo pedreiro Paulino Pianura aparece no inventário do industrial Antônio Maniglia. Neste documento menciona-se o fato de a cobrança ser referente a um empréstimo particular concedido mediante acerto de pagamento de juros da ordem de 6% ao mês. Salienta-se, também, o fato de o pedreiro Paulino Pianura ser pessoa aparentemente pobre que havia juntado algum dinheiro e o emprestado a juros (*Inventário de Antonio Maniglia*, 1975).

[15] Válter Amêndola era genro de Hercílio Batista Avelar, presidente da "Calçados Peixe".

Válter Amêndola contribuiu para lançar luz à questão da origem diversificada do capital presente na rede de empréstimos particulares em Franca. Segundo Freitas, pecuarista de renome na sociedade local, outros conhecidos *agiotas*, além de Amêndola, eram bastante conhecidos na cidade: o corretor de seguros Paulo Rodrigues Alves, os comerciantes Primo Meneghetti, Isper Nassif e Elias Nassif, os corretores de imóveis Otávio Dias, Arnaldo Faleiros e Osório Arantes, o professor Antônio de Andrade e o industrial do setor curtumeiro Antônio Della Torre, além de outros (*Processo de Usura: Walter Amêndola* [Réu], 1959, fls. 34). Um nome chamou-nos a atenção de modo especial, o de Paulo Rodrigues Alves, que aparece em diversos documentos relacionados a dívidas de industriais. O "capitalista" Paulo Rodrigues Alves aparece, por exemplo, como credor de Cr$ 20 mil no balanço da "Repezza, A. Gobbo & Cia. Ltda"; levando-se em consideração que todos os ativos da empresa somavam Cr$ 25 mil, o valor devido a Alves possuía uma dimensão considerável (*Inventário de Tereza Bruneto Repezza*, 1948, anexos). Nos casos das falências de Joaquim Sola Ávila e Pedro Tonhatti, a figura de Paulo Rodrigues Alves teve importância central, conforme se pode depreender do conteúdo dos processos.

A análise dos documentos demonstra de maneira elucidativa o significado da *tábua de apoio* representada pelo agiota e, ao mesmo tempo, a precariedade das relações econômicas nas quais os pequenos industriais locais estavam envolvidos cotidianamente. Em processo criminal de usura impetrado por Pedro Tonhatti — após a sua falência — contra Paulo Rodrigues Alves, o pequeno industrial declarou que, ao fundar sua pequena empresa, ela funcionou em sua residência por aproximadamente cinco meses, período em que foi procurado pelo irmão de Alves dizendo que ele "poderia ajudá-lo a expandir e ampliar o negócio". Em troca dos favores de crédito, o agiota exigia a aquisição do seguro que representava. Iniciadas as transações, Tonhatti declarou que "mudou sua «fabriqueta» que até então era em sua residência, para a Rua Major Mendonça, onde ficou instalado". Tonhatti ressaltou, ainda, que Rodrigues estimulou-o a abrir uma conta corrente no Banco Moreira Salles e fez que assinasse um cheque em branco que, segundo consta, serviria de "garantia dos negócios". Pedro Tonhatti mencionou, ademais, o fato de ter, em companhia de seu funcionário José Soares de Faria, levado uma duplicata no valor de vinte e cinco mil cruzeiros ao escritório de Paulo Rodrigues Alves e ter recebido um cheque de apenas dezenove mil cruzeiros (*Processo de Usura: Paulo Rodrigues Alves* [Réu], 1959, fls. 10).

O industrial Joaquim Sola Ávila, proprietário da "Calçados Vitória", depôs como testemunha de acusação no processo de usura movido contra Paulo Rodrigues Alves. Em sua declaração fica patente a questão do funcionamento instável do sistema bancário no que diz respeito ao crédito à indústria e, em conseqüência disso, do imperativo recorrente entre os empresários do calçado em se valer dos préstimos dos agiotas. De acordo com os autos do processo, Ávila salienta que

> [. . .] a princípio encontrava relativa facilidade, no que dizia respeito à parte financeira, porque os Bancos lhes descontavam os títulos, cobrando juros legais; que, *depois, os estabelecimentos de crédito deixaram de operar e o fato veio criar sérios embaraços nos negócios do depoente*, ante os compromissos já assumidos; que diante de difícil situação, teve, não só de dar nova orientação aos negócios, como também, sujeitar-se a juros extorsivos e, ainda, oferecer mercadoria por preço que lhe dava margem mínima, isso para atender a compromissos anteriormente feitos; que, em verdade, manteve negociações com a pessoa de Paulo Rodrigues Alves, por diversas vezes, o qual lhe descontava títulos ou duplicatas e que lhe cobrava juros que variavam entre três e quatro por cento ao mês [. . .]; que conhece a Pedro Tonhatti e este, logo que abriu falência, contou que também negociava com Paulo Rodrigues Alves e, conversando, *fizeram referência aos juros «caros» que ele cobrava* (*Processo de Usura: Paulo Rodrigues Alves* [Réu], 1959, fls. 49, grifo nosso).

Na falência do próprio Joaquim Sola Ávila, seu guarda-livros Mílton Leporace aponta que um dos possíveis motivos para a ruína da "Calçados Vitória" seria o fato de que o industrial, "com o objetivo de arranjar dinheiro para movimentar sua fábrica, negociava duplicatas com capitalistas menos escrupulosos sofrendo com isso descontos de juros extorsivos"; lembra, ainda, que "um desses negócios foi feito com Paulo Rodrigues Alves" (*Falência: Joaquim Sola Ávila*, 1957, fls. 40). A declaração do advogado do falido confirma esse motivo como o fator determinante para a derrocada da empresa:

[. . .] as constantes modificações da política cambial e em conseqüência *as restrições do crédito bancário lançaram Joaquim Sola Ávila aos escritórios dos capitalistas usurários*. De queda em queda foi a incipiente indústria se desfazendo. Só agora, depois do interrogatório do falido é que sabemos onde foram parar as duplicatas a receber: *foram para as gavetas das escrivaninhas dos capitalistas* (*Processo de Usura: Paulo Rodrigues Alves* [Réu], 1959, fls. 22, grifo nosso).

A escassez de capital em um ambiente econômico caracterizado pela proliferação de mais de uma centena de novas empresas, como aconteceu nas décadas de 1940 e 1950, acabou por determinar a extinção precoce de muitas delas. Aos casos acima, poderíamos acrescentar o da "Calçados Nossa Senhora Aparecida", fundada em 1946 por Pacífico Bego Neto, cuja falência em 1947 foi apontada pelo síndico como um dos sintomas da "crise por que está passando a indústria de couros em Franca, *devido à retração dos Bancos, principalmente em relação às pequenas indústrias*, como era o caso do falido" (*Falência: Calçados Nossa Senhora Aparecida Ltda.*, 1947, s.p., grifo nosso). A "Josephino dos Santos & Cia. Ltda.", fundada em 1950, teve como parecer do síndico à sua falência em 1951 o fato de ter sucumbido ao mercado por ser "indústria incipiente, de pequeno capital, *sujeita a juros certamente altos*" (*Falência: Josephino dos Santos & Cia. Ltda.*, 1951, s.p., grifo nosso). No caso da "Calçados Santa Rita", fundada em 1950, o próprio proprietário José Granero Lopes declarou em 1954 que "*as causas determinantes de sua falência foi a falta de capital* e, motivo por isso, da falta de pagamento de suas obrigações nas épocas precisas" (*Falência: José Granero Lopes*, 1954, s.p., grifo nosso). Em 1957, a apreciação do síndico na falência da "Calçados Julinho", fundada em 1954 por Júlio Tasso Filho, é elucidativa das dificuldades enfrentadas pelas pequenas empresas de calçados em Franca:

Deve ser atribuída a maus negócios, pequeno movimento, não resistência à concorrência dos industriais de calçados, portanto, *insucesso na pequena indústria, fato comum, com industriais modestos, neste centro de indústria de calçados e similares*. Com repercussão no terreno judicial, esta já e a quarta ou quinta falência de pequenos fabricantes de calçados na cidade de Franca, em menos de cinco anos, fora os casos comuns de concordatas amigáveis (*Falência: Júlio Tasso Filho*, 1957, grifo nosso).

Todavia, o problema da falta de crédito não atingia apenas as pequenas indústrias. Em entrevista ao autor, Osvaldo Sábio de Melo observa que entre os anos 1940 e 1960 esta era uma dificuldade enfrentada por todas as empresas, e também pela *Samello*, a maior delas. Conforme ressalta, muitas vezes o crédito a curto prazo, o "desconto de duplicatas", dependia de desgastantes negociações pessoais com os gerentes de bancos (Mello, 2001). O caso da falência da "Calçados Ruy de Mello S/A" em 1969 retrata exemplarmente a questão da escassez de capital no âmbito da indústria do calçado. Ao contrário das pequenas empresas citadas anteriormente, a *Ruy de Mello* era uma empresa de porte médio que, como vimos no capítulo anterior, contava com volume de capital significativo e mais de uma centena e meia de funcionários; tinha também atuação nacional e não apenas regional. No entanto, os motivos do ocaso do empreendimento em nada diferem dos anteriormente mencionados nos casos das pequenas empresas, chamando ainda a atenção o seu envolvimento com empréstimos de particulares. Segundo seu presidente Rui de Melo,

> a indústria estava vivendo momento da maior dificuldade financeira, *envolvida ainda no chamado "mercado paralelo" de capitais* e também sendo constantemente onerada com as correções monetárias de impostos em atraso, *agravados com a retração de créditos por parte dos estabelecimentos de crédito* (*Falência: Calçados Ruy de Mello S/A*, 1969, s.p., grifo nosso).

Em Franca, o problema do financiamento à indústria do calçado só começou a mudar, mesmo assim de forma bastante tímida, a partir do Programa de Ação Econômica do Governo (Paeg), implementado nos primeiros meses do período militar. Como se sabe, um dos pilares básicos do Paeg foi a busca da ampliação do fluxo de entrada no País de divisas em dólar, visando, com isso, atingir o equilíbrio no balanço de pagamentos — instrumento econômico caro à política de combate à inflação. No que diz respeito a esse objetivo, o programa elaborado pelos ministros do Planejamento, Roberto Campos, e da Fazenda, Otávio Gouveia de Bulhões, propunha a diversificação da pauta de exportações brasileiras, que passaria a contar não apenas com produtos agrícolas e minerais, mas também com bens manufaturados — de baixo valor agregado, naturalmente.[16] O I PND (Plano Nacional de Desenvolvimento), no governo Médici, consolidou a tendência de estímulo à expansão da produção e à exportação de manufaturados, que foi mantida até o final do regime militar (Lago, 1990).

Desse modo, por estar a indústria brasileira de calçados apta a direcionar sua produção para o mercado externo, em razão de seu considerável nível de desenvolvimento nos anos 1960-1970, ela começou a receber especial atenção do Estado, materializada no reforço do sistema de financiamento e em uma série de estímulos fiscais. De acordo com Carlos Nelson dos Reis, "é nesse contexto que a indústria brasileira de calçados consolida uma excelente posição na pauta das exportações nacionais" (1994, p. 176). Conforme assinala, "há, inclusive, um consenso entre os estudiosos e os empresários do setor de que o aumento das exportações de calçados é, em grande parte, devido à concessão, por parte do Governo, de estímulos fiscais e creditícios ao desenvolvimento das exportações de manufaturados" (1994, p. 176), possibilitando, com isso, que os calçados brasileiros se tornassem competitivos, em preço, no mercado internacional.

Há que se destacar, também, a influência da conjuntura internacional no aumento do fluxo de capital disponibilizado para o crédito às empresas industriais. Dentro da perspectiva de auxílio ao desenvolvimento na América Latina, o programa *Aliança para o Progresso* previa o dispêndio de vinte bilhões de dólares em investimentos, com o evidente intuito de criar condições que desestimulassem o surgimento de focos revolucionários nessa parte do continente americano (Skidmore, 1969). É bastante

---

[16] De acordo com André Lara Resende, o Paeg listava entre seus objetivos: "(i) acelerar o ritmo de desenvolvimento econômico interrompido no biênio 1962/63; (ii) conter, progressivamente, o processo inflacionário, durante 1964 e 1965, objetivando um razoável equilíbrio de preços a partir de 1966; (iii) atenuar os desníveis econômicos setoriais e regionais, assim como as tensões criadas pelos desequilíbrios sociais, mediante melhoria das condições de vida; (iv) assegurar, pela política de investimentos, oportunidades de emprego produtivo à mão-de-obra que continuamente aflui ao mercado de trabalho; (v) corrigir a tendência a déficits, descontrolados do balanço de pagamentos, que ameaçam a continuidade do processo de desenvolvimento econômico, pelo estrangulamento periódico da capacidade de importar" (Resende, 1990, pp. 213-4).

elucidativo desse processo uma exigência legal por nós encontrada em muitos dos contratos de empresas calçadistas locais com o Banco do Brasil e com o BNDE (Banco Nacional de Desenvolvimento Econômico); uma das cláusulas finais dos contratos (*Obrigação Especial*) estabelecia que a empresa deveria se comprometer a dar publicidade do financiamento colocando um painel em seu pátio com os seguintes dizeres: "A expansão dessa indústria está sendo financiada pelo Banco do Brasil S.A., com a cooperação financeira do Banco Interamericano de Desenvolvimento (BID) e se realiza dentro dos objetivos gerais da «Aliança para o Progresso»".[17]

A partir desse contexto, a indústria do calçado local começou a viver um momento novo, no qual as facilidades de financiamento passaram a ser uma realidade concreta para os grandes e médios empresários. O grande volume de registros de contratos de financiamento realizados por fábricas locais com órgãos oficiais — ou a eles credenciados — no período entre 1967 e 1980 atesta este argumento. Nesse período foram registrados 387 financiamentos nos livros do 1.º Cartório de Registro de Imóveis e Anexos de Franca, ao passo que anteriormente haviam sido apenas sete (entre 1954 e 1956). Na tabela abaixo demonstramos a gradativa evolução do financiamento industrial nesse momento crucial para a indústria do calçado de Franca.

Tabela 5. Evolução dos financiamentos à indústria do calçado em Franca (1967-1980)

Ano	Financia-mentos	% em relação ao total	Ano	Financia-mentos	% em relação ao total
1967	2	0,51	1974	13	3,35
1968	3	0,77	1975	27	6,97
1969	5	1,29	1976	37	9,56
1970	4	1,03	1977	54	13,95
1971	16	4,13	1978	62	16,02
1972	11	2,84	1979	69	17,82
1973	12	3,10	1980	71	18,34

Fonte: AHMF, livros de registro do 1.º Cartório de Registro de Imóveis e Anexos de Franca.

---

[17] Este exemplo foi retirado de um contrato firmado pela empresa Calçados Sândalo S/A em 1970 (*Registro Integral de Títulos, Documentos e Outros Papéis*, livro B-14, fls. 213).

Não há como negar a importância do financiamento estatal à expansão da indústria calçadista do município. Em menos de uma década e meia a produção local de calçados quadruplicou, passando de 7,2 milhões de pares em 1967 para cerca de 30 milhões em 1980 (Vilhena, 1968; Gorini, 2000). Em face das dificuldades enfrentadas anteriormente pelos industriais francanos até mesmo em relação ao crédito de curtíssimo prazo, destinado ao desconto de títulos (promissórias e duplicatas), a possibilidade de usufruir de financiamento de médio e longo prazo foi, certamente, uma vantagem excepcional para o desenvolvimento dos negócios. O mesmo se pode dizer em relação às taxas de juros médias cobradas pelas instituições oficiais; se nas habituais transações com agiotas pagava-se comumente, conforme apuramos na análise da documentação, taxas entre 5 e 10% ao mês, nos contratos com as agências estatais podia-se, em muitos casos, se pagar tais porcentagens em juros anuais. Nos gráficos a seguir, demonstramos a dinâmica de prazos e taxa de juros expressados nos financiamentos ao empresariado local.

Gráfico 7. Prazo médio dos financiamentos à indústria do calçado (1967-1980)

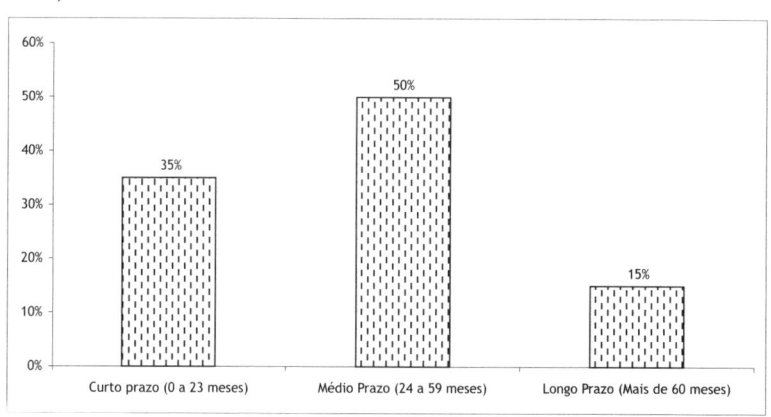

Prazo	%
Curto prazo (0 a 23 meses)	35%
Médio Prazo (24 a 59 meses)	50%
Longo Prazo (Mais de 60 meses)	15%

Fonte: AHMF, livros de registro do 1.º Cartório de Registro de Imóveis e Anexos de Franca.

Gráfico 8. Taxa média de juros anual dos financiamentos à indústria do calçado (1967-1980)

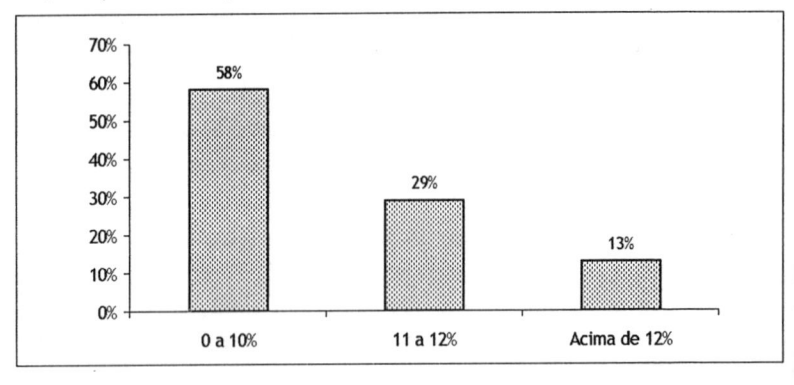

Faixa	Percentual
0 a 10%	58%
11 a 12%	29%
Acima de 12%	13%

Fonte: AHMF, livros de registro do 1.º Cartório de Registro de Imóveis e Anexos de Franca.

Como se vê, as condições para a produção alteraram-se sensivelmente após 1967: dois terços dos financiamentos realizados foram de médio e longo prazo e em 87% das transações incidiram taxas de juros de até 12% ao ano. O capital, antes caro e escasso, passou a ser barato e abundante a quem mostrava capacidade para exportar. O gráfico a seguir demonstra que os valores médios financiados foram elevados, considerando o padrão de acumulação anterior desse empresariado. Dois terços dos financiamentos, por exemplo, são de valores acima do equivalente a US$ 10 mil. Tomando por base o fato de que apenas 3% das 562 empresas criadas entre 1900 e 1969 apresentavam capital inicial superior a essa cifra (vide Gráfico 5 no Capítulo 2), podemos concluir que a capitalização das empresas deva ter melhorado consideravelmente.

Gráfico 9. Valores médios dos financiamentos concedidos à indústria do calçado (1967-1980)

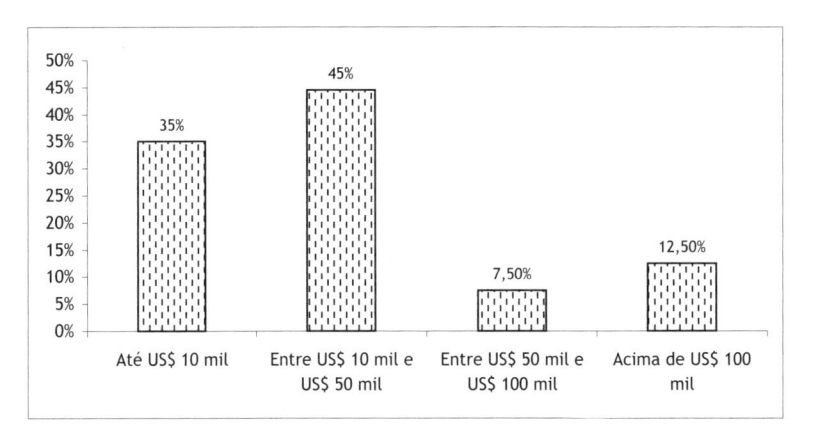

Faixa	Percentual
Até US$ 10 mil	35%
Entre US$ 10 mil e US$ 50 mil	45%
Entre US$ 50 mil e US$ 100 mil	7,50%
Acima de US$ 100 mil	12,50%

Fonte: AHMF, livros de registro do 1.º Cartório de Registro de Imóveis e Anexos de Franca.

A média elevada dos valores financiados talvez explique o baixo número de fábricas que usufruíram dos créditos industriais. Apenas 113 empresas foram beneficiadas com financiamentos entre 1967 e 1980. Levando-se em conta que Franca já contava com cerca de quinhentas fábricas de calçados em meados dos anos 1970, pode-se supor que somente as chamadas médias e grandes empresas tiveram acesso a esse benefício. Nesse aspecto, em estudo dos anos 1970, Hélio Nogueira da Cruz já alertava para o fato de que

> as fontes oficiais de crédito são importantes para o setor, mas não contribuem de maneira aparente e em volume significativo para tornar o mercado de capitais mais acessível às pequenas empresas. Se houver a prioridade em gerar emprego, o governo deveria atingir especialmente as firmas menores (como são estas as mais absorvedoras de mão-de-obra) (1976, p. 81).

Cruz ressalta ainda que, em razão de seu menor acesso ao mercado de capitais, as pequenas empresas "tendem sistematicamente a efetuar transações de venda de seus produtos a prazos inferiores aos das empresas maiores" (1976, p. 83); conforme observa, "este fato torna as empresas maiores mais poderosas no seu contacto com seus clientes, podendo financiar parte das operações" (1976, p. 85). No que diz respeito à cadeia produtiva, esse mecanismo destacado por Cruz produziu efeitos tanto "para frente" (comércio), quanto "para trás" (fornecedores de insumos). Chamou-nos a atenção o fato de que apenas uma empresa, a "Amazonas S/A — Produtos para Calçados", fabricante de componentes de borracha, tenha amealhado 30% de todo o valor financiado à indústria local. Do equivalente a US$ 20,640,500 referentes a créditos industriais que conseguimos apurar no período, US$ 6,223,750 foram para a *Amazonas*. Tal constatação se torna mais relevante quando consideramos o fato de que a indústria de componentes financiava indiretamente as médias e grandes empresas de calçados por meio de maiores prazos de pagamento ou melhores preços, em razão do grande volume comprado por essas indústrias (Naldi, 2001). Dessa forma, os maiores fabricantes de calçados foram duplamente beneficiados pelo auxílio oficial.

Ao que tudo indica, os pequenos industriais continuaram sujeitos às intempéries do mercado, alheios à concessão de créditos oficiais e, em larga medida, aos préstimos do sistema bancário convencional. Em 1973, por exemplo, a falência de duas pequenas fábricas ilustra nosso argumento de que os empreendimentos mais modestos ficaram à margem do contexto de incremento do financiamento industrial às empresas de calçados locais. Na "Calçados Alvorada", de Marcílio Francisco Vidal Dinis, "a falta de crédito bancário pela restrição das agências" é apontada como uma das principais causas da derrocada da empresa (*Falência: Marcílio Francisco Vidal Diniz*, 1973, fls. 46). Na "Irmãos Osório", de Antônio Osório Lima, o parecer final do síndico da falência evidencia a realidade econômica precária dos que sobreviviam à indiferença do auxílio oficial: "não conseguiu crédito suficiente para saldar seus compromissos, sendo obrigado a vender suas mercadorias abaixo do custo real, ocasionando descontrole em sua produção, que já era modesta" (*Falência: Antonio Osório Lima*, 1973, fls. 75). Tais condições se perpetuam até os nossos dias, o que faz da figura do agiota, do "capitalista", um elemento importante no jogo das relações econômicas que perpassam o mundo dos pequenos fabricantes de calçados em Franca (Naldi, 2001).

Iniciamos este capítulo evocando a importância que Schumpeter atribui à função do crédito para a efetivação dos *planos* do empreendedor.

Pelo que pudemos observar, na indústria do calçado de Franca o esforço dos empresários para obtenção de crédito parece ter sido hercúleo. No caso por nós estudado, os caminhos do crédito se distinguem sobremaneira do percurso convencional apontado por Schumpeter, no qual "os homens de negócios, via de regra, se tornam primeiro devedores do banco a fim de se lhes tornarem credores, que antes «tomam emprestado» aquilo que *uno actu* depositam" (1961, p. 136). Se nos reportarmos a certa indicação do primeiro capítulo, recordaremos que nos primórdios da indústria do calçado, nos anos 1920/1930, não havia bancos — ou havia em número muito reduzido e de dimensões insignificantes; quando esses modernos estabelecimentos de crédito se tornaram mais comuns em âmbito local, dificilmente emprestavam aos fabricantes de calçados. Com a emergência dos programas oficiais de crédito na década de 1970, não se emprestava aos pequenos. Em outras palavras, o início da indústria do calçado de Franca apresentou uma realidade marcada por um verdadeiro contra-senso schumpeteriano: mesmo que o empreendedor possuísse o firme desejo de se fazer devedor do banco, dificilmente o conseguiria.

SEGUNDA PARTE
AÇÃO E IDEOLOGIA

Apresentação

Na primeira parte procuramos demonstrar, por meio de exaustiva discussão, as particularidades do processo de formação do empresariado do calçado em Franca. Procuramos chamar a atenção, em especial, para o fato de que tal grupo social teve origem nos estratos subalternos da sociedade local, constatação que, em diversos aspectos, conflita com o que a literatura acadêmica apresenta como a dinâmica histórica geral de surgimento e consolidação da burguesia industrial brasileira. Valendo-nos das reflexões proporcionadas pelos três primeiros capítulos, como pensar a atuação e a ideologia desse empresariado? É esta a problemática que norteia a Segunda Parte do livro.

Nossa análise continuará se guiando por caminhos próprios, não obstante a bibliografia sobre o tema ser importante referencial a balizar as discussões empreendidas. Assim como na Primeira Parte, privilegiamos uma perspectiva que se apóia na rigorosa observação empírica, baseada em farta documentação, em vez de partir de pressupostos teóricos estabelecidos de antemão. Acreditamos que só assim é possível perceber traços do padrão de conduta do empresariado local que considerações *a priori* dificilmente conseguiriam presumir. Se na análise de Fernando Henrique Cardoso o pioneirismo que marca os *self-made man* da indústria não tem nenhuma ligação com as "virtudes burguesas típicas" (1963, p. 159), em Franca o que verificamos foi justamente o contrário: a ética sóbria e racional weberiana e o empreendedorismo schumpeteriano são características marcantes dos primeiros artesãos e ex-operários que deram início à indústria do calçado. Se para Cardoso a origem pré-industrial do empresariado fabril brasileiro foi um obstáculo que dificultou sua orientação como empresários e sua atuação como classe (1963, p. 198), em Franca, a despeito da ascendência modesta da grande maioria dos empresários, sua atuação política e nas organizações de classe se pautou pela combatividade e pela clara consciência dos seus interesses. Ainda neste aspecto, se boa parte das interpretações destacam que a ação empresarial se deu quase exclusivamente pela via corporativa, no caso da burguesia do calçado notamos tanto uma hábil articulação política, com destaque para a vivência partidária até 1964, quanto o empenho na luta como grupo de interesse.

Nesta Segunda Parte tentamos, sobretudo, apreender a historicidade singular que marca a atuação da fração burguesa estudada, procurando, com isso, lançar luz sobre a questão de que a burguesia brasileira não pode ser entendida como um bloco sólido e monolítico. Pensamos que este seja o melhor caminho para a investigação dessa classe cuja ideologia e comportamento ainda se mostram enigmáticos aos olhos de seus observadores.

4
A atuação da burguesia industrial brasileira: um balanço das interpretações

NESTE QUARTO CAPÍTULO, o primeiro da Segunda Parte, realizamos um breve balanço das principais correntes interpretativas que buscaram compreender e explicar o pensamento e a atuação econômico-política da burguesia industrial brasileira nas suas primeiras décadas de formação. A intenção aqui foi elaborar um painel das principais abordagens que tiveram lugar nas Ciências Sociais do País da década de 1940 até os nossos dias, procurando, com isso, tecer um pano de fundo teórico para as discussões dos capítulos posteriores.

Pensar a burguesia industrial brasileira não é uma tarefa fácil. Durante muito tempo, insistiu-se muito mais na discussão sobre o que essa classe social *não era*, em uma perspectiva orientada pela experiência das nações de capitalismo avançado, do que se procurou refletir acerca do real significado de seu comportamento em face de suas possibilidades concretas de atuação — ou seja, levando em consideração sua condição periférica. Desse modo, dos anos 1940 até fins dos anos 1970 prevaleceu uma visão essencialmente negativa da burguesia industrial, resultado de análises que tiveram na história de suas congêneres européia e norte-americana o paradigma de configuração da classe. Por um longo período foi hegemônica na literatura acadêmica a idéia de que entre nós as principais características dessa classe teriam sido o pouco vigor empreendedor, a mentalidade pré-capitalista (com destaque para seu arraigado patrimonialismo), a deficiência organizacional, a imaturidade ideológica e a fragilidade/passividade política, sendo os dois últimos, em particular, os fatores responsáveis pelo fato de a burguesia industrial não ter alcançado o *status* de força hegemônica na sociedade brasileira e conquistado, conseqüentemente, o poder político. Estudos como os de Oliveira Viana (1987),[1] Fernando Henrique Cardoso (1963), Luciano Martins (1968), Florestan Fernandes (1987)[2] e Nélson Werneck Sodré (1967) compartilharam, embora com variações, a visão acima descrita. Com a exceção dos escritos de Otávio Ianni (1989),[3] a oposição sistemática, em maior ou menor grau, a tais concepções veio surgir apenas no crepúsculo dos anos 1970 e início dos anos 1980, em trabalhos como os de Eli Diniz (1978), Renato Raul Boschi (1979), Fernando Prestes Motta (1979) e Maria Antonieta Leopoldi (2000).[4] A despeito de suas diferentes ênfases, tais autores se empenharam em trazer à luz elementos que comprovassem a existência de uma ideologia burguesa coerente com os interesses da classe dos industriais, a agressividade e organização na luta por seus anseios e, ademais, o importante papel exercido pelo empresariado na tarefa de dinamizar a industrialização do País, contestando a exclusividade do Estado como promotor único das profundas mudanças em curso a partir de 1930. Em pesquisa recente Márcia Maria Boschi (2000) propôs alguns avanços em relação ao tema, procurando explicar questões que permaneciam cambiantes nos trabalhos anteriores.

Começamos pela discussão acerca de uma provável mentalidade arcaica, assim como do que poderíamos chamar de uma "anemia schumpeteriana", do empresariado brasileiro. Essas questões foram abordadas, em especial, por Oliveira Viana e Fernando Henrique Cardoso. Escrevendo na década de 1940, Viana percebeu diversos traços pré-capitalistas que distinguiam a burguesia industrial do País. Conforme observa, em uma época em que o "supercapitalismo" norte-americano e europeu se notabilizava por uma radical busca do lucro, entre os industriais brasileiros ainda persistiam tradições econômicas e sociais que obstavam a otimização dos investimentos, a reprodução do capital em grande escala. Para Viana, o pequeno número de sociedades anônimas em nossa estrutura

---

[1] Não obstante ter sido editada apenas nos anos 1980, tal obra foi escrita na década de 1940.
[2] A primeira edição da obra é datada de 1975.
[3] A primeira edição da obra é datada de 1965.
[4] Tal obra foi originalmente concebida como tese de doutorado defendida pela autora em 1984, na Universidade de Oxford, Inglaterra.

industrial e o predomínio das empresas de organização familiar, nas quais a figura do patriarca prevalecia sobre a do empresário, era o exemplo típico da "refratariedade das nossas burguesias do dinheiro aos métodos e técnicas do grande capitalismo industrial" (1987, vol. 2, p. 49).[5] Segundo afirma, aqui os empreendimentos não tinham o significado capitalista de um meio para a busca da riqueza *ad infinitum*, mas "o objetivo modesto de apenas assegurar aos seus proprietários e dirigentes, possivelmente a riqueza, mas principalmente os meios de subsistência e também uma classificação social superior — a do *status* de «industrial»" (1987, p. 194); para o autor, isto seria a demonstração notória de uma "mentalidade de *pré-capitalismo*". De acordo com Viana, mesmo entre os empresários paulistas, não obstante terem já alcançado um elevado nível técnico em meados do século XX, quanto aos seus padrões de valores éticos era possível se constatar que

> ainda estão num protocapitalismo psicológico, guardando muito da velha mentalidade dos paulistas das classes ricas do século passado, com sua economia de *status*, o seu apreço ainda muito vivo dos valores espirituais e culturais, as suas preocupações genealógicas, a sua distinção de maneiras e sentimentos (1987, pp. 195-6).

Ainda no que diz respeito à questão da "mentalidade" capitalista do empresariado industrial brasileiro, Fernando Henrique Cardoso (1963) parece aprofundar as observações críticas feitas por Oliveira Viana. Nesse sentido, a fim de sistematizar sua abordagem, Cardoso dividiu os empresários em duas categorias: *a)* "capitães de indústria" e *b)* "homens de empresa". *Grosso modo*, os primeiros seriam aqueles cuja forma de dirigir suas empresas obedeceriam a critérios estritamente pessoais e suas práticas administrativas estariam longe de expressar a racionalidade exigida pelo empreendimento capitalista, e os segundos representariam os modernos executivos profissionais, cuja atividade era caracterizada pela impessoalidade e pela racionalidade administrativa em busca do lucro — a

---

[5] Para Viana, era bastante representativo desse predomínio das empresas familiares na estrutura industrial brasileira o fato de que a maior organização do País — as *Indústrias Reunidas Francisco Matarazzo* — pertencia à família da personalidade cujo nome traz.

exemplo dos *managers, top executivies* ou *heads of organization* do capitalismo norte-americano. Segundo Cardoso, predominava no Brasil a categoria dos "capitães de indústria", senhores absolutos dos rumos tomados por seus negócios, pouco afeitos a inversões substanciais visando a melhoria da base técnica de suas empresas e bastante propensos a se guiarem no mercado "pela experiência" antes que pelo planejamento racional. Para esse autor, a prevalência desse tipo de administração rigorosamente pessoal — ou, no limite, familiar — das empresas acabou por gerar vicissitudes e impor restrições ao ritmo do processo de industrialização em curso desde o início dos anos 1930. Conforme observa,

> os efeitos negativos desta situação fazem-se sentir tanto sobre o ritmo da expansão industrial quanto sobre a capacidade de concorrência das indústrias controladas desta maneira. Existe larga margem de "capacidade empresarial" desperdiçada pelos industriais paulistas, que tolhem seus projetos de expansão pela crença na necessidade do controle direto dos negócios (1963, pp. 119-20).

O patrimonialismo e o "espírito aventureiro" seriam, em vez das virtudes burguesas típicas, os principais traços da personalidade econômica desse tipo de empresário. De acordo com Cardoso, entre esses típicos "capitães de indústria" brasileiros, os empreendimentos seriam estimulados mais pela obtenção de financiamentos governamentais de longo prazo que pela iniciativa particular de "desbravar" novos caminhos, assim como o comportamento antiempresarial da ostentação exagerada e do desvio dos lucros para compra de imóveis e/ou remessas de dinheiro ao exterior, constituíam procedimentos comuns.

Mesmo separados por tradições intelectuais distintas, as opiniões de Oliveira Viana e Fernando Henrique Cardoso convergem quanto à constatação de sérias deficiências do empresariado industrial no que diz respeito à sua organização política e como classe. Viana (1987), por exemplo, observa que embora nos anos 1940 já se vivesse no Brasil o que ele chama de "supercapitalismo", a burguesia industrial ainda não se havia constituído aqui em *classe dominante*, como nos Estados Unidos e na Inglaterra, onde ela se mostrava unida e solidária em sua consciência de grupo e na dominação do Estado. Na ótica desse autor, entre nós, ao contrário, estas burguesias capitalistas da indústria e do comércio nunca tiveram influência política [. . .]. É o que bem indica a sua fácil submissão à política anticapitalista da Revolução de 30; política planejada por uma elite de praticantes de *profissões liberais* — por uma *elite* de "doutores" (1987, p. 197).

De igual modo, Cardoso (1963) enfatiza a falta de espírito de classe entre os industriais, razão ainda de sua débil ascendência nos assuntos do Estado. Para ele, o excessivo apego desse empresariado aos interesses pessoais, em detrimento do pensamento no coletivo, da atenção aos clamores gerais do País, acabou por delinear uma ideologia burguesa inequivocamente pragmática, cega para uma visão mais ampla dos interesses do capitalismo brasileiro e, com isso, incapaz de se tornar hegemônica e guiar os destinos da Nação. De acordo com Cardoso,

> isto quer dizer que qualquer teoria objetiva do papel da burguesia no processo de desenvolvimento e do próprio desenvolvimento acaba apontando um beco sem saída e que, portanto, a ação econômica dos industriais termina tendo de ser orientada antes pela opinião do dia-a-dia, ao sabor do fluxo e refluxo dos investimentos estrangeiros e da política governamental, do que por um projeto consciente que permita fazer coincidir, a longo prazo, os interesses dos industriais com o rumo do processo histórico (1963, p. 209).

As avaliações de Luciano Martins e Florestan Fernandes quanto ao papel desempenhado pela burguesia industrial brasileira se assemelham, em essência, à perspectiva esboçada por Viana e Cardoso. Na opinião de Martins (1968), no Brasil essa classe seria política e ideologicamente desarticulada, subordinada que estava aos desígnios de um Estado controlado por elites agrárias, em face das quais não manifestava sinais aparentes de contradição. Para este autor, "a percepção de conflito com o setor agrário, portanto, pouco ou nada influi no comportamento dos médios e grandes industriais quando da escolha das alianças políticas" (1968, p. 137); disso resultou a submissão das suas possíveis divergências econômicas aos interesses de classe que lhes são comuns, o que não raro significou entraves ao desenvolvimento do País. Por essa razão, Martins compreende que não apenas a burguesia industrial não conseguiu assumir uma posição hegemônica na sociedade brasileira, como também não tinha a intenção de obter tal façanha. Essas indicações de fraqueza e dependência foram, na ótica de Martins, o principal motivo pelo qual a burguesia não se constituiu como protagonista de um possível projeto de industrialização autônoma para o Brasil; conforme observa, coube ao Estado, por meio de sua burocracia, cumprir o papel de agente central do processo de modernização, ora pairando acima dos interesses exclusivos das classes, ora agindo sob o peso do constrangimento externo, na definição de sua política de desenvolvimento.

Em sua análise de um virtual processo de revolução burguesa no Brasil, Florestan Fernandes apontou a tendência à composição entre a burguesia industrial e as oligarquias terratenentes — a fusão entre o "velho" e o "novo" — como o fator responsável pelo malogro de um processo de mudança com características verdadeiramente revolucionárias no País; obviamente, Fernandes pensava na possibilidade de promoção de uma "revolução democrática" pela burguesia brasileira. Comentando a aliança entre as elites agrárias (arcaico) e o setor industrial (moderno), Florestan Fernandes observa que "o conflito emergia, mas através de discórdias circunscritas, [. . .] ditados pela necessidade de expandir os negócios. Era um conflito que permitia fácil acomodação e que não podia, por si mesmo, modificar a história" (1987, p. 205). Assim, para Fernandes, a própria estratégia burguesa limitou o impacto das transformações decorrentes do estabelecimento do capitalismo industrial como estrutura econômica prevalecente no País:

> não era apenas a hegemonia oligárquica que diluía o impacto inovador da dominação burguesa. A própria burguesia como um todo (incluindo-se nela as oligarquias), se ajustara à situação segundo uma linha de múltiplos interesses e de adaptações ambíguas, preferindo a mudança gradual e a composição a uma modernização impetuosa, intransigente e avassaladora (1987, pp. 204-05).

Conforme ressalta esse autor, no Brasil o empresariado não conseguia enxergar além do muro de suas próprias fábricas, fronteira à qual estaria circunscrito o seu moderado espírito modernizador, por isso nunca se mostrava propenso a "empolgar os destinos da Nação como um todo". Na visão de Fernandes, a ruptura da burguesia com a dominação conservadora levada a efeito pela oligarquia agrária seria um imperativo incontornável para o desenvolvimento pleno do capitalismo no País, empreitada para a qual deveria unir-se politicamente com a classe trabalhadora. Não tendo cumprido essa que seria uma de suas tarefas históricas, a burguesia industrial demonstrou não ter consciência do seu papel como classe que almejava alcançar a hegemonia na sociedade brasileira e, conseqüentemente, deixou evidente que as transformações que preconizava se limitavam meramente à dimensão econômica.

Em sua *História da Burguesia Brasileira*, Nélson Werneck Sodré (1967) tende igualmente a classificar a burguesia brasileira como uma classe débil, vacilante, que fugiu ao compromisso histórico de realizar no País a revolução democrática e antiimperialista. A interpretação de Sodré segue a linha preconizada pelo PCB (Partido Comunista Brasileiro), fiel aos ditames da Terceira Internacional, caracterizada por atribuir ao empresariado industrial tarefas próprias de uma "burguesia nacional", que além do ímpeto industrializante deveria demonstrar um comportamento economicamente moderno e socialmente progressista. Nesse sentido, para Sodré, no Brasil a burguesia desperdiçou todo o seu potencial revolucionário ao deixar de se aliar à classe operária, a fim de promover a libertação nacional, e aliando-se ao latifúndio, quando deveria antagonizá-lo. O resultado desse padrão de conduta teria sido a "derrota" da burguesia para as forças conservadoras em 1964. Tendo em vista tais demonstrações de fraqueza e inconsistência ideológica, Sodré (1990) traça um perfil da burguesia brasileira extremamente negativo: "uma burguesia tímida, que prefere transigir a lutar, débil e por isso tímida, que não ousa apoiar-se nas forças populares senão episodicamente, que sente a pressão do imperialismo, mas receia enfrentá-lo, pois receia a pressão proletária" (1990, pp. 30-1).

Dentre as interpretações elaboradas entre os anos 1940 e fins dos anos 1970, a de Otávio Ianni (1989) é a única que se destaca por entender que a participação da burguesia industrial nos assuntos da política nacional foi inegavelmente ativa após 1930. Curiosamente, o trabalho de Ianni é pouco mencionado entre os estudiosos do tema. Segundo Ianni, "depois de uma fase em que os seus representantes estiveram quase totalmente fora do poder, após 1930 ela ganhou paulatinamente ascendência sobre os governantes e fez-se ouvir nas decisões da política econômica" (1989, p. 91). Para este autor, o Estado se manteve como o "mais importante centro de decisão" na política de desenvolvimento nacional, contudo, longe de demonstrar passividade em sua relação com as esferas de poder e não almejar a conquista da hegemonia no interior da sociedade brasileira, o empresariado fabril empenhou-se na tarefa de impor a sua dominação de classe ao conjunto social. Conforme observa Ianni,

> essa burguesia não está ausente na formulação das diretrizes governamentais, para incentivo direto e indireto da economia. Ainda que muitas vezes aparentando timidez ou falta de discernimento, a burguesia industrial assume de modo crescente as suas possibilidades de atuação sobre a política econômica estatal (1989, p. 92).

Dessa forma, a burguesia industrial "define de modo claro suas relações com o Estado", às vezes infiltrando-se no aparelho estatal, outras fazendo-o operar em seu benefício, procurando converter as relações de produção em relações de dominação de classe. Ianni observa também que a marcante presença do Estado na economia brasileira seria, ademais, algo desejado pelo empresariado industrial, que via o planejamento e a disciplinarização econômica exercidos pelos órgãos oficiais como fatores em si positivos para a produção;[6] tal argumento afasta a hipótese defendida por alguns autores de que a ingerência estatal ter-se-ia dado pela imposição da orientação burocrática em face da fragilidade burguesa. Para Ianni, a expansão do capitalismo industrial no País não foi um processo forjado monoliticamente pelo Estado; pelo contrário, teria sido

> o resultado de um largo e crescente convívio entre a burguesia industrial e o poder público. Depois da Revolução de 1930, paulatinamente, os membros dessa burguesia nascente procuraram interferir nas deci-

---

[6] De acordo com Ianni, um dos primeiros apelos coletivos do empresariado com o fim de preconizar a ampliação da participação direta e indireta do Estado na economia aconteceu em 1943, quando se realizou o I Congresso Brasileiro de Economia, que reuniu lideranças da indústria, do comércio e técnicos do governo (1989, pp. 94-5).

sões do governo, no sentido de estimular-se a industrialização e planificar-se o desenvolvimento econômico nacional. Quando as transformações da estrutura econômica abriram possibilidades de ampliação e diversificação da produção industrial, a burguesia industrial nascente, os técnicos e o governo perceberam que o aparelho estatal precisava ser convertido em conformidade com a nova situação, favorecendo-a. As possibilidades de desenvolvimento das forças produtivas somente poderiam ser aproveitadas em maior escala através da reorientação da política econômica do Estado. E foi o que preconizou a própria liderança empresarial, juntamente com os governantes (1989, p. 94).

A tendência de ver na atuação da burguesia, dentro e fora da esfera política, um fator crucial para a consolidação do capitalismo industrial no País foi reforçada em estudos do final dos anos 1970. Em *Empresário, Estado e Capitalismo no Brasil*, por exemplo, Eli Diniz salienta que

> se a burguesia não deteve a hegemonia do processo de instauração da ordem econômica e social, foi um ator estratégico do esquema de alianças que permitiria a consolidação e o amadurecimento. Sua participação seria particularmente significativa no que diz respeito ao processo de definição de um projeto econômico voltado para a industrialização do país e de conscientização crescente do esgotamento do modelo primário-exportador (1978, p. 95).

Todavia, não obstante essa autora assumir uma perspectiva crítica em relação às análises que caracterizam a burguesia brasileira como um grupo fundamentalmente passivo, dotado de reduzida capacidade de articulação e organização, suas ressalvas quanto à insuficiência política e falta de autonomia da classe industrial não podem ser desprezadas. Se por um lado Diniz aponta uma significativa influência do empresariado nas decisões do governo, sobretudo em instâncias econômicas importantes como o CFCE (Conselho Federal de Comércio Exterior) e o Ctef (Conselho Técnico de Economia e Finanças), o que demonstra o poder de organização da classe em torno de seus interesses específicos, por outro, a autora deixa claro que, em termos ideológicos, a burguesia industrial mostrava-se ainda em processo de amadurecimento, incapaz que era de ir além de uma visão meramente unilateral e particularista dos problemas nacionais. Nesse sentido, Diniz afirma que a imaturidade política do empresariado industrial não se explicitaria nos pleitos protecionistas, ou mesmo por reserva de mercado ou controle do comércio exterior, "mas pela resistência a medidas combinadas para evitar o custo social de vantagens desproporcionalmente distribuídas" (1978, p. 242).

No que diz respeito aos vínculos existentes entre a fração industrial e os setores agrários dominantes, Eli Diniz pondera que tal aliança se efetivaria não em virtude da ausência de consciência de classe do empresariado, mas por motivos estratégicos, que serviriam ao fim de garantir o atendimento às demandas imediatas do setor fabril. De acordo com a autora, a natureza pragmática dessa solidariedade de classe era evidente; conforme observa, "a cada sinal de autonomia no processo de percepção de seus interesses, seguia-se uma justificativa para manter a imagem da identidade do empresariado industrial com os demais grupos econômicos dominantes" (1978, p. 121). Porém, o exagero quanto à autonomia do empresariado industrial seria uma interpretação tão equivocada quanto as que enfatizam sua dependência em face dos setores agrários; conforme faz questão de lembrar, "os industriais de São Paulo jamais romperiam suas ligações com o Partido Republicano Paulista (PRP), sabidamente, o partido dos interesses cafeeiros" (Ibidem, p. 243).

A abordagem de Renato Raul Boschi se aproxima bastante da levada a efeito por Eli Diniz. Propondo uma "abordagem integrada" para a análise do problema em questão, Boschi (1979) busca superar o reducionismo característico dos estudos acerca da burguesia brasileira, consensualmente situada pela ciência política nacional "como um grupo fraco e passivo". Conforme argumenta, essa visão negativa em relação à atuação da burguesia deriva de investigações acerca do desenvolvimento capitalista no Brasil orientadas por "tipos ideais" baseados nas experiências das potências ocidentais. Segundo Boschi (1979, pp. 18-9), tal perspectiva "integrada" apresentaria a vantagem de buscar explicar de que forma "a atuação dos grupos privados pode favorecer ou de fato produzir diferentes tipos de interação com segmentos do aparato do Estado", indo, assim, além das interpretações parciais do fenômeno do poder. Nesse sentido, Boschi compreende que apesar da dependência dos grupos industriais nacionais em relação ao Estado, os empresários puderam estabelecer um estilo de interação entre os setores privado/público abrindo um espaço à participação direta em questões-chave relacionadas aos seus interesses enquanto classe (1979, pp. 53-4).

Para o autor, com efeito, tal atuação junto do poder se daria muito mais pela estrutura corporativa que pelos meios políticos convencionais, isto é, por meio do partido ou do Parlamento.

De toda forma, Boschi demonstra-se convencido de que a burguesia industrial brasileira seria organizada e politicamente ativa, além de coerente do ponto de vista ideológico, a despeito de não assumir uma postura liberal favorável à participação dos trabalhadores no processo político. O equívoco estaria, para Boschi, em pensar a essência ideológica da elite industrial como *liberal*, quando, na verdade, "os valores políticos do empresariado revelam traços francamente autoritários"; ou seja, a burguesia estaria muito mais propensa à defesa da supressão do conflito de classes, tendo em vista a manutenção da ordem, que à sua institucionalização (1979, p. 175). Assim como Eli Diniz, Boschi salienta que a principal deficiência do empresariado industrial seria a incapacidade de incorporar ao seu discurso e à sua luta política anseios diversos dos estritamente vinculados aos seus interesses econômicos, razão pela qual não teria conseguido se estabelecer como força hegemônica. De acordo com Boschi, em fins da década de 1970 uma das condições básicas para a hegemonia da burguesia industrial no Brasil estava ainda por ser alcançada: "a possibilidade de ampliar o âmbito do consenso em torno de uma definição substantiva de um programa democrático que transcenda a satisfação imediata das demandas empresariais" (1979, p. 230).

Das análises elaboradas nos anos 1970, a de Fernando Prestes Motta é a que parece ir mais longe quanto ao entendimento do avanço da hegemonia burguesa no Brasil. De acordo com Motta, até o final da década de 1970 a burguesia industrial não havia ainda logrado converter-se de classe dominante em classe dirigente de pleno direito, todavia era uma força social em plena ascensão. Conforme observa, faltava-lhe hegemonia política, "mas sua hegemonia ideológica é clara. Ela domina os principais aparelhos ideológicos da sociedade: escola, imprensa, o rádio e a televisão, os partidos políticos, as associações profissionais e culturais, os tribunais" (1979, p. 10). Segundo Motta, o impensável no Brasil seria a realização de uma revolução burguesa "à francesa" ou "à americana", entretanto tal constatação não implica admitir que o empresariado industrial não teria capacidade de mobilização e articulação. Do mesmo modo, esse autor caracteriza como questionável o argumento segundo o qual a burguesia brasileira não teria em seu horizonte político a conquista da hegemonia. Nesse sentido, observa:

[. . .] imaginar que uma classe ascendente não tenha um projeto hegemônico é ignorar a própria natureza da luta de classes. O projeto pode não ser claro e geralmente não o é, pode ser aleatório e geralmente o é, mas isto não implica a sua inexistência, a menos que o pensemos em termos de planejamento estratégico formal (1979, p. 106).

Coerente com tal raciocínio, Motta argumenta que "na verdade, a burguesia chamou o Estado em seu socorro, em benefício de seu projeto" (1979, p. 131). Ademais, este autor mostra-se extremamente crítico em relação às interpretações que tendem a subestimar a capacidade de organização social e política do empresariado fabril, assim como a exagerar a complementaridade e harmonia de interesses entre o setor industrial e as elites rurais; Motta assinala que "o perigo que se pode incorrer neste tipo de análise é a perda de vista do processo real de diferenciação de interesse, através do qual a burguesia progressivamente definiria a sua própria identidade" (1979, p. 104).

Para Fernando Prestes Motta, a burguesia industrial brasileira também não pode ser considerada politicamente imatura por ter aceitado a associação com o capital estrangeiro, pois, segundo argumenta, tratava-se de uma questão de escassez de possibilidades. Nesse aspecto, Motta esclarece:

A aceitação do capital estrangeiro pode ter sido a saída conjuntural para a burguesia nacional. Na medida em que um projeto hegemônico é marcado pela articulação, desarticulação e rearticulação de interesses, a associação pode ser vista como parte desse projeto, o que não implica dizer que ela tenha sido a melhor tomada de posição por parte da burguesia ascendente (1979, p. 53).

Na visão de Motta, a construção de uma frente popular desenvolvimentista de modo algum se apresentava como opção exclusiva para a ação burguesa no País. Pelo contrário, a aliança entre burguesia industrial e capital internacional, tendo em vista a conquista do poder de Estado, configurou-se como um caminho perfeitamente possível e que encontrou acolhida em parte significativa do empresariado. E tal associação não se traduziu, necessariamente, em enfraquecimento da classe; de acordo com Motta, no contexto dos anos 1970, a burguesia industrial-financeira continuava "desempenhando um papel indiscutível no sistema produtivo, que se reflete num papel político, que não pode ser meramente desprezado" (1979, p. 108).[7]

O trabalho de Maria Antonieta Leopoldi é outro a contestar enfaticamente o argumento segundo o qual o empresariado industrial foi mero expectador das mudanças em curso a partir de 1930. Realizando o que entende ser uma análise que combina a tese da fragilidade da burguesia com a da competição interclasse no contexto do capitalismo industrial, Leopoldi defende a idéia de que, "para os industriais, o corporativismo significou antes o acesso à mesa de negociação do que propriamente a submissão ao controle do Estado" (2000, p. 31). A autora observa que, longe de serem instrumentos arbitrariamente manipulados pelos desígnios da vontade estatal, as entidades da indústria e do comércio demonstraram força suficiente para inviabilizar o "sonho corporativo" do Estado Novo; neste aspecto, ressalta que não apenas a Fiesp (Federação das Indústrias do Estado de São Paulo) comandou a luta contra a "corporativização" dos industriais nos moldes desejados pelo governo, sobrevivendo às imposições autoritárias do regime, como conseguiu, no início dos anos 1940, garantir o *status* de "órgão técnico consultivo", antes concedido somente às entidades oficiais. Seguindo uma linha francamente inclinada a conceber o empresariado fabril como um grupo autônomo no

---

[7] Conforme observa Fernando Prestes Motta, ainda que nesse período a atuação dos grupos estrangeiros fosse predominante em setores cruciais do mercado interno, o capital nacional continuava dominando boa parte do sistema produtivo.

contexto do processo de construção do capitalismo industrial no País, Leopoldi enfatiza:

> Os industriais do eixo Rio-São Paulo conviveram com regimes de tipo oligárquico, liberal e ditatorial. Desde 1930, contudo, conseguiram fazer com que o Estado, a despeito de sua presença crescente na economia, respeitasse a sua liberdade de organização em entidades privadas, paralelas ao sindicalismo oficial (2000, p. 86).

Em seu aprofundado estudo acerca da atuação das mais importantes associações de classe do País, Leopoldi assinala ainda que os industriais e suas organizações de classe se envolveram ativamente no desenrolar da trama política nacional, não obstante sua tácita omissão nos momentos históricos em que houve mudança de regime.[8] Leopoldi apresenta numerosas evidências desse envolvimento dos empresários no mundo da política, com destaque para a presença de industriais de relevo em importantes cargos do governo. No governo Dutra, por exemplo, o Ministério do Trabalho, Indústria e Comércio foi ocupado por Morvan Dias Figueiredo, líder de peso na Fiesp; para Leopoldi, não foi por acaso que nesse período as entidades dos trabalhadores sofreram um número recorde de intervenções do governo. Entre 1949 e 1953, o Ministério da Fazenda foi ocupado por dois industriais, o carioca Guilherme da Silveira — ligado à Firjan — e o paulista Horácio Lafer — ligado à Fiesp —, o que ajuda a explicar a proteção da indústria pela política cambial do governo no período. Entre 1951 e 1953, o industrial Ricardo Jafet ocupou a presidência do Banco do Brasil, dando ensejo à expansão do crédito ao setor secundário. Ainda no segundo governo Vargas, a CNI (Confederação Nacional da Indústria) forneceu corpo técnico e cedeu suas instalações e serviços de secretaria para a Comissão de Revisão Tarifária, responsável por formular uma estrutura tarifária que fosse suficientemente flexível para conviver com a inflação interna e as incertezas da economia internacional.

---

[8] Segundo Leopoldi, tal omissão se deu porque a estratégia da burguesia industrial "foi exatamente a de não se contrapor aos novos governantes, para poder entrar na coalizão e dali ir se fortalecendo aos poucos. A essa estratégia pode-se dar o nome de *pragmatismo*" (2000, pp. 27-8).

Do ponto de vista ideológico, Maria Antonieta Leopoldi chama a atenção para o fato de que o protecionismo econômico — todavia, sem a conotação pejorativa que carrega nos dias atuais — foi o *élan* a animar as principais lutas do empresariado brasileiro, lutas estas que resultaram em políticas governamentais inequivocamente positivas para a consolidação do processo de desenvolvimento industrial. Leopoldi observa, ademais, que paralelamente à construção de uma proposta de política industrial amadurecida em décadas de luta pelo protecionismo, o empresariado foi definindo também um projeto hegemônico. Conforme salienta,

> em nenhum momento recorrendo a um discurso que sugerisse intenções hegemônicas, a liderança da Fiesp e CNI foi pondo em prática uma série de medidas, estabelecendo alianças estratégicas com o governo e com os militares, criando formas de controlar o movimento operário, ações que indicavam claramente sua busca de uma hegemonia política (2000, p. 87).

Aprofundando a tendência que procura realçar a autonomia da burguesia industrial e seu protagonismo no processo de desenvolvimento capitalista no Brasil, recentemente Márcia Maria Boschi empreendeu interessante releitura das abordagens até então realizadas. Ao lançar mão da idéia de que a burguesia brasileira constituía, de fato, uma *burguesia interna* e não uma *burguesia nacional*, M. M. Boschi (2000) buscou superar aquele que, para ela, consistia no principal equívoco na interpretação do modo de agir e pensar dessa classe: a visão de imaturidade e/ou inconsistência ideológica do empresariado industrial por não se fazer defensor também dos interesses de outras classes e por não aderir ao projeto de desenvolvimento dos nacionalistas. Inspirada no pensamento de Nicos Poulantzas,[9] M. M. Boschi argumenta que, *grosso modo*, uma burguesia pode ser definida como *nacional* quando há contradição de interesses econômicos entre os setores que a compõe e o capital estrangeiro em um grau que a torne suscetível de envolver-se em uma luta antiimperialista e de liberação nacional. Nessa situação, a burguesia pode vir a adotar posi-

---

[9] A referência utilizada pela autora é N. Poulantzas. *As classes sociais no capitalismo de hoje*. Rio de Janeiro: Zahar, 1978.

ções de classe que a incluam no "povo", assim como compor alianças com as massas populares. No caso brasileiro, a burguesia era *interna* — e não *nacional* — por ter significativa permeabilidade ao capital estrangeiro, do qual dependia até mesmo com o fim de possibilitar seu progresso tecnológico, e também por coexistir com segmentos do empresariado vinculados à importação de manufaturados, setor, aliás, do qual advieram muitos dos membros da burguesia industrial; a despeito disso, segundo M. M. Boschi, essa burguesia não deixava de ter um fundamento econômico e uma base de acumulação próprios no interior de sua formação social.

Para a autora, realizadas tais distinções, fica mais fácil entender a dinâmica de atuação de tal classe. Assim, "não era a burguesia brasileira que se recusava a assumir «seu papel histórico» na promoção do desenvolvimento do País, mas era a teoria que não dava conta do comportamento político e econômico do empresariado industrial" (2000, p. 37). Conforme salienta,

> uma *burguesia interna* não se inclina ao confronto com a burguesia agrária, nem à formação de alianças com a classe trabalhadora. Ela prefere, antes, formar alianças com outros setores da classe dominante. A *burguesia interna* também coloca várias restrições ao seu apoio político ao projeto de industrialização reivindicado pelos nacionalistas, pois diferentemente desses, não se preocupa em promover um desenvolvimento econômico que leve à liberação nacional" (2000, p. 42).

Diante do exposto no decorrer do presente capítulo podemos concluir que, especialmente no último quartel do século que se encerrou, houve considerável evolução na forma de se pensar a atuação da burguesia industrial brasileira. Não obstante, pensamos que não há um caminho ideal a ser seguido. A nosso ver, a reivindicação da complexidade que engendra a formação e o comportamento dessa classe no Brasil é um imperativo incontornável, que leva à construção de mediações que melhor reflitam a realidade a ser estudada (geral, setorial, local ou regional, etc.), podendo-se abranger o terreno de múltiplas interpretações. Nesse sentido, é importante valorizar a atuação dos empresários fabris como força ativa a impulsionar o processo de desenvolvimento industrial, entretanto, sem superestimar sua autonomia diante da figura de um Estado que constituiu peça-chave na construção do capitalismo no País. É fundamental, enfim, ter em mente que as diversas frações burguesas apresentam historicidade singular, ao contrário da generalização simplificadora que orienta muitas abordagens do tema; neste caso, põe-se em xeque a idéia de uma burguesia monolítica, que na verdade nunca existiu.

Concluindo este breve balanço, adiantamos que na análise desenvolvida nos dois capítulos seguintes não nos prendemos exclusivamente a uma ou outra abordagem entre as aqui discutidas. Cumpre ressaltar, todavia, que tendemos a privilegiar um enfoque centrado na capacidade de organização política e na combatividade expressados pelo empresariado industrial, perspectiva fundamentada pela dinâmica concreta de nosso objeto de estudo. Tal ponto de vista não implicou, contudo, assumir posição favorável à concepção de ampla autonomia burguesa no contexto do processo político-social brasileiro. Por outro lado, procuramos nos distanciar da interpretação da burguesia industrial brasileira como um bloco sólido e monolítico. Entendemos que, entre outros, fatores tais como a especificidade da indústria a qual se vincula, o acesso ou não aos mecanismos de amparo disponibilizados pelo Estado, o espaço geográfico onde está estabelecida e aspectos peculiares de sua formação, são elementos importantes que devem ser levados em consideração para o estudo das formas de ação e pensamento da burguesia.

5
A ética econômica do empresariado

NESTE CAPÍTULO analisamos o comportamento econômico dos industriais do calçado. Na realização de tal intento, procuramos apreender as principais características de sua ação empresarial, movidos pelo objetivo de vislumbrar o padrão de comportamento que predominou no seio desse grupo social e as transformações ocorridas na sua trajetória histórica entre 1920 e 1990.

Em nossa análise não fugimos aos referenciais clássicos para o tema. O paradigma do empresário schumpeteriano é referência central na interpretação da figura do empreendedor na indústria do calçado de Franca, respeitando-se as particularidades do caso em foco. O caráter criativo e inovador do empresário se configura, dessa forma, como elemento essencial a balizar nossa avaliação acerca da ação empresarial na condução dos negócios de sua indústria. Conforme já discutimos em momentos anteriores, para Schumpeter, o proprietário de um estabelecimento industrial ou comercial pode ser classificado como empreendedor quando se empenha em levar a efeito "novas combinações" dos meios de produção, procedimento que o pensador austríaco define como um dos fatores cruciais ao dinamismo e conseqüente desenvolvimento de qualquer atividade econômica. No arcabouço schumpeteriano, o conceito de "novas combinações" abrange: 1) a produção de um novo bem com o qual o consumidor não esteja familiarizado; 2) a adoção de um novo método de produção; 3) a abertura de um novo mercado; 4) a conquista de novas fontes de suprimento de matérias-primas; e 5) a execução de uma nova organização de qualquer indústria, como por exemplo a instauração ou supressão de um monopólio (1961, p. 93). O empresário schumpeteriano constitui também um tipo dotado de incansável iniciativa, que "anda em busca de dificuldades" e vence as forças do hábito convencendo a si mesmo a considerar uma nova idéia "como uma possibilidade real e não apenas como um sonho fugaz" (1961, p. 119). Esse "empresário demiurgo" de Schumpeter tem, em grande medida, sua imagem refletida no *burguês* típico de Werner Sombart, encarnação emblemática do *homem econômico moderno*, que "renuncia sem o menor aborrecimento ou hesitação aos antigos métodos a partir do instante em que se possa comprovar a superioridade de um novo" (1953, p. 170). Em seu clássico estudo sobre a ética burguesa, Sombart assinala que

> o verdadeiro empresário (o conquistador!) deve ter a força e a decisão suficientes para permitir-lhe vencer todos os obstáculos que se encontre em seu caminho. Mas também é necessário que seja um conquistador, ou seja, um homem ousado, que arrisque tudo pelo sucesso de sua empresa. Por esta inclinação ao risco se aproxima muito do jogador. O amor pelo perigo tem como condições a vivacidade intelectual, a energia moral, uma grande capacidade de concentração, uma vontade perseverante (1953, p. 56).

Por terem sido formuladas em outro contexto do capitalismo, as representações schumpeterianas ou sombartianas do homem de empresa moderno carecem de mediações que as aproximem da realidade contemporânea. Conforme argumenta Fernando Henrique Cardoso, o avanço da modernização industrial, sobretudo após a Segunda Guerra Mundial, "levou à redefinição dos requisitos concretos para o exercício da ação economicamente criadora" (1963, p. 32), pois engendrou a complexização do mercado e, por conseguinte, das tarefas a serem desempenhadas pelo empresário. De acordo com Cardoso, a intricada teia de relações na qual o empresário passou a estar envolvido fez emergir "novas funções criadoras, que exigem mais uma «visão global» do que o talento inventivo específico" (1963, p. 33); nesse sentido, o caráter inovador do homem de empresa passa a depender não apenas de sua criatividade técnico-econômica, mas também, por exemplo, de sua capacidade de construir relações com a esfera política, por meio de expedientes de pressão e persuasão que lhe permitam otimizar o processo de acumulação. Advogando a idéia de que no capitalismo contemporâneo a função do empreendedor é também uma função "política", Cardoso salienta que o empresário moderno deve cumprir duplamente a função de inovar para obter lucros:

> Mantém, nos moldes de criação possíveis na era da planificação, o *élan* necessário para estar à frente dos concorrentes, quando eles existirem. Mas, principalmente, cria condições insuspeitadas para *influir* sobre a política econômica visando assegurar a prosperidade capitalista em geral e reservar a maior porção dos contratos e privilégios governamentais para a sua organização (1963, pp. 34-5).

Ao justificar a pertinência dessa visão mais requintada acerca da figura do empreendedor, Cardoso observa que, "poder-se-ia dizer que Schumpeter não viu o empreendedor como «político», porque economia e política, então, não eram tão claramente duas faces solidárias de um mesmo sistema de vida" (1963, p. 33).

De outra parte, a reflexão aqui desenvolvida procura também referenciar-se nas idéias de Weber (1967) e Sombart (1953) acerca de uma ética burguesa racional.[1] Neste aspecto, procura-se vislumbrar em que grau o

---

[1] Não obstante se aproximarem no que diz respeito à reflexão acerca da ética que expressa o espírito do capitalismo, as análises de Max Weber e Werner Sombart se distanciam quanto à interpretação da origem desse comportamento. Em Weber, o tipo de conduta racional, própria do capitalismo, aparece associado ao puritanismo protestante que emergiu com a Reforma. Na abordagem weberiana, o "ascetismo secular do protestantismo [. . .] opunha-se, assim, poderosamente, ao espontâneo usufruir das riquezas, e restringia o consumo do luxo. Em compensação, libertava psicologicamente a aquisição de bens das inibições da ética tradicional, rompendo os grilhões da ânsia do lucro, com o que não apenas a legalizou, como também a considerou [. . .] como diretamente desejada por Deus. A luta contra as tentações da carne e a dependência dos bens materiais era [. . .] não uma campanha contra o enriquecimento, mas contra o uso irracional da riqueza" (1967, p. 122). Já para Sombart, "o capitalismo nada deve à ética puritana ou a qualquer outra. [. . .] Em primeiro lugar, as virtudes burguesas já existiam há aproximadamente duzentos anos antes de nascer o puritanismo. Estavam completamente explicadas e expostas com todos os detalhes desejáveis nos *Livros de Família* de [Leon Battista] Alberti. Se há um sistema religioso que favoreceu sua eclosão, não é outro senão o catolicismo. A moral protestante não fez mais que apropriar-se do que o tomismo havia criado" (1953, p. 248). Conforme argumenta Sombart, as leis do moralismo puritano não são senão uma das possibilidades a que o espírito do capitalismo deve o seu florescimento; para esse autor, tais leis "não exerceram mais do que uma mínima influência no desenvolvimento do capitalismo" (p. 250).

comportamento dos empresários se identifica com o "racionalismo econômico" capitalista, tipo de conduta que, conforme lembra Weber, "embora dependa parcialmente da técnica e do direito racional, é ao mesmo tempo determinado pela capacidade e disposição dos homens em adotar certos tipos de conduta racional" (1967, p. 11). Weber fala desse tipo de postura não como "uma simples técnica de vida, mas sim como uma ética peculiar, cuja infração não é tratada como uma tolice, mas como um esquecimento do dever" (1967, p. 31); na ótica weberiana, o que é preconizado não seria meramente o bom senso comercial, mas sim um *ethos*. Essa ética que exige dedicação intensa ao trabalho e aos negócios, frugalidade e despojo é vista por Sombart como algo que passou a ser inerente ao espírito econômico do empresário capitalista:

> Há que se admitir que o homem econômico dos tempos modernos, o empresário capitalista, e mais precisamente o negociante e industrial [. . .], foram se impregnando pouco a pouco deste espírito burguês laborioso e econômico, moderado e reflexivo, em uma palavra, *virtuoso* (1953, p. 117).

De acordo com Sombart, a figura do indivíduo austero em seus gastos, que concebe a poupança como virtude maior, "se converte no ideal dos homens ricos na medida em que estes se tornam *burgueses*" (1953, p. 106). O pensador alemão destaca ainda o fato de que a inclinação do empresário à dedicação exclusiva ao seu empreendimento econômico constitui um dos traços característicos da ética burguesa: "Todos os valores vitais são sacrificados ao deus do trabalho, todas as aspirações do coração ou do espírito devem ceder lugar a um só interesse, a uma só preocupação: os negócios" (1953, p. 170). A identificação do homem de empresa como um modelo de sobriedade, afastado dos prazeres terrenos, também é uma representação que não escapa a Schumpeter; para esse autor,

> [. . .] a atividade do tipo empreendedor é, sem dúvida, um obstáculo ao prazer hedonístico daquelas espécies de utilidades que são usualmente adquiridas pelos rendimentos além de uma certa medida, porque o seu "consumo" pressupõe lazeres. Hedonisticamente, portanto, a con-

duta, que geralmente observamos nos indivíduos do tipo mencionado, seria irracional (1961, p. 127).

Tais referenciais explicitam, enfim, um tipo de comportamento econômico modelar para a interpretação da ética empresarial capitalista. Não obstante a inequívoca validade desta orientação para o estudo em questão, isto não quer dizer que ela prescinda de qualquer mediação crítica, conforme já alertamos anteriormente. A análise aqui desenvolvida procura construir uma explicação calcada nas reais possibilidades de atuação do empresariado do calçado, ou seja, considerando as particularidades de sua origem social, assim como as limitações econômicas e tecnológicas a que esteve sujeito.

5.1 Empreendedores e empreendedorismo

Para Schumpeter, "o «empreendedor» é o principal sustentáculo do mecanismo de transformação" (1961, p. 86, nota 3). Ainda que saibamos que tal assertiva não deva ser aplicada à totalidade dos processos de transformação econômica, sobretudo àqueles nos quais o Estado deteve considerável influência, como o brasileiro, pensamos que ela seja verdadeira para as primeiras décadas da indústria local. E não há como negar que todo o processo de desenvolvimento do setor em Franca pré-1964 foi conduzido por industriais de espírito empreendedor que promoveram a modernização de suas fábricas atuando em um ambiente econômico tipicamente antischumpeteriano. Conforme se pôde observar nos Capítulos 2 e 3, entre as décadas de 1920 e 1960 os estabelecimentos fabris locais tiveram acesso restrito aos mecanismos oficiais de crédito e tampouco puderam contar com qualquer auxílio governamental, dependendo, para sua manutenção, basicamente das estratégias de desenvolvimento assumidas por empresários em busca da sobrevivência no mercado.

A história mostrou que tais estratégias, embora de início fossem muito mais produto do voluntarismo que do planejamento, revelaram-se bastante acertadas, a ponto de qualificar o parque industrial de Franca à concorrência no mercado internacional já em fins dos anos 1960. É certo que um momento histórico inequivocamente favorável, marcado especialmente pelo declínio da indústria do calçado em outros centros produtores, como São Paulo e Rio de Janeiro, em virtude do aumento crescente dos custos inerentes à metropolização (alta dos bens de salário, de consumo e dos serviços), contribuíram para a ascensão do empresariado local;[2] todavia, isso não explica a visível capacidade modernizadora demonstrada por esse grupo social. De igual modo, o enfoque exclusivo sobre os diversos benefícios — fiscais e de crédito — fornecidos pelos governos militares não explicam por que a indústria do calçado de Franca se tornou importante base exportadora nos anos 1970 e 1980. É preciso levar em consideração que somente com o grau de evolução alcançado pela indústria calçadista francana nas décadas anteriores é que foi possível avançar ao nível solicitado pela fase exportadora, marcada pela entrada nos exigentes mercados norte-americano e europeu.

Não obstante ser reconhecido o fato de que os governos militares tudo fizeram para auxiliar os setores que pudessem destacar-se nas exportações,[3] sendo notável a generosidade dos incentivos e isenções concedidos ao setor calçadista, a conversão de uma indústria em fornecedora internacional não acontece da noite para o dia; mesmo antes do estabelecimento de uma política oficial de incentivos do governo brasileiro, a indústria local caminhava progressivamente para a conquista da hegemonia na fabricação de sapatos masculinos para o mercado interno. A busca por referenciais tecnológicos e de organização no mercado internacional, fator crucial para a obtenção de competitividade nos negócios com o exterior, não se deu apenas mediante o apoio do Estado, mas foi levada a efeito já nos anos 1950 com a iniciativa pioneira da *Samello*, seguida depois por diversas empresas no decênio seguinte. Essa ética empreende-

---

[2] Esse processo foi claramente percebido por seus contemporâneos. Em 1948 um jornal local destacava: "Outro fator que tem influído, decisivamente, no progresso da indústria francana de calçados é o desmantelamento das fábricas metropolitanas, muitas das quais foram fechadas. As atuais preocupam-se apenas com a fabricação manual de calçados finos, agora intensamente procurados pelos negociantes do ramo" (*Comércio da Franca*, 15/7/1948, p. 1).

[3] Segundo Corrêa do Lago (1990, p. 240), as exportações "foram estimuladas pela política cambial mais realista implementada a partir de meados de 1968 e pelos diversos incentivos fiscais e creditícios às vendas externas [. . .]". Conforme argumenta, "reduziram-se os entraves burocráticos para aumentar as exportações e diversificar mercados especialmente de produtos manufaturados que também foram muito beneficiadas pela adoção do regime de minidesvalorizações cambiais a partir de 1968" (p. 237).

dora das primeiras décadas foi, porém, arrefecendo à medida que a figura do Estado, por meio de incentivos e benefícios, passou a ser cada vez mais presente no mercado do calçado.

Como não poderia deixar de ser, iniciamos a discussão central dessa seção com uma reflexão acerca dos pioneiros da indústria do calçado. A primeira geração de empreendedores francanos a se lançar na atividade de fabricação do calçado lidou com a difícil tarefa de converter a produção artesanal de sapatos e artigos de couro em uma indústria propriamente dita. Nessa empreitada, seus protagonistas viveram de maneira diversa os caminhos da *aventura* e da *fortuna*. O nome de Carlos Pacheco de Macedo destaca-se entre os chamados pioneiros, em virtude da associação de sua história empresarial à legendária "Calçados Jaguar", primeiro estabelecimento mecanizado de Franca; sua figura representa uma espécie de "mito de fundação" da indústria local. Em que pese a parcela de verdade contida nesse mito de origem, uma análise mais detida demonstra uma dinâmica mais complexa no processo de desenvolvimento das primeiras fábricas. Os que incorporaram o espírito da *aventura* capitalista no sentido schumpeteriano, ou seja, como sinônimo da busca da dificuldade, da "subversão" da força do hábito, conheceram a *fortuna* em sua acepção mais ampla, identificada à boa sorte, à boa ventura; isso correspondeu ao fato de que apenas lenta e gradativamente alcançaram a riqueza material, mas que seu crescimento se deu de forma sólida, resultando na longevidade dos empreendimentos. Por outro lado, Carlos Pacheco de Macedo, cuja figura é lembrada pelo senso comum local como exemplo emblemático do empreendedor, tendo assumido a *aventura* empresarial no seu sentido flibusteiro, predatório, conheceu rapidamente a *fortuna*, em sua acepção restrita, identificada à riqueza e opulência; todavia, seus empreendimentos tiveram um declínio tão célere quanto sua ascensão, sucumbindo em menos de uma década.

Carlos Pacheco de Macedo foi, sob muitos aspectos, um empresário do tipo schumpeteriano. Como proprietário do modernizado "Curtume Progresso", foi pioneiro em pôr à disposição do mercado local — mas também de outras regiões — couros de qualidade bastante superior aos que a maioria dos pequenos e médios curtumes produzia; tal matéria-prima serviria à fabricação de calçados mais refinados que os popularmente chamados "sapatões", ou seja, a uma mercadoria que conseqüentemente competiria em uma faixa de mercado de maior valor agregado. A organização da "Calçados Jaguar", dirigida pelos genros de Pacheco de Macedo, mas situada dentro da órbita dos negócios do sogro, foi outro exemplo de seu empreendedorismo; instalada em 1921, a empresa introduziu a produção mecanizada onde até então predominava a confecção manual, constituindo, assim, o marco inicial da moderna fabricação de calçados em Franca.

Tanto no caso do "Curtume Progresso", quanto no caso da "Calçados Jaguar", fica evidente o empreendimento de "novas combinações" que possibilitaram o desenvolvimento de um parque fabril especializado na produção de calçados em um espaço geográfico onde a produção artesanal de artigos de couro estava disseminada desde princípios do século XIX. A introdução da maquinaria abriu a perspectiva de superação das condições arcaicas sobre as quais estava assentada em Franca a fabricação de sapatões e botinas, engendrando, com isso, o estabelecimento de uma indústria local com características minimamente modernas. Em outras palavras, o exemplo da *Jaguar* e do "Curtume Progresso" contribuiu para alavancar mudanças que promoveram a conversão gradativa da tradicional produção coureira do município à era do capitalismo industrial.[4]

Não obstante o papel inovador representado por Carlos Pacheco de Macedo, há que se ressaltar que esse empresário encarnou, de modo paradoxal, tanto o paradigma do empresário schumpeteriano, quanto as vicissitudes do arcaico *capitão de indústria* descritas por Fernando Henrique Cardoso (1963). A *aventura* empresarial protagonizada por Pacheco de Macedo é característica dos que se lançam em um empreendimento mais pelo estímulo do ganho rápido e fácil que pela possibilidade de realização profissional, estilo próprio do tipo de empresário "mais afeito aos negócios do que à produção", conforme observa Cardoso (1963, p. 164). Na análise de seu processo de falência, pode-se depreender que a administração de Pacheco de Macedo personificou o patrimonialismo, a

---

[4] A evolução do antigo artesanato do couro para a indústria do calçado corrobora o pensamento de Schumpeter, segundo o qual, "via de regra, as novas combinações precisam extrair de algumas composições antigas os meios de produção necessários [. . .]. O realizar novas combinações significa, portanto, simplesmente o emprego diferente dos suprimentos de meios produtivos existentes no sistema econômico" (1961, p. 95).

gestão fraudulenta e a especulação usurária em detrimento da produção. Percebe-se que o aventureirismo desse pioneiro da indústria do calçado, materializado no levantamento de fundos entre a elite local para a célere multiplicação de empreendimentos, foi movido meramente pelo objetivo da busca da *fortuna* em um sentido estrito, identificada com riqueza — no caso, a riqueza fácil.[5] Retiradas arbitrárias do caixa da empresa,[6] retenção de recursos da sociedade em conta particular[7] e iniciativas comerciais de grande risco,[8] foram apontados pelos peritos da falência como procedimentos comuns na conduta empresarial de Carlos Pacheco de

---

[5] A julgar pela ampliação do patrimônio de Carlos Pacheco de Macedo durante os sete anos que antecedem à falência de suas empresas, marcados pela reestruturação do "Curtume Progresso" e pela organização da "Calçados Jaguar", pode-se dizer que seu objetivo de enriquecimento rápido obteve razoável êxito. Se em 1919, de acordo com o inventário de sua primeira esposa, o patrimônio da família não chegava a 500 contos de réis (494:652$620), em 1926 Pacheco de Macedo já o havia triplicado (*Inventário de Francisca Luiza de Macedo*, 1919; *Falência de Macedo, Marx & Cia. — Curtume Progresso*, 1926).

[6] Conforme destacado no processo de falência do "Curtume Progresso", "[...] um dos sócios solidários [Carlos Pacheco de Macedo], tendo particularmente várias outras indústrias, para a exploração destas não só retirou da sociedade os seus lucros verificados na importância de mais de trezentos e cinqüenta contos de réis, como dela ocupou outros trezentos contos de réis, como demonstra o saldo de seu débito na sociedade, tendo sido preciso recorrer-se a onerosas operações de crédito em nome da sociedade para suprir-se as necessidades da indústria social decorrentes das faltas resultantes daquelas retiradas" (*Falência de Macedo, Marx & Cia — Curtume Progresso*, 1926, fls. 2). Se por um lado o nome de Pacheco de Macedo aparece como um dos maiores credores na falência da "Calçado Jaguar", em montante superior a cem contos de réis, por outro a apreciação do perito da falência dá a entender que uma das causas de sua falência teria sido a ocorrência de transferências irregulares de recursos entre as empresas as quais estava ligado, o que denota além da fraude uma conduta visivelmente patrimonialista.

[7] Segundo os síndicos da massa falida do "Curtume Progresso", a contabilidade da empresa chamava a atenção pelo "estado estático de parte dos recursos da firma falida, paralisados na conta particular de seu sócio Carlos Pacheco de Macedo" (*Falência de Macedo, Marx & Cia. — Curtume Progresso*, 1926, fls. 445).

[8] A tentativa de Pacheco de Macedo em estabelecer um entreposto para venda de mercadorias e abastecimento de couros nos estados de Goiás e Mato Grosso, foi vista pelos peritos da falência como uma grande "aventura comercial", que teve como efeito o abarrotamento dos "estabelecimentos de pequenos comerciantes sertanejos, que prejudicados com a requisição das avalanches de revolucionários [da Coluna Prestes] que transitavam por aquelas paragens, não puderam pagar as faturas das mercadorias" (*Falência de Macedo, Marx & Cia. — Curtume Progresso*, 1926, fls. 445); tal fato também foi apontado como uma das razões do declínio do empreendimento.

Macedo. Soma-se a esses fatores a atividade de agiota mantida pelo empresário, que se especializou em captar divisas entre os membros dos setores privilegiados da sociedade local e repassar a juros mais altos a pessoas de segmentos inferiores, conforme indica o processo.

O declínio do "Curtume Progresso" e da "Calçados Jaguar" foi simultâneo, tendo ambas as empresas falido em 1926. A desconfiança dos credores em face da progressiva insolvência de Pacheco de Macedo acabou por desestabilizar também o empreendimento de seus genros, do qual era o principal avalista.[9] Não deixa de ser curioso o fato de que iniciativas tão inovadoras tenham como motivo de seu fracasso justamente o arcaísmo e a irracionalidade na sua gestão. Ao que parece, o empresário Carlos Pacheco de Macedo sucumbiu ao dilema weberiano, segundo o qual "quem não adaptar sua maneira de vida às condições de sucesso capitalista é sobrepujado, ou pelo menos não pode ascender" (Weber, 1967, p. 47). De toda forma, é importante que se retenha o fato de que a experiência da *Jaguar* acabou por inspirar outros homens em seus empreendimentos, ainda que tenham tido início bem mais modesto que a empresa organizada por Carlos Pacheco de Macedo e seus genros; tal questão adquire maior relevo se lembrarmos que algumas das principais fábricas locais tiveram à frente ex-operários da *Jaguar*, como a "Calçados Peixe", de Hercílio Batista de Avelar, e a "Calçados Mello", de Antônio Lopes de Melo.

Com efeito, a ética econômica apresentada por homens como Antônio Lopes de Melo, Hercílio Batista de Avelar e também por outros pioneiros, como Miguel Sábio de Melo, Pedro Spessoto e João Palermo, revelou sintonia com os preceitos da racionalidade weberiana. Na volumosa documentação investigada, não encontramos nenhum indício de "extravagância" econômica ou de ostentação que depusesse contra o argumento acerca do estilo de vida sóbrio de tais empresários. Com eles, a *aventura* capitalista assumiu contornos que expressavam a atitude do risco pela inovação, não pela improvável eficácia de artimanhas financeiras. Entre essa primeira geração de industriais "pós-*Calçados Jaguar*" a liderança coube, sem dúvida, a Antônio Lopes de Melo, que ao encarnar em sua

---

[9] Conforme destacamos no Capítulo 1, estabeleceu-se entre Carlos de Pacheco de Macedo e seus genros um esquema no qual se avalizavam mutuamente nos negócios mantidos pelo "Curtume Progresso" e pela "Calçados Jaguar".

plena acepção a figura do empresário schumpeteriano "arrastou" atrás de si diversos outros produtores de seu ramo.

Participante da experiência da "Calçados Jaguar", Lopes de Melo evidenciou em sua estratégia empresarial a consciência de que somente o risco da inovação, por meio da mecanização e da mudança de paradigmas tecnológicos, poderia dar ao seu produto a competitividade necessária em face da concorrência com as grandes empresas da Capital e um grande número de pequenas oficinas. Ao assumir o risco da adoção de um sistema totalmente novo em sua fábrica, arrendando máquinas à *United Shoe Machinery Company* e introduzindo o método de produção propiciado por esse equipamento, Antônio Lopes de Melo pôde colher os frutos decorrentes das inúmeras possibilidades oferecidas por um mercado interno em rápida expansão. A técnica da *USMC* representava um significativo avanço em relação aos procedimentos até então utilizados, pois seu maquinário trabalhava com o processo *Goodyear*, pelo qual as solas não eram mais pregadas com tachinhas, mas coladas por pressão ao cabedal do sapato. Em uma indústria de mão-de-obra intensiva como a do calçado, a economia trazida por essa inovação seguramente foi expressiva.

Em entrevista ao jornal *Comércio da Franca*, em meados de 1939, Antônio Lopes de Melo declarou ter-se empenhado na modernização da fábrica "visando ampliar-lhe a capacidade de produção e a qualidade do produto" (*Comércio da Franca*, 17/8/1939, p. 1). E, de fato, os resultados das "novas combinações" empreendidas por Lopes de Melo foram os esperados. De uma produção diária de duas dezenas de pares em 1929, quando foi fundada, a "Calçados Mello" passou a produzir quatrocentos pares em 1939, após a introdução do novo maquinário. Pelo que destaca o jornal, a empresa passou ainda a competir em um mercado mais requintado que o dos calçados populares:

> [. . .] o sr. A. Lopes de Mello está fabricando também tipos de calçados finos, de perfeito acabamento, dignos de figurar nas mostras de qualquer grande casa comercial. É pensamento seu passar a trabalhar também em cromo (*Comércio da Franca*, 17/8/1939, p. 1).

Assim iniciava-se, no final dos anos 1930, um novo momento para a produção de calçados em Franca, com a gradativa superação da produção artesanal pela utilização da maquinaria e o surgimento da fabricação com características de indústria propriamente dita; ademais, no decorrer dos anos 1940-1950, pouco a pouco as empresas de Franca passaram a comercializar seus produtos por toda a extensão territorial do País e também avançaram por mercados mais promissores que o dos sapatões e botinas.[10] A disseminação da utilização do equipamento USMC por outras fábricas, após a iniciativa pioneira de Antônio Lopes de Melo, representou o *gérmen* de uma acelerada expansão da indústria do calçado no município, lançando as bases do parque fabril especializado que viria a se formar. Esse ímpeto modernizador conduzido pelos industriais a partir dos anos 1940 não passou despercebido pela imprensa local:

> *Há mesmo um surto renovador tomando conta dos industriais francanos, que procuram desenvolver suas atividades de maneira segura e eficiente.* A par do que se observa no tocante à produção de calçados, numa marcha sempre crescente, nota-se igualmente um melhor aparelhamento das fábricas, que tem até importado maquinário do estrangeiro (*Comércio da Franca*, 8/7/1948, p. 1, grifo nosso).
>
> [. . .] Daí, a marcha segura da indústria local de calçados, hoje atravessando pleno desenvolvimento, com a mais moderna aparelhagem de fabricação, constituindo-se numa fonte de energia vital para a economia de Franca. Assim, nossa indústria de calçados tem assinalado algumas conquistas de expressiva relevância no conjunto das atividades econômicas do município (*Comércio da Franca*, 29/7/1948, p. 1).

Ainda que Antônio Lopes de Melo e outros industriais que o seguiram tenham demorado cerca de duas décadas ou mais para alcançar *status* e

---

[10] Duas notícias publicadas em 1948 confirmam essa assertiva. Em uma delas, o industrial Celso Ferreira Nunes declarou que "os artigos de sua indústria estavam sendo vendidos na fronteira do Brasil com a Bolívia, com grande aceitação pelos bolivianos" (*Comércio da Franca*, 29/7/1948, p. 1); em outra, Wilson Sábio de Melo, da *Samello*, afirmou que a tradicional rede de lojas "Casas Eduardo", de São Paulo, havia feito uma encomenda orçada em Cr$ 1.300.000,00 — "a maior encomenda já feita em Franca numa só indústria de calçados" (*Comércio da Franca*, 27/5/1948, p. 1).

riqueza, em diferença do que ocorreu com o pioneiro Carlos Pacheco de Macedo, eles conseguiram distinguir-se pelo privilégio de conhecer a *fortuna* materializada no êxito duradouro de seus empreendimentos. De outra parte, o sucesso de Lopes de Melo e dos empresários que porventura se inspiraram em suas atitudes pode muito bem ser traduzido pelo seguinte raciocínio de Schumpeter: "Mais de um sabe dirigir o barco no ru-mo certo, por «mares nunca dantes navegados»; outros seguem o caminho que outrem já percorreu; outros ainda há que só agem de acordo com a multidão, porém, dentro desta, são os primeiros" (1961, p. 114, nota 19).

Dentre os que seguiram os passos de Antônio Lopes de Melo, indubitavelmente nenhum outro sobrenome conheceu maior *fortuna* na indústria local que o dos Sábios de Melo. Se até os anos 1940, Lopes de Melo era o empreendedor cujas inovações delineavam os rumos a serem seguidos na indústria em Franca, a partir da década de 1950 — e pelas três seguintes — as idéias de Miguel Sábio de Melo e Wilson Sábio de Melo passaram a guiar os destinos da fabricação de calçados no município. Miguel e Wilson, pai e filho, respectivamente também irmão e sobrinho de Antônio Lopes de Melo, foram também homens que souberam "dirigir o barco no rumo certo". Sem exagero, o empreendedorismo schumpeteriano dos Sábios de Melo desencadeou transformações em toda a estrutura produtiva da indústria de calçados de Franca, assim como da indústria calçadista brasileira em seu conjunto, não se restringindo aos muros da *Samello*. Não apenas inovações levadas a efeito pela empresa dos Sábios de Melo foram rapidamente introduzidas por quase todas as outras fábricas, como a *Samello* foi um "celeiro" de novos empreendedores que reproduziram em suas próprias empresas o conhecimento adquirido na empregadora de outrora. Empresas importantes do setor, como a *Agabê* e a *Jacometti*, são exemplos do que Wilson Sábio de Melo chamava de indústrias originadas a partir de "homens-Samello".[11] Zdenek Pracuch, consultor internacional na área de calçados e ex-executivo da *Samello*, ratifica o importante papel desempenhado por essa empresa: "Em Franca, a disseminação do conhecimento na indústria do calçado se deu através da

---

[11] Segundo Wilson Sábio de Melo, de acordo com levantamento realizado pela própria *Samello*, no início dos anos 1990 existiam entre cento e oitenta e duzentas fábricas originadas de "homens-Samello" (Mello, 1990, p. 44).

Samello, que foi o divisor de águas entre a sapataria tradicional e a nova indústria" (Pracuch, 2003).

A atuação empresarial de Miguel e Wilson Sábio de Melo em seu setor corrobora o argumento de Fernando Henrique Cardoso segundo o qual uma "mentalidade empresarial" avançada pode coexistir com tipos antiquados de empreendimento econômico (1963, pp. 148-9). Conforme já demonstramos no Capítulo 2, não resta dúvidas de que a fabricação do calçado distancia-se do paradigma da indústria moderna, pois manteve características manufatureiras. Por isso, é significativo do dinamismo empresarial dos Sábios de Melo que, em 1947, pai e filho tenham viajado aos Estados Unidos com o intuito de conhecer a tecnologia de produção do calçado nesse país e aplicar o que haviam observado na organização de sua fábrica em Franca.[12] O fato de em 1948 Miguel Sábio de Melo ter enviado seu filho Miguel para estudar na *Lynn Industrial Shoemaking School*, escola mantida pela *USMC* nos arredores de Boston,[13] mesmo caminho seguido pelo filho Osvaldo em 1951, confirma que a busca por novidades desse ex-sapateiro se devia muito mais que à mera curiosidade aventureira, mas à decisão de ocupar um espaço de maior significado no mercado — sem dúvida, bastante superior ao que lhe era reservado até então. A *aventura* em questão era a tentativa de colocar uma modesta fábrica do interior paulista entre as mais importantes do País.

As atitudes dos Sábios de Melo explicitam claramente o que poderíamos chamar de uma "mentalidade empresarial" genuína. Segundo Cardoso, no contexto de uma economia capitalista concorrencial, tal "mentalidade" se desenvolve "quando os industriais alcançam consciência da

---

[12] Em entrevista de 1990, Wilson Sábio de Melo fez o seguinte comentário acerca de sua primeira viagem aos Estados Unidas em 1947: "O sonho de todo mundo, naquela época, era conhecer a América do Norte. E em 1947 meu pai e eu decidimos ir aos Estados Unidos, para conhecer aquele fenômeno. Ficamos por lá cerca de 45 dias e fizemos muitas visitas, à United Shoe (de quem tínhamos algumas máquinas arrendadas e que nos abriu as portas para vários contatos nos EUA), a diversas fábricas de calçados, e pudemos ter uma visão muito boa sobre a indústria americana de sapatos, que naquela ocasião fazia um milhão de sapatos por ano" (1990, p. 43).

[13] A intenção dos Sábios de Melo é ressaltada por Wilson em entrevista de 1948, na qual antecipou para um jornal local os planos da empresa: "Também posso adiantar-lhe que um familiar meu rumará em breve para os Estados Unidos, onde adquirirá, durante dois anos, conhecimentos técnicos os mais modernos sobre a indústria de calçados" (*Comércio da Franca*, 27/5/1948, p. 1).

"necessidade de «estar à frente dos concorrentes» e esta consciência leva-os à prática de determinados tipos de ação econômica que garantem para suas empresas uma «posição vantajosa» no mercado" (1963, p. 149). O *know-how* adquirido pela *Samello*, por meio do estreito contato com o que havia de mais moderno em tecnologia do calçado, garantiu-lhe não apenas competitividade em face das grande empresas do setor, mas lhe propiciou também uma gradativa conquista da liderança no segmento de sapatos masculinos no País. As inovações introduzidas pela *Samello* nos anos 1950 significaram mudanças tanto na parte técnica, quanto na estética, da indústria de calçados do Brasil. Foi, por exemplo, a primeira empresa de Franca a utilizar o método *Blake* na fabricação do calçado, procedimento fabril surgido nos EUA em 1858 pelo qual, mediante costura, eram unidos o solado, a palmilha e o cabedal do sapato. Foi também a *Samello* que introduziu a linha de produção na indústria brasileira de calçados, por meio da adoção de esteiras mecânicas em sua fábrica — fato que comentaremos adiante.

Com efeito, uma realização dos Sábios de Melo merece destaque em virtude do fato de traduzir a essência do empreendedorismo schumpeteriano. A introdução do sapato *mocassim* no mercado brasileiro de calçados, pela *Samello*, representou não apenas a produção de uma mercadoria com características novas, mas também a abertura de um novo mercado e uma nova organização da indústria desse ramo. Em um mercado no qual predominava o sapato social de estilo inglês, bastante resistente, porém, duro e pouco confortável, o *mocassim*, inspirado no tipo de calçado dos índios norte-americanos, se sobressaiu por ser um sapato flexível, macio e, não menos importante, de desenho moderno; o novo produto contava ainda com a vantagem de ser um sapato de construção mais barata. O impacto causado no mercado pelo surgimento do *mocassim* foi sintetizado por Wilson Sábio de Melo em entrevista nos anos 1990:

[. . .] devido à sua flexibilidade, ao clima tropical e às adaptações que nós fizemos, o mocassim revolucionou o mercado e se constituiu, efetivamente, numa das principais causas para o desaparecimento dos palmilhados e dos tacha-ponto no Brasil.
[. . .] *Passados alguns anos, todas aquelas fábricas de palmilhados ou se*

adaptaram ao novo mercado, ou fecharam (Mello, 1990, p. 44, grifo nosso).

A magnitude do que o novo produto desenvolvido pela *Samello* representou para o mercado brasileiro de calçados pode ser medida pelo fato de que o *mocassim*, em suas muitas variações, continua sendo o sapato de maior comercialização no segmento até os dias atuais (Pracuch, 2003). A extensão de sua disseminação entre as empresas locais é evidenciada por um aforismo que se popularizou em Franca na década de 1960: "do *Samello* ao Valentim, todo mundo faz mocassim".[14] A partir do lançamento do *mocassim*, a empresa dos Sábios de Melo deixou de ser apenas mais uma empresa em crescimento no parque industrial calçadista que se formava no interior de São Paulo para se tornar referência nacional na fabricação de sapatos; isso se deve, certamente, ao longo período durante o qual a *Samello* deteve a exclusividade na fabricação desse tipo de calçado. Ainda nos anos 1950, os referenciais de tecnologia e de fabricação da *Samello* passaram a ser os do mercado internacional, o que denota a dimensão do espírito empreendedor de Miguel e Wilson Sábio de Melo, que regularmente viajavam ou enviavam membros da família a países europeus e à América do Norte em busca de novos materiais e maquinário (Mello, 2001; Samello, 2000).

Na década de 1960, o exemplo dos Sábios de Melo já havia, em certa medida, se generalizado entre os industriais. A visita de empresários locais aos Estados Unidos e à Europa para observação e estudo da tecnologia e métodos de produção do calçado se tornou procedimento comum noticiado pela imprensa. Em 1962, por exemplo, o jornal *O Francano* relata a visita de Rafael Puglia Filho, da "Calçados Mello", à Europa, "onde manteve contato com diversas indústrias relacionadas com o ramo" e "colheu novos conhecimentos no setor de sua especialidade industrial para introduzi-los na organização que dirige" (17/6/1962, p. 8).[15] Em 1965, o jornal *Comércio da Franca* noticia a visita do industrial Américo Palermo a

---

[14] Tal aforismo é mencionado por Wilson Sábio de Melo (1990, p. 44) e também foi destacado por Zdenek Pracuch (2003). Valentim seria o nome de um conhecido oficial de sapateiro local.

[15] O jornal destaca ainda que resultou também da viagem de Rafael Puglia Filho à Europa a importação de novos maquinários de origem alemã.

vários países do continente europeu em busca da aprendizagem de novos métodos de produção. Segundo o periódico:

> [. . .] o sr. Américo Palermo disse ter acumulado nessas visitas um acervo inestimável de conhecimentos aplicáveis à indústria de calçados, inclusive nova técnica que pretende introduzir na empresa que dirige, a Calçados Palermo S.A. visando a aumentar a produção com melhor aproveitamento de matéria-prima e barateamento da mão-de-obra, de modo a reduzir o preço das mercadorias entregues ao consumo (*Comércio da Franca*, 7/10/1965, p. 6).

Na mesma edição do jornal, Hugo Luís Betarello, da *Agabê*, relatou a experiência de ter conhecido de perto as empresas calçadistas da região de Boston, "a capital americana do calçado", destacando as exigências a serem observadas para uma virtual entrada do mercado norte-americano: "Se Franca um dia se dispuser a exportar para aquela nação, terá que produzir um tipo semelhante ao por eles fabricados: resistente e barato" (*Comércio da Franca*, 7/10/1965, p. 6).

No que diz respeito à introdução de métodos de racionalização produtiva na indústria calçadista local o pioneirismo coube também aos Sábios de Melo. A *Samello* foi a primeira em Franca a investir na implementação de uma arquitetura industrial concebida para racionalizar a fabricação do calçado. Em um meio marcado pela improvisação das instalações, e muitas fábricas — a *Samello* também — foram iniciadas na própria residência do proprietário, em 1942 Miguel Sábio de Melo inaugurou em Franca o primeiro prédio construído exclusivamente para a atividade industrial; na verdade, uma edificação modesta, com área de 300 m² na qual trabalhavam vinte e dois operários.[16] Em 1956, um novo edifício de 5.000 m² passou a abrigar a *Samello*; tal obra, idealizada por técnicos da *United Shoe Machinery Company* em Boston, foi planejada para propiciar o máximo desempenho do equipamento instalado na fábrica, otimizan-

---

[16] A iniciativa da *Samello* foi logo seguida por outras empresas: em 1948, a "Calçados Brasil", de Celso Ferreira Nunes, inaugurou instalações apropriadas para a indústria do calçado (*Comércio da Franca*, 29/7/1948, p. 1); em 1949, seria a vez da "Calçados Palermo" (*Comércio da Franca*, 10/7/1949, p. 1) e, em 1951, da "Calçados Mello" (Ferreira, 1989, p. 86).

do, assim, a produtividade. A arquitetura do novo prédio apresentava também a estratégia psicológica da vigilância do capital sobre o trabalho a fim de torná-lo mais produtivo: a existência de um grande painel envidraçado por toda a extensão do corpo administrativo e voltado diretamente para a produção explicitava tal intenção.[17] O empreendimento da *Samello* foi, em Franca, precursor na difusão de um modelo de arquitetura industrial que expressava o duplo aspecto da racionalização da produção: o técnico e o psicológico.

Do mesmo modo, o intenso contato dos Sábios de Melo nos Estados Unidos com referenciais da moderna sociedade fabril, em especial o *taylorismo* e o *fordismo*, acabaram por influenciar sobremaneira as relações sociais de produção na indústria local. À introdução de técnicas de racionalização produtiva e incorporação dos valores econômico-sociais do *fordismo* ao ambiente da fábrica pela *Samello*, seguiu-se a sua assimilação também por outras empresas. A partir do início dos anos 1950, é possível perceber no discurso empresarial que a questão do aumento da produtividade — e por conseguinte da competitividade do produto local — aparece quase sempre vinculada à melhoria das condições materiais do operariado. A fala de diversos empresários revela que preceitos basilares do *fordismo* passaram a orientar a organização de suas fábricas. Não é outro o sentido das declarações de Luís Puglia Sobrinho e Hugo Betarello quando falam sobre as estratégias de organização e modernização de suas empresas. De acordo com Betarello, fundador da "Calçados Agabê", "produzir mais e melhor" seria o lema de sua empresa. Para esse empresário, a solução para tal problema poderia ser "encontrada na participação do operário no volume da produção, dando-lhe por outro lado melhor assistência social e maior garantia de estabilidade, para que haja integral equilíbrio entre capital e trabalho, duas forças que devem caminhar paralelas" (*Comércio da Franca*, 11/11/1956, pp. 4-5). Já Luís Puglia Sobrinho explica a adoção do método de trabalho por tarefa para todos os operários de sua empresa em virtude do fato de que "tal sistema lhes proporciona maiores salários e a organização usufrui de maior produção". O sócio-proprietário da "Calçados Puglia" justifica a decisão da seguinte maneira:

---

[17] A descrição detalhada do prédio da *Samello* é feita em Ferreira (1989, pp. 92-3).

Tivemos por longo tempo em estudos uma fórmula capaz de resolver uma melhor condição para os nossos operários colaboradores. Fórmula esta capaz de proporcionar-lhes maiores ganhos sem que tivéssemos de aumentar o já elevado preço da manutenção, coisa que viria agravar ainda mais o alto custo de vida. Queríamos, também, tratá-los de maneira humana e cristã, para que se sentissem satisfeitos como trabalhadores [. . .]". (*Comércio da Franca*, 24/10/1954, p. 1).

No mesmo aspecto, é emblemática a declaração de Miguel Sábio de Melo Filho em entrevista concedida poucos dias após a sua volta dos EUA, onde passou quatro anos em uma escola técnica do setor de calçados; falando a um jornal local, o filho do fundador da *Samello* deixou claro que a correlação orgânica entre "bem-estar operário", aumento da produtividade e melhores produtos se tornaria, a partir de então, princípio norteador das atividades da empresa:

Se pudermos, como pretendemos realizar em nossa indústria, nesta cidade, elevar a produção com mesmo número de operários hoje precisos, teremos concretizado duas coisas primordiais: melhoria do padrão de vida do operário e conservação do mesmo preço do produto hoje verificado. Sim, porque maior produção dará margem a prodigalidades. Pretendemos também realizar acabamento igual aos americanos em nossos calçados. Só no acabamento os calçados norte-americanos são superiores aos brasileiros, pois nosso cabedal é melhor e muito mais resistente. Resolvida esta parte, teremos no Brasil a fabricação dos melhores calçados do mundo (*Comércio da Franca*, 8/1/1953).

Ao que tudo indica, as palavras de Miguel Sábio de Melo Filho não se perderam no terreno meramente retórico. É significativo da nova filosofia assumida pela *Samello* na década de 1950 o fato de que pouco mais de um ano após a entrevista acima mencionada a empresa ocupava a primeira página dos jornais locais, em razão da iniciativa de distribuir parte de suas ações entre os operários. Na ocasião, a manchete do *Comércio da Franca* apresentou um tom bastante pitoresco: "MIGUEL S. MELLO SOCIALIZA SUA INDÚSTRIA" (28/1/1954, p. 1). A *Samello* foi, ademais, a primeira empresa calçadista de Franca a oferecer serviço de assistência médica e creche aos seus empregados, além de ter implementado uma política de salários acima dos praticados pelo mercado.[18]

É evidente nas atitudes empresariais explicitadas acima a percepção dos industriais de que, nos novos tempos, a dinâmica das relações de produção deveria agregar ingredientes até então inéditos na indústria local. A natureza de tal transformação pode ser compreendida à luz da síntese elaborada por Gramsci em sua análise do *fordismo* e seus efeitos na sociedade norte-americana:

> [. . .] as mudanças não podem realizar-se apenas através da "coerção", mas só através da combinação da coação (autodisciplina) com a persuasão, inclusive sob a forma de altos salários, isto é, de possibilidades de melhorar o nível de vida; ou melhor, mais exatamente, de possibilidades de alcançar o nível de vida adequado aos novos modos de produção e de trabalho, que exigem um dispêndio particular de energias musculares e nervosas (1976, pp. 406-07).

A busca pela intensificação da racionalidade produtiva levou os Sábios de Mello a dar um passo à frente em relação ao estágio tecnológico da indústria calçadista brasileira dos anos 1960. Em 1965, antes mesmo que o governo tivesse dado sinais claros de promover o incentivo à exportação, a *Samello* passou a utilizar esteiras mecânicas em sua fábrica, dando ensejo à introdução da linha de produção na fabricação de calçados, fator decisivo para a conquista de maior produtividade e, por conseguinte,

---

[18] Conforme observa Luiz Werneck Vianna, "a fábrica altamente racionalizada, atuante como aparelho fundamental de hegemonia, vai ao encontro de algumas necessidades fundamentais da classe operária. Racionalização, ideologia do trabalho, salários altos e bem-estar para os trabalhadores, resume a fórmula geral da concepção hegemônica do fordismo" (Vianna, 1978, p. 68). Wilson Sábio de Melo soube articular muito bem o discurso da racionalização necessária, mediante o avanço da tecnologia, com o enfoque social da produção; sua fala no discurso proferido na formatura dos alunos da Faculdade de Economia de Franca, em 1968, é bastante elucidativa neste sentido: "Na verdade, o desenvolvimento é o objetivo maior do Brasil. E esse desenvolvimento consiste na introdução de novas combinações de fatores de produção, que tendem a aumentar a produtividade do trabalho, aumentando não apenas o produto nacional bruto, como, principalmente, a renda «per capita» do trabalhador, finalidade superior de qualquer política econômica que vise a ascensão das massas às conquistas do bem-estar, da cultura e do progresso" (*Comércio da Franca*, 8/2/1968, p. 5).

maior competitividade para seus produtos, requisitos básicos à pretensão de concorrer no mercado internacional. Esse salto tecnológico na fabricação de calçados no País deve a Wilson Sábio de Melo e ao tcheco Zdenek Pracuch a sua concretização e difusão; tendo assumido o comando efetivo dos destinos da empresa, o filho mais velho do fundador da *Samello* se empenhou com afinco em reproduzir em solo brasileiro o que havia observado com fascínio nas instalações da *Bata Shoe Company*, na ex-Tcheco-Eslováquia, maior fabricante mundial de calçados. Para tal empreitada, convenceu o Zdenek Pracuch[19] a aceitar o desafio de reorganizar a produção da *Samello*, decisão que fez da empresa de Franca uma das primeiras indústrias nacionais a se qualificar para a exportação de calçados masculinos — sendo a primeira em âmbito local — e um modelo seguido por várias outras do setor.[20] No início da década de 1970, empresas como *Fipasa, Agabê, Cia. de Calçados Palermo, Terra, Sândalo* e *Pestalozzi*, entre outras, já contavam também com o equipamento instalado de forma pioneira pela *Samello*.

A tarefa cumprida por Zdenek Pracuch na *Samello* pode ser considerada um ponto de inflexão na trajetória da empresa e, por extensão, na trajetória histórica da própria indústria de calçados de Franca. Pracuch foi o técnico responsável pela conversão da fábrica dos Sábios de Melo em uma indústria moderna de fato; sua atuação contribuiu para transformar o grande estabelecimento manufatureiro que era a *Samello*, na qual

---

[19] Formado pela Universidade do Trabalho da *Bata Shoe Company*, na ex-Tcheco-Eslováquia, Zdenek Pracuch, atualmente com 77 anos, foi executivo do grupo *Samello* nos anos 1960 e 1970 e diretor-técnico da *Nike* para a América do Sul nos anos 1980. Entre 1991 e 1996 foi executivo de uma *trading* sueca do setor de calçados e atualmente trabalha como consultor independente em grandes empresas do segmento, assim como para órgãos governamentais.

[20] De acordo com Zdenek Pracuch, a *Samello* foi a segunda empresa brasileira a utilizar esteiras mecânicas na fabricação de calçados. A primeira foi a *Mirka*, empresa especializada na fabricação de calçados militares sediada em Salvador, cuja criação foi resultado da associação de investidores baianos com um técnico tcheco egresso da *Bata Shoe Company*; tal empresa teve, durante alguns anos, Zdenek Pracuch como responsável técnico por seu funcionamento. Conforme observa Pracuch, a *Samello* foi a primeira a utilizar esteiras de fabricação nacional, haja vista não ter conseguido do governo federal licença para importação de tal equipamento, que possuía, em tese, similar nacional (no caso, as esteiras mecânicas utilizadas pela indústria automobilística); no que diz respeito à *Mirka*, não houve impedimento semelhante pelo fato de o empreendimento ser um projeto apoiado pela Sudene (Pracuch, 2003).

"um *mar* de carretas cheias de sapatos eram puxadas por um *exército* de meninos que levavam as carretas de uma máquina para outra" (Pracuch, 2003), em uma grande indústria propriamente dita — na medida do que seria possível para uma empresa do setor. Somente com as mudanças técnicas introduzidas por Pracuch é que a *Samello* passou a experimentar de forma plena a substituição da rotina empírica pela aplicação consciente da ciência, alteração da organização produtiva vista por Marx (1978a) como uma das principais manifestações da conversão da manufatura em indústria moderna. Conforme observa Zdenek Pracuch, a inovação representada pela adoção da esteira mecânica foi obra de um projeto de engenharia tão arrojado quanto complicado, pois a empresa fazia três tipos de sapatos diferentes (palmilhado, blaqueado e colado) e "cada tecnologia ocupava um tempo diferente e, às vezes, máquinas diferentes" (Pracuch, 2003); tal ponderação revela a pertinência da assertiva de Marx, segundo a qual "na produção mecanizada desaparece [o] princípio subjetivo da divisão do trabalho", sendo o processo de produção examinado objetivamente em si mesmo "e o problema de levar a cabo cada um dos processos parciais e de entrelaçá-los é resolvido com a aplicação técnica da mecânica, da química, etc." (Marx, 1978a, p. 433).[21] Vale lembrar que o processo de organização científica e racional da produção na *Samello* foi complementado ainda pela mecanização do processo de pesponto, sob o mesmo princípio de distribuição automática do trabalho,[22] e a introdução do sistema de programação de produção, princípio que, segundo Pracuch, "era uma grande novidade, sobretudo no que diz respeito ao estoque, pois naquela época todas as empresas trabalhavam apenas mediante a entrada de pedidos" (Pracuch, 2003); no tocante à economia de escala esse procedimento representou um grande avanço. Não seria equivocado classificar também Pracuch como um dos principais empreendedores dessa nova

---

[21] Conforme argumenta Marx, "na manufatura, a organização do processo de trabalho social é puramente subjetiva, uma combinação de trabalhadores parciais. No sistema de máquinas, tem a indústria moderna o organismo de produção inteiramente objetivo que o trabalhador encontra pronto e acabado como condição material da produção" (1978a, pp. 439-40).

[22] De acordo com Pracuch (2003), "a essa época o serviço de pesponto era feito por costureiras dispostas uma à frente da outra em uma média de oito máquinas movimentadas por um motor potente (cerca de 3 c.v.) que fazia funcionar todas ao mesmo tempo".

fase vivida pelo setor calçadista de Franca, na qual a emergência da grande indústria "coincidiu" com o início da fase exportadora. Na concepção schumpeteriana, a definição de empreendedor vincula-se à realização de "novas combinações" e não à relação de propriedade — total ou parcial — de um negócio.[23] Ao contribuir para a introdução na *Samello* do sistema *Bata* de gerenciamento, o que significou a disseminação de conhecimentos que materializavam a eficiência administrativa e produtiva da maior fabricante mundial de calçados, Pracuch cumpriu um papel típico do empreendedor schumpeteriano, o de ser o artífice do improvável.

Chama atenção o fato de que a promoção dessas importantes transformações na estrutura produtiva da *Samello* tenha-se dado em uma conjuntura completamente adversa, conforme se pôde observar pelos relatos da imprensa local no período. Em meados de 1966, mais de dois anos após o golpe militar, o tom do noticiário jornalístico acerca da situação da indústria calçadista assumia contornos dramáticos, ressaltando também a má fase vivida por empresas tradicionais em virtude da falta de crédito:

> Face à escassez de crédito bancário e a pressões de fornecedores pouco compreensivos, três conceituadas indústrias francanas de calçados requereram concordata preventiva: Calçados Peixe S.A., com meio século de existência, Calçados Licursi S.A., com 44 anos de atividades impecáveis, e Irmãos Bombicino, fundada há 13 anos (*Comércio da Franca*, 17/8/1966, p. 1).

Alguns dias antes, o mesmo jornal descrevia a alarmante situação vivenciada pela indústria de Franca e tecia severas críticas à política do governo em relação ao crédito:

---

[23] Para Schumpeter, podem ser chamados empreendedores "não só aqueles homens de negócios «independentes», de uma economia mercantil, que são geralmente assim designados, como também todos os que, realmente, preenchem aquela função [. . .]; ainda que, como está sendo a regra, sejam empregados «dependentes» de uma companhia, como gerentes, membros da junta de administração e assim por diante, ou mesmo que o seu verdadeiro poder de desempenho da função empreendedora apresente qualquer outro fundamento" (1961, pp. 105-06).

Uma coisa é certa: a persistir a atual restrição de crédito bancário, nossas indústrias poderão defrontar-se com situação calamitosa. Os estoques aumentam, os recebimentos se retraem, a matéria-prima e secundária encarece, a produção diminui (e, em conseqüência, fica mais cara), os impostos, inexoravelmente exigidos, se tornaram quase insuportáveis e os papéis de giro mercantil não encontram onde possam ser negociados. *Há bancos — disseram-nos — que há oito meses não fazem uma única transação. Mas, nos últimos tempos, quase todos estão paralisados.*

A ameaça de desemprego em massa é latente. Muitas indústrias não dispensam trabalhadores porque não têm recursos para indenizá-los; aguardam um desafogo na situação, como se aguarda chuva em tempos de seca. E os altos funcionários do Banco do Brasil transmitiram uma informação "confortadora": a política econômico-financeira do Governo não será mudada até março de 1967, quando entrará um novo governo (*Comércio da Franca*, 28/7/1966, p. 2, grifo nosso).[24]

Por ter conduzido, em um contexto inequivocamente desfavorável, a introdução e difusão de "novas combinações" que influenciaram decisivamente a fabricação de calçados nas indústrias de Franca, sobretudo no que diz respeito a se tornarem aptas à exportação, a qualificação de Wilson Sábio de Melo como a principal referência local do paradigma schumpeteriano nos parece adequada. Em um cenário econômico no qual os financiamentos eram escassos, a opinião de Zdenek Pracuch reforça esse argumento: "Wilson não tinha medo de investir" (Pracuch, 2003). Também entre os empresários locais, há praticamente um consenso em reconhecer Wilson Sábio de Melo como a principal liderança empreendedora do setor. Em entrevista de 1992, Élcio Jacometti, atual presidente da Abicalçados, resume o significado desse reconhecimento ao talento criativo do primogênito dos Sábios de Melo: "Devemos muito ao Wilson Sábio de Melo. Franca deve muito a ele e à calçados Samello, que dirigiu e dirige

---

[24] Em memorial encaminhado por representantes de entidades de classe e empresários de Franca ao Governador Laudo Natel em agosto de 1966 a possibilidade de um colapso econômico iminente em razão da falta de crédito é também enfatizada: "Se persistir a restrição bancária, serão as indústrias forçadas automaticamente a diminuírem suas produções e, em conseqüência, a dispensar em massa os operários, nascendo daí crise social de conseqüências imprevisíveis" (publicado em *Comércio da Franca*, 18/8/1966, p. 6).

as inovações em sapato no mercado brasileiro" (1992, p. 48). Para Carlos Alberto Brigagão, diretor-presidente da *Sândalo*, a figura de Wilson Sábio de Melo constitui um divisor de águas no setor calçadista do país; conforme argumenta, "a indústria brasileira de calçados está dividida entre antes e após a Samello. E, especificamente, antes e após o Wilson. O conjunto de ações que ele fez foi um espelho para todos" (1995, p. 49).

Obviamente, houve nesse período entre a década de 1960 e a de 1980 outros empresários aos quais poderíamos chamar de empreendedores, especialmente os que conseguiram garantir em suas indústrias um nível de atividade inovadora que lhes possibilitou permanecer no mercado até os dias atuais, como os Betarellos (*Grupo Agabê*), os Jacomettis (*Calçados Jacometti* e *J. Jacometti & Filhos*), os Brigagãos (*Calçados Sândalo*), entre os mais importantes, além de outros que tendo apresentado dinamismo empreendedor em determinado momento, não o mantiveram com o mesmo vigor durante todo o período, como os Palermos (*Cia. de Calçados Palermo* e *Calçados Francano*), os Martinianos (grupos *N. Martiniano* e *M 2000*), os Nogueiras (*Calçados Terra*) e os responsáveis pela "Calçados Paragon" (Antônio Humberto Coelho, Jorge Attiê e Nélio Zanardi Pêra), entre os de maior destaque. Todavia, nenhum deles protagonizou processos de inovação que pudessem representar a redefinição da estrutura produtiva ou comercial da produção de calçados, como o fez Wilson Sábio de Melo. Ainda que muitos dos nomes citados se tenham notabilizado pela habilidade na articulação política visando os interesses da indústria do calçado, incorporando com êxito a necessária faceta política do moderno empreendedor, na dimensão econômica demonstraram, com raras exceções, uma atuação demasiadamente dependente do amparo estatal; não foi por acaso que pouco depois de ter entrado em declínio o apoio oficial ao setor, a partir de fins dos anos 1980, as empresas do segundo grupo mencionado tenham desaparecido.

No caso da *Samello* é inequívoco o papel desempenhado pelo empresário no processo de qualificação da indústria para a disputa do mercado externo. Não constitui mera casualidade a *Samello* ter sido a primeira empresa de Franca a realizar um negócio de exportação, o que aconteceu logo nos primeiros meses de 1970 (*Comércio da Franca*, 27/3/1970, p. 6); é possível observar na sua dinâmica de atuação o planejamento e o investimento tendo em vista a entrada no mercado internacional. Nesta e em diversas outras iniciativas pioneiras conduzidas pelos Sábios de Melo, em especial por Wilson Sábio de Melo, restringir o protagonismo da direção do desenvolvimento industrial ao Estado seria limitar a análise a um enfoque puramente ideológico, ainda que a empresa tenha sido uma das que mais se beneficiou dos privilégios concedidos pelo regime militar. Na *Samello* é evidente o fato de que o empresário preparou anteriormente sua fábrica para salto comercial das exportações, realizando inversões que qualificaram seu produto à disputa de novos mercados, sem vislumbrar, a princípio, o apoio do Estado. É inegável o fato de que, neste caso, o empresário abriu caminho com suas próprias mãos.

A opinião do consultor internacional Zdenek Pracuch, com mais de quatros décadas de experiência no mercado mundial de calçados, é significativa da falta de vigor criativo que caracterizou o conjunto do empresariado local entre 1964 e 1990. Conforme observa, "de lá para cá, nada de novo aconteceu. Depois de todas essas inovações, Franca estacionou, e hoje nós estamos produzindo sapatos da mesma maneira que ele era produzido na década de 1960, com a única diferença de que atualmente nós temos o solado prefabricado" (Pracuch, 2003). A seguir, passamos à análise da anemia schumpeteriana que distinguiu o empresariado do calçado no período de maior exuberância econômica do setor em Franca, período este que foi também o momento histórico da ascensão política desse grupo social.

5.2. Empreendedorismo em contramarcha

Conforme já discutimos no início deste capítulo, com o avanço do capitalismo industrial as funções do empreendedor tendem a ser também funções políticas. De acordo com Fernando Henrique Cardoso, nessa fase é impossível operar em um plano puramente econômico e, assim, "ultrapassar o ângulo de visão que a empresa isolada permite é um imperativo para garantir o êxito da própria empresa" (1963, p. 31); desse modo, a capacidade de persuasão e pressão política dos empresários passa a constituir corolário necessário para uma atuação eficiente no contexto capitalista. No que diz respeito ao empresariado do calçado de Franca, foi possível constatar que a partir do momento em que seus representantes conseguiram alcançar certo grau de destaque em seu segmento, sua capacidade de articulação política evoluiu significativamente, a ponto de os industriais locais se terem convertido em interlocutores privilegiados na discussão de medidas governamentais que afetaram os destinos do setor calçadista após 1964. No último capítulo do livro se verá com maior profundidade como esse grupo social foi competente em estabelecer relações que lhe possibilitaram exercer influência em muitas das decisões políticas referentes à indústria do calçado.

Com efeito, pudemos observar que ao adquirir desenvoltura no relacionamento com as instâncias superiores da política, conseguindo, com isso, garantir por quase duas décadas a manutenção de condições privilegiadas de produção e comercialização de seus produtos,[25] o empresariado calçadista foi paralelamente perdendo o dinamismo econômico que o caracterizou nas décadas que antecederam o início do regime militar. Verifica-se, portanto, uma inflexão no comportamento empresarial: se até os primeiros anos do regime militar os industriais locais haviam se destacado pela capacidade de inovação constante, assim como pela agressividade comercial, no momento posterior a estratégia de "abrir caminhos com as próprias mãos" foi rapidamente abandonada em face da possibilidade de se conseguir do Estado ações efetivas tendo em vista a otimização da acumulação no setor. Em poucas palavras, o estreitamento das relações com o universo político, fator responsável pelo desenvolvimento de uma nova dimensão da competência administrativa do empresariado, teve como virtual conseqüência a atrofia do potencial criativo desse grupo social.

É revelador desse nosso argumento a situação de "dependência" que se criou entre os negócios do setor calçadista e o auxílio estatal. Na visão

---

[25] Entre os principais benefícios concedidos pelo regime militar às empresas exportadoras, destacamos: **1)** isenção do IPI (Imposto sobre Produtos Industrializados), concedida pela Lei 4.502, de 1964, e regulamentada pelo Decreto-Lei 61.514 de 1967; **2)** Isenção do ICM (Imposto sobre Circulação de Mercadorias), concedida pela Constituição de 1967 e regulamentada pelo Decreto-Lei 406 de 1968; **3)** instituição do mecanismo de *draw-back* para importação de matéria-prima e insumos utilizados em produtos a serem exportados pelo Decreto-Lei 53.967 de 1964 — ampliada pelo Decreto-Lei 37 de 1938 e Decreto-Lei 62.904 de 1971; **4)** isenção de tarifas e outros impostos sobre importação de equipamentos comprados por firmas que se comprometessem na Cacex a aumentar suas exportações; **5)** permissão para empresas exportadoras lançarem a seu crédito os valores referentes ao ICM (até o limite de 13%) e ao IPI (até 15%) que, por lei, já eram isentas de recolher — tal benefício era conhecido como "crédito-prêmio". As informações aqui salientadas baseiam-se em Reis (1994, pp. 177-80).

empresarial, o papel a ser representado pelos industriais nesse processo passou a refletir muito mais o *oportunismo* que a capacidade empreendedora. Em entrevista na qual declara que "os industriais de Franca precisavam ser mais arrojados e agressivos", Vlastimir Arambasic, diretor da indústria paulistana *Arcoflex*, maior exportadora brasileira no início dos anos 1970, explicita de modo emblemático a opinião dos empresários acerca do significado do apoio estatal; o arrojo pregado por Arambasic se traduz, no entanto, tão-somente na perspicácia do empresário em aproveitar a oportunidade que se abria sob os auspícios do regime:

> "Já recebemos do governo excelentes incentivos, só falta que todos se decidam a aproveitar esses incentivos. Em que país existem condições como as nossas, sem problemas trabalhistas, sem greves, com mão-de-obra barata? É o nosso grande argumento para ter certeza no sucesso" (*Comércio da Franca*, 30/4/1971, p. 9).

A despeito de ser esta a opinião de um empresário da capital, tal ponto de vista acerca desse momento histórico parece ter sido predominante entre os industriais locais. Conforme observa o empresário Jorge Félix Donadelli (2002), "nesse contexto, todas as empresas queriam exportar e houve até mesmo problema para suprir a demanda do mercado interno". Em síntese, tem-se aí o tipo de oportunismo mencionado por Fernando Henrique Cardoso (1963) como característico das vicissitudes apresentadas pelos empresários de mentalidade tradicional: as inversões não são motivadas pela perspectiva de lucro em si, mas pela possibilidade de se contar com benefícios oficiais que otimizem a acumulação.

A dinâmica inicial da atividade exportadora das indústrias locais confirma a inerente relação entre o acesso ao auxílio do Estado e a qualificação das empresas para a entrada no mercado internacional, sendo o exemplo da *Samello* a única exceção nesse caso. As primeiras exportações realizadas por outras empresas que não a *Samello*, registradas em 1971,[26] foram todas elas de indústrias que no período imediatamente anterior se

---

[26] As informações sobre as exportações das empresas locais foram obtidas nas seguintes edições do jornal *Comércio da Franca*: 14/1/1971, p. 5; 11/4/1971, p. 1; 1/7/1971, p. 6.

beneficiaram do recém-criado financiamento estatal de médio e longo prazo para aquisição de maquinário com juros subsidiados, o que demonstra o "senso de oportunidade" do empresariado em relação às facilidades oferecidas pelo regime. Empresas como a *Fipasa, Agabê, Cia. de Calçados Palermo, Terra, Sândalo* e *Pestalozzi* foram, juntamente com a *Samello*, pioneiras na exportação; entretanto, diferentemente do ocorrido no caso da última, aquelas somente conseguiram alcançar a condição de exportadoras mediante o acesso ao crédito oficial, o que pode explicar seu atraso de um ano em relação à indústria dos Sábios de Melo.[27] Ressalte-se que o principal equipamento adquirido por tais empresas com a utilização do crédito oficial foi justamente esteiras mecânicas semelhantes às introduzidas pela *Samello* em sua fábrica em 1965.[28] Se de um lado o financiamento estatal garantiu os investimentos necessários ao ganho de qualidade e produtividade na escala exigida pelas exportações, de outro, como observa Carlos Nelson dos Reis, os incentivos fiscais "possibilitaram que os calçados brasileiros se tornassem competitivos, em termos de preço, nos mercados externos, superando, inclusive, o acréscimo nos custos provenientes do transporte aéreo das mercadorias" (1994, p. 176).

Nos casos acima, assim como em muitos outros, podemos perceber que a construção das estratégias empresariais demonstrou tendência a convergir com a possibilidade de inserção na órbita dos benefícios oficiais. A reestruturação da "Calçados Netto" foi, igualmente, mais um exemplo bastante significativo nesse sentido. Em 1972, depois de quinze anos fabricando sapatos femininos, a "Calçados Netto" abandonou o antigo mercado, no qual tinha de concorrer com as competitivas empre-

---

[27] Nosso intuito aqui não é negar que a *Samello* tenha se beneficiado das condições excepcionais de crédito e também fiscais sob os auspícios do regime militar. Coerentemente com o demonstrado no final na seção anterior, pensamos que a empresa dos Sábios de Melo já se havia qualificado para as exportações antes que o Estado tivesse sinalizado com o seu apoio, o que não ocorreu com as demais indústrias locais.

[28] Os dados sobre os financiamentos concedidos às empresas calçadistas e sobre sua forma de utilização baseiam-se nas informações obtidas nas cédulas de crédito industrial referentes às empresas mencionadas, que constam dos livros de *Registro Integral de Títulos, Documentos e Outros Papéis* (números B-12, B-13, B-14, B-15 e B-16) do Primeiro Cartório de Registro de Imóveis e Anexos de Franca. Salvo outra indicação, todas as informações sobre financiamentos aqui comentadas têm esta referência.

sas do Rio Grande do Sul, e passou a produzir exclusivamente sapatos masculinos — "visando a exportação", conforme declarou seu diretor-presidente João Salmazo (*Comércio da Franca*, 16/3/1972, p. 5). Seis meses antes, porém, a empresa de Salmazo havia obtido dois financiamentos de médio prazo para aquisição de maquinário, incluída uma esteira mecânica (*Registro Integral de Títulos, Documentos e Outros Papéis*, livro B-15, fls. 294 e 443). A mudança em virtude do apoio estatal é notável.

Ainda nesse aspecto, constatamos que a própria dinâmica de surgimento de novos empreendimentos foi grandemente influenciada pela entrada em cena do Estado como elemento otimizador do processo de acumulação. Observa-se que parte considerável das empresas que se tornaram importantes exportadoras, como *Sândalo, Paragon, Pestalozzi, Emmanuel, Mamede* e *Soberano*, entre outras, surgiram no final dos anos 1960 e início dos anos 1970, ou seja, justamente no contexto de emergência dos incentivos oficiais, o que dá margem a se pensar que esse foi o principal estímulo ao seu surgimento. Dois fatores, em especial, reforçam esse nosso argumento: 1) o fato de que estas mesmas empresas aparecem como beneficiárias de vultosos financiamentos pouco tempo depois de criadas; 2) algumas dessas indústrias foram fundadas por indivíduos sem nenhum vínculo de origem com a atividade industrial, ao contrário da dinâmica predominante até meados dos anos 1960: Eugênio Cassis (*Calçados Emmanuel*) e os membros da família Brigagão (*Calçados Sândalo*) eram proprietários rurais, enquanto Tomás Novelino (*Calçados Pestalozzi*) era médico.

O processo de fundação e evolução de uma empresa como a *Sândalo*, que veio a se tornar uma das mais expressivas no segmento, revela de maneira elucidativa como nesse novo contexto a total inexperiência no setor industrial, sobretudo no ramo de calçados, não constituiu, de modo algum, empecilho para a inserção no mercado e, o que é mais importante, para o acesso aos generosos financiamentos estatais — obviamente, como foi o caso, desde que a empresa já se nascesse "grande".[29] Se compa-

---

[29] A referência ao fato de a *Sândalo* ter nascido "grande" tem aqui o sentido de uma empresa que, em termos comparativos, teve origem bastante distinta das surgidas nas décadas anteriores, as quais, conforme vimos na Primeira Parte do livro, apresentavam predominantemente capital inicial bastante diminuto. A *Sândalo*, que teve início já como uma sociedade anônima, surgiu como empresa de médio porte, tendo ascendido gradativamente à condição de grande nos anos seguintes.

rado com o cenário do período pré-1964, o início da *Sândalo* foge completamente à trajetória predominante entre os pioneiros e seus primeiros seguidores. A descrição do nascimento da empresa, feita por Carlos Alberto Brigagão, seu diretor-presidente, demonstra claramente que seu surgimento nada teve que ver com a *aventura* de um artesão ou ex-operário que, com parcos capitais, se lançava ao risco da fabricação de calçados:

> Meu pai trabalhava na fazenda com meu irmão, Paulo. Um dia, conversando, comentamos que podíamos fazer como os outros em Franca e montar uma indústria de calçados. Eles concordaram. [. . .] No início, não conhecíamos nada de calçados e contratamos um homem, o senhor Seizel, que era excelente modelista e conhecedor de sapato. [. . .] O capital inicial foi 150 cabeças de gado vendidas pelo meu pai. Levamos o senhor Seizel em uma loja e mostramos um sapato Pestalozzi e dissemos a ele que queríamos fazer um calçado como aquele (Brigagão, 1995, p. 46).

Certamente, a perspectiva de lucro fácil, possibilitado pelo subsídio às exportações, e de crescimento rápido sem investimentos próprios de grande vulto, garantido pelo dinheiro barato dos créditos oficiais, foram determinantes cruciais para o fomento de iniciativas como as da família Brigagão. Tudo indica que, para "empreendedores" como os Brigagãos, o risco da indústria foi, de certa forma, praticamente nulo. Se pioneiros como os Sábios de Melo, os Palermos e os Spessotos levaram mais de três décadas para alcançar condições técnicas para disputar mercados mais requintados, a *Sândalo* conseguiu a façanha de se tornar exportadora com pouco mais de meia década de existência. Todavia, essa surpreendente ascensão teve por trás a alavanca propiciada pelo acesso ao crédito oficial; da sua fundação, em meados de 1965, até meados de 1970, a empresa dos Brigagãos foi beneficiada por quatro financiamentos de médio e longo prazo que totalizaram o equivalente a cerca de US$ 55 mil, valor considerável para uma indústria de calçados (*Registro Integral de Títulos, Documentos e Outros Papéis*, livro B-12, fls. 118; B-13, fls. 199; B-14, fls. 207 e 210). Por isso, não é de se estranhar que em 1971 a *Sândalo* já estivesse entre as primeiras empresas exportadoras.

Neste mesmo aspecto, os casos da "Calçados Pestalozzi" e da "Calçados Emmanuel" são também bastante representativos. A *Pestalozzi* surgiu em 1965 como empresa originária da Fundação Educandário Pestalozzi, instituição filantrópica ligada à comunidade kardecista local e mantenedora de hospital, orfanato, creche e escolas. Ao que parece a criação da indústria de calçados cumpria formalmente o intuito de gerar fundos para a manutenção das obras filantrópicas da fundação dirigida pelo médico Tomás Novelino. Em 1970, muito antes de ter construído alguma tradição no ramo, a *Pestalozzi* já aparecia como beneficiária de financiamento de médio prazo realizado em cinco moedas diferentes (marco alemão, lira, franco, dólar e cruzeiro) e equivalente a US$ 120 mil, cujo fim seria a aquisição de maquinário e construção de prédio (*Registro Integral de Títulos, Documentos e Outros Papéis*, livro B-13, fls. 550); à concessão de tal montante a uma empresa com tão pouco tempo de existência, seguiu-se a sua transformação em uma das pioneiras no mercado exportador no ano seguinte. A *Pestalozzi* não apenas teve acesso a outros créditos de grande monta em seu início, como foi beneficiária de cerca da décima parte de todo o financiamento estatal destinado à indústria de calçados de Franca na década de 1970; por sua vez, a empresa esteve entre os maiores exportadores locais até os anos 1980. Malgrado ter sido favorecida pelo maior aporte de crédito oficial entre as fábricas do município, além de ter-se beneficiado sobremaneira das isenções e subvenções à exportação, a *Pestalozzi* fechou as portas tão logo o governo cessou sua política de incentivos no início dos anos 1990. Percebe-se, então, que para a *Pestalozzi* o fim do fluxo dos recursos oficiais representou também o fim do motivo de sua existência.

O caso da *Emmanuel* é parecido com o da *Pestalozzi*, todavia, tendo um desfecho muito mais rápido. Originária da Organização Social e Educacional Emmanuel, entidade filantrópica também kardecista, a "Calçados Emmanuel" foi fundada por Eugênio Cassis em 1968 e em 1972 já aparecia como beneficiária de financiamento oficial de longo prazo para aquisição de maquinário equivalente a quase US$ 40 mil (*Registro Integral de Títulos, Documentos e Outros Papéis*, livro B-16, fls. 299). Nesse mesmo ano, a *Emmanuel* exportou o equivalente a US$ 2 milhões e em 1973 o equivalente a US$ 8 milhões, tornando-se a maior exportadora local. A rápida ascensão e crescimento da empresa, que se deu mediante a *voraz* incorporação de empresas menores, trazia intrínseca a marca do espírito aventureiro e megalômano de seu fundador, Eugênio Cassis, cujo "ideal final era transformar a Emmanuel numa réplica da «Rockefeller Foundation»" (*Diário da Franca*, 26/7/1974, p. 16). A ânsia de Cassis por aproveitar ao máximo as "oportunidades" oferecidas pelo regime resultou em um processo de falência aberto em meados de 1974, ano em que a empresa previa exportar US$ 14 milhões, novo recorde para a indústria local, que superava os negócios de grandes e tradicionais empresas como a *Samello, Palermo* e *Terra*. O oportunismo predatório de Eugênio Cassis demonstrou ultrapassar o seu bom senso como administrador e também foi além da boa vontade governamental de apoiar a expansão irracional do empreendimento. Ao fechar as portas em 1974, dispensando 1.300 operários, a *Emmanuel* pôs termo ao mais emblemático caso de aventureirismo e oportunismo empresarial em proveito dos benefícios estatais observado por nós no período.

As facilidades de crédito e estímulos fiscais geradas pelo apoio estatal à indústria do calçado possibilitaram o erguimento em curto prazo de uma rentável plataforma exportadora de calçados masculinos em Franca. Não há dúvida, ainda, de que as exportações impulsionaram decisivamente o processo de modernização tecnológica da indústria local ao exigir dos fabricantes qualidade e preço competitivo. Entretanto, a evolução da indústria francana indica que, conquistado "um lugar ao sol" no mercado internacional, seus representantes muito pouco fizeram para melhorar sua situação nesse mesmo mercado, com raras exceções como os Sábios de Mello, os Betarellos e os Brigagãos — e não muitos mais. Fica claro, assim, que diante do auxílio recebido do Estado, o empresariado local perdeu o ímpeto empreendedor que o caracterizou nas primeiras décadas e que lhe permitiu alcançar posição de destaque no contexto da indústria de calçados brasileira; de outra parte, a competência em "abrir caminho com as próprias mãos" deu lugar à prática de buscar permanentemente na esfera política a solução para os problemas do segmento calçadista. Dessa forma, podemos dizer que os industriais do calçado assumiram um padrão de conduta que se enquadra no que Eli Diniz caracterizou como "um estilo predatório em relação à utilização dos recursos públicos" e "uma atitude perdulária em seu relacionamento com o Estado" (1999, p. 15).

A constante demanda dos empresários locais por mais incentivos ou compensações às vantagens perdidas comprovam a pertinência de nosso argumento. Em 1982, por exemplo, a redução de 14 para 12% do crédito-prêmio do IPI levou os industriais a solicitar ao governo medidas compensatórias para tal "perda de receita". Em declarações à imprensa, representantes do empresariado aventaram a possibilidade de "restituição em dinheiro de uma parte substancial da carga tributária paga pelas empresas exportadoras" (*Comércio da Franca*, 3/7/1982, p. 3). Em comentário da mesma matéria, é clara a opinião empresarial acerca de quem seria a responsabilidade pela ação econômica: "o que todos esperam é que o governo não se tenha deixado vencer pelo imobilismo e demonstre novamente a sua capacidade de agir". A proposta não vingou, mas os empresários conseguiram do governo militar a manutenção do subsídio ao crédito à exportação — referente à taxa de juros (*Comércio da Franca*, 10/11/1982, p. 3).

A força dessa cultura empresarial "predatória", marcada pela busca de uma relação simbiótica entre Estado e interesses de um grupo social, pode ser constatada até mesmo na atitude de um industrial conhecido por seu estilo moderno e empreendedor, como é o caso de Wilson Sábio de Melo. Em entrevista à influente revista *Visão*, no final de 1972, o dirigente da *Samello* criticou duramente o governo paulista pelo fato de não conseguir aproveitar de maneira plena os créditos de ICM acumulados por sua empresa — que pela legislação já não recolhia tal imposto (ver nota 5 deste capítulo); a razão apontada para a queixa seria o fato de suas compras no estado de São Paulo não atingirem o volume necessário para tanto. O jornal *Comércio da Franca* reproduziu em suas páginas as declarações do empresário, cujo aspecto essencial transcrevemos abaixo:

> O dirigente da Samello sugere que, não havendo possibilidades de transferir os créditos do ICM para outro Estado, *o Governo paulista deveria ressarcir os exportadores, permitindo-lhes receber o benefício em dinheiro.*
>
> Essa fórmula também não encontra trânsito fácil. A evolução da arrecadação do ICM em São Paulo, em 1971, não foi satisfatória, justamente pelo rombo provocado pelos incentivos à exportação [. . .].
>
> O empresário paulista queixa-se de que sua firma e outras de Franca montaram uma estrutura muito cara no exterior, com o propósito de comercializar seus produtos, *e sentem não poder obter o rendimento máximo desses investimentos.*

[. . .] Diz que poderia trazer mais vinte ou trinta fábricas para o grupo, duplicando ou triplicando a exportação, "se não fosse esse problema do ICM" (*Comércio da Franca*, 25/11/1972, p. 7, grifo nosso).

Esse tipo de comportamento parece ter prevalecido no meio empresarial até avançados os anos 1990, conforme transparece na fala de Élcio Jacometti em entrevista do período em que iniciava sua carreira como dirigente de classe:

[. . .] *a única coisa que o empresário sabe fazer é abrir o jornal e ver quais as piores notícias e fatos econômicos que poderão influenciar dentro da sua empresa, esperando que o governo vá resolver seu problema. O governo não vai resolver o nosso problema!* [. . .] É preciso então arregaçar as mangas e ter uma certa coerência no trabalho. Agora, se eu cruzar os braços e esperar que alguém solucione o meu problema, então. . . É preciso partir para a luta. É utopia pensar que o governo vá resolver a situação de todo mundo nesse país! (Jacometti, 1992, p. 36, grifo nosso).

Em entrevista ao autor, o empresário Jorge Félix Donadelli também reconheceu os reflexos negativos causados por esse tipo de conduta empresarial no desenvolvimento tecnológico, assim como na evolução da competitividade do setor em Franca. Donadelli observa que:

A proteção governamental e os incentivos à exportação foram fatores que acabaram por criar uma situação de acomodação no setor calçadista; com isso, muitas empresas pararam no tempo, seja pelo uso de máquinas obsoletas, seja pela utilização de métodos produtivos ultrapassados. De repente, veio a necessidade: ou a empresa se modernizava ou estava fora do mercado (Donadelli, 2002).

E acrescenta:

Esse tipo de proteção não é salutar, porque leva-nos a esquecer que a concorrência é o melhor estímulo ao desenvolvimento dos negócios. Enquanto não precisávamos nos preocupar com a concorrência, não pensávamos muito em questões como melhoria de qualidade, melhor desempenho, novos lançamentos. Após o fim dos incentivos, começamos a descobrir que teríamos que buscar alternativas por nossa própria conta. Naquele tempo, não viajávamos em pesquisa, não buscávamos progressos na produção, hoje vamos duas ou três vezes por ano ao exterior em busca de novidades, acompanhamos de perto a evolução de tendências dos mercados consumidores e estamos mais atentos aos nossos concorrentes (Donadelli, 2002).

Um bom exemplo dos efeitos contraproducentes dessa cultura empresarial, na qual a expectativa do auxílio estatal supera de longe a disposição para traçar estratégias de competição inovadoras, pode ser percebido na atitude do empresariado local em relação à questão do abastecimento de couro, sua principal matéria-prima. Na discussão sobre a atuação das organizações de classe, realizada no Capítulo 6, veremos que a luta para que o Estado controlasse o preço e a comercialização (exportação) do couro foi uma das principais bandeiras levantadas pelas entidades de classe de Franca desde a década de 1960. Por trás de tal reivindicação, havia a pouca propensão do empresariado de construir por si mesmo uma alternativa de abastecimento que fosse condizente com sua condição de competidor internacional. A resistência dos calçadistas francanos a recorrer à importação de matéria-prima que lhes garantisse, em razão do preço e da qualidade, maior competitividade no mercado norte-americano e europeu, só demonstra a patente inabilidade desse empresariado nas questões de comércio exterior, prova maior de que a boa parte dos industriais locais só se tornou exportador graças ao apoio estatal. Ressalte-se o fato de que o comportamento dos empresários de Franca contrasta claramente com os do Rio Grande do Sul, que sempre aproveitaram, ao que parece com êxito, as facilidades concedidas pelo governo à importação de couro.

Nesse sentido, a crítica feita em 1973 por Carlos Anschau, assessor do Ministério da Indústria e Comércio, é sintomática da conduta pouco dinâmica assumida pelo empresariado francano:

> Os fabricantes do Sul estão aproveitando o regime especial para importar o couro argentino e uruguaio e têm conseguido bons resultados. Estranho o fato de os francanos não adotarem medida idêntica, mesmo porque o ingresso do couro dos países vizinhos atuará como meio equilibrador do mercado, ultimamente caracterizado pelo ex-

cesso de procura, quando não pela deficiência de oferta. Ademais [. . .] o couro argentino e uruguaio, geralmente de melhor qualidade que o brasileiro, poderiam contribuir para o aprimoramento do sapato brasileiro colocado nos exigentes mercados da Europa e Estados Unidos (*Diário da Franca*, 20/12/1973, p. 8).

A equivocada estratégia de abastecimento adotada pelo empresariado do calçado para sua principal matéria-prima, baseada unicamente no couro nacional, sempre sujeito às oscilações de preço resultantes da opção do fornecedor por vendas no mercado internacional, é um dos fatores que está na raiz de um problema que acompanha a indústria do município desde seu estabelecimento como exportadora: a dificuldade de manter a estabilidade de preço do produto local em face do maior poder de barganha dos compradores estrangeiros. As declarações de Gilberto Naldi[30] em entrevista ao autor são bastante esclarecedoras a esse respeito:

> o pessoal que vinha comprar aqui os sapatos teve que adaptar os pedidos à disponibilidade da matéria-prima, às características das matérias-primas existentes no local. Com isso, todo mundo passou a fazer o mesmo sapato, porque basicamente a matéria-prima se presta ao mesmo produto. O que aconteceu? Aconteceu que realmente os preços começaram a ficar achatados, porque todo mundo passou a competir no mesmo segmento (Naldi, 2001).

Naldi também enfatiza que a busca por fornecedores internacionais é vital para a competitividade de uma indústria como a de calçados:

> A empresa que não tem esta participação de componentes importados (sobretudo, o couro) é mais vulnerável às mudanças de preços, ela sofre mais com a qualidade dos produtos porque ela não tem nenhum fornecedor de fora para competir na mesma área, com mais qualidade e menor preço, ou qualidade e preço.

---

[30] Gilberto Naldi foi por mais de uma década representante internacional da *Amazonas S.A. Produtos para Calçados*, maior fabricante de componentes para calçados da América Latina, com sede em Franca, e executivo da empresa norte-americana *Melville Footwear Manufacturing* entre 1981 e 1996.

[...] Quando você vê que na composição do preço de um produto internacional como o calçado de Franca não há participação de nenhum produto importado, você pode deduzir, por experiência, que o empresário é pouco dinâmico, tem reduzida mobilidade no mercado e está sujeito "a chuvas e trovoadas"; o que indica que ele não tem noção do que é o comércio exterior, não tem noções de preço, ou seja, que ele é conduzido pela pressão momentânea do mercado (Naldi, 2002).

Dados do Censo Empresarial de Franca, realizado em 1984 pelo sindicato patronal, mostram que cerca de apenas 5% das empresas calçadistas adotavam o procedimento da importação de couro, ainda assim em níveis baixos — somente até 20% do consumo total da fábrica (*Censo Empresarial de Franca*, 1984, p. 140). No entanto, a experiência de empresas que se dispuseram a importar couro, em especial a *Samello, Agabê* e *Sândalo*, indicam os benefícios econômicos desse expediente. Em entrevista de 1987, Miguel Heitor Betarello, diretor da *Agabê*, declarou que, diante da alta do couro nacional em 1986, "o jeito foi importar o couro semi-acabado dos Estados Unidos ou de países tão distantes como o Paquistão — uma manobra mais trabalhosa, mas que rendeu cerca de Cz$ 120,00 de economia em cada peça de couro pronta para ser usada no calçado brasileiro de exportação" *(Folha de S.Paulo*, 15/2/1987). Na *Sândalo*, o comentário de seu diretor João Brigagão do Couto, não deixa dúvidas quanto ao aspecto positivo da aquisição de couro no mercado externo; chamando a atenção para o fato de que alguns couros nacionais estavam custando 68% mais que os melhores couros do mundo, o empresário observa: "tal política de importação de matéria-prima da empresa visa elevar a média de preços de suas exportações de sapatos, além de garantir o abastecimento para o mercado interno, atualmente comprometido devido às altas dos fornecedores de couro" (*Comércio da Franca*, 31/7/1990, p. 5). De igual modo, Wanderley Sábio de Mello, atual presidente da *Samello*, ressalta que não teria chegado a conquistar clientes como as grifes *Cole Haan, Gucci* e *Ralph Lauren* se não se tivesse tornado "também uma grande importadora" (*Update*, n.º 32, julho de 2000); conforme observa em declaração à revista da Câmara Americana de Comércio (SP), "embora o Brasil seja um dos maiores exportadores mundiais de couro, ficam no mercado interno apenas os lotes imperfeitos, obrigando a empresa a buscar produto de melhor qualidade em outros países". Como se vê, a resistência à busca de fornecedores internacionais pelo empresariado de Franca é uma questão paradoxal, pois tanto em relação ao preço, mais baixo que o nacional, quanto à qualidade, o produto importado apresenta vantagens. Não é por acaso que as empresas acima mencionadas não apenas sobreviveram à crise que assolou o setor nos anos 1990, mas se mantiveram entre as principais exportadoras brasileiras.

Quando analisamos o problema do incremento da produtividade, assim como a questão do aperfeiçoamento tecnológico, constatamos que, no período destacado nesta seção, estas foram preocupações que mobilizaram o empresariado francano apenas de forma isolada, recebendo pouca atenção do conjunto desse grupo social. De modo geral, os empresários locais mostraram-se indiferentes ao problema de formação da mão-de-obra, questão destacada por Pracuch (2003) como fator responsável pelo alto índice de desperdício na indústria de Franca, e que tem peso decisivo na competitividade do produto fabricado. Em 1973, José Carlos Brigagão, diretor da *Sândalo* e também um dos diretores do sindicato patronal, teceu duras críticas quanto ao desinteresse do empresariado em relação ao recém-instalado Senai (Serviço Nacional de Aprendizagem Industrial). Segundo Brigagão, "se dependesse de alguns industriais da cidade, o Centro de Treinamento de Calçados [. . .] não saía: eles demonstram pouco interesse, quando solicitados a colaborar". Salientando a falta de visão dos empresários em relação ao problema da mão-de-obra, Brigagão acrescenta:

> as desculpas dadas carecem de fundamento empresarial, pois o tempo que seus funcionários permanecessem no curso, seria posteriormente mais que recompensado; viriam com novos conhecimentos [. . .] e maiores condições em sua produção [. . .] — ainda mais tendo em vista a escassez de mão-de-obra na cidade, que com os melhoramentos a serem introduzidos pelo Senai serão consideravelmente sanados" (*Comércio da Franca*, 11/8/1973, p. 6).[31]

---

[31] No ano anterior, quando da assinatura do convênio firmado entre a Acif e a direção do Senai para instalação do centro de treinamento em Franca, a associação de classe procurou desvincular os empresários calçadistas de qualquer obrigação quanto à provisão de matéria-prima e pessoal para o Senai.

Em 1993, o depoimento de Jorge Divino Fernandes, ex-instrutor do Senai e diretor da "Calçados Paulex" indica que a situação, em sua dupla dimensão, não havia mudado: "A indústria não utiliza a estrutura que o Senai oferece, como se os problemas de formação de mão-de-obra não existissem" (*Lançamentos*, n.º 48, maio-junho de 1993, p. 48). Por outro lado, dados do Censo Empresarial de Franca mostram que o treinamento da mão-de-obra era igualmente prática pouco comum nas empresas; no momento de auge das exportações, apenas um quarto das fábricas desenvolvia algum tipo de programa de treinamento (*Censo Empresarial de Franca*, 1984, p. 149). Conforme observa Zdenek Pracuch, o desenvolvimento de instituições que visassem o aperfeiçoamento da força de trabalho na indústria do calçado também nunca foi uma prioridade para o empresariado local, ao contrário do ocorrido no Vale do Rio dos Sinos:

> Franca nunca foi capaz de ter uma escola técnica de calçados. Como terminou a Faculdade de Tecnologia de Couros e Calçados? Alguém ainda lembra dela?
> [...] Enquanto isso no Sul existem escolas, cursos de nível universitário na área de calçados em grande parte patrocinados pelas empresas ou até empresários com recursos deles próprios ajudando alunos sem meios. E [em Franca] ninguém pergunta: Alguém já fez? Quanto vai custar isso? Quem vai pagar? Governo? (*Comércio da Franca*, 10/3/1996, p. 10).

Em artigo recente Zdenek Pracuch destaca o fato de que a negligência do empresariado francano com relação ao aprimoramento da mão-de-obra foi de tal ordem que a produtividade da indústria local se encontra no mesmo nível observado em 1980: entre 3,7 e 4,5 pares fabricados *per capita* diários[32] — ou seja, mantém-se estagnado há mais de duas décadas (*Comércio da Franca*, 4/1/2004, p. B-6). Nesse mesmo período, a indús-

---

[32] Em entrevista a um jornal de Fortaleza Miguel Heitor Betarello, diretor da *Agabê*, declara que a empresa havia conseguido, no ano de 2003, elevar seu índice de produção de 4,8 para 4,85 pares *per capita* diários. Levando-se em consideração o fato de a *Agabê* ser uma das empresas de Franca que mais se destacam pelo nível de modernização, o índice apresentado por Pracuch se mostra bastante confiável.

tria automobilística elevou sua produtividade em mais de 560% e a têxtil em 330% (*Veja*, 17/12/2003, p. 179). De acordo com Pracuch, há uma inequívoca correlação entre a notória imprevidência demonstrada pelo empresariado desde os anos 1980 e a perda de competitividade da indústria do calçado de Franca:

> [. . .] poucas são as indústrias de hoje que sequer duplicaram a produtividade *per capita*, a despeito de componentes prefabricados, colas perfeitas que dispensam a costura das solas e outros benefícios de tecnologia mais moderna. Ainda hoje se cola mais que se costura nos pespontos das fábricas, ainda hoje se corrige manualmente o que as modernas máquinas montam com perfeição, ainda hoje se prefere limpar o que poderia ser evitado em sujar, etc., tudo o que abaixa a produtividade e aumenta o custo (*Comércio da Franca*, 4/1/2004, p. B-6).

No aspecto tecnológico, não obstante a instalação em Franca do Centro Tecnológico de Couro e Calçados do IPT (Instituto de Pesquisas Tecnológicas), em fins da década de 1970, os avanços revelaram-se circunscritos a algumas empresas. Enquanto empresas como a *Samello* e a *Agabê* já demonstravam preocupação com a introdução da informática no desenvolvimento e produção do calçado, mediante a adoção do sistema CAD/CAM (Computer Aided Desing/Computer Aided Manufacturing),[33] a esmagadora maioria das empresas não contava com o recurso da informática nem mesmo para meras tarefas de processamento de dados. Segundo informações do Censo Empresarial de Franca, 79, 3% das indústrias não possuíam nenhum serviço de processamento de dados — entre as que possuíam, apenas 5% (catorze indústrias) o realizava na própria empresa (*Censo Empresarial. . .*, p. 152). Levando em consideração o número de empresas que exportavam mais de US$ 1 milhão, segundo levantamento feito em de 1981 pela Cacex (*Comércio da Franca*, 23/4/1982, p. 3), vê-se

---

[33] Tal sistema, baseado em Projeto Assistido por Computador e Fabricação Assistida por Computador, permite o desenvolvimento digital de modelos de calçados, assim como a automação de alguns processos da fabricação propriamente dita — em especial o corte de couro e solados e alguns tipos de pesponto. A *Samello* foi uma das primeiras empresas a utilizar tal sistema na indústria de calçados brasileira, tendo iniciado a sua adoção em 1987 (*Folha de S.Paulo*, 4/3/1987); na Agabê a adoção do CAD/CAM ocorreu dois anos depois (*Lançamentos*, julho-agosto de 1990, pp. 58-9).

que nem mesmo todos os principais exportadores dispunham de serviço próprio de processamento de dados; no conjunto dos exportadores, em número superior a sessenta, cerca de um quarto não se utilizava da informática. No histórico ano de 1984, em que as exportações da indústria francana atingiram níveis nunca ultrapassados, apenas 7,5% das empresas locais contavam com alguma atividade de engenharia industrial em sua organização produtiva (*Censo Empresarial*..., p. 135); isso equivale a dizer que, à época, no mínimo dois terços da empresas exportadoras nem sequer demonstrava capacidade para organizar cientificamente sua produção.

A conseqüência direta desse arrefecimento do comportamento empreendedor entre os industriais do calçado foi que, dos anos 1980 para os anos 1990, a indústria de Franca viu cair sua participação no mercado externo e obteve um desenvolvimento pífio do mercado interno. Com raras exceções, o empresariado de Franca foi incapaz de modificar qualitativamente ao longo do tempo suas relações com a estrutura comercial responsável pela exportação de seus produtos, permanecendo dela dependente até os dias atuais. Em 1975, estudo da Unctad (Conferência das Nações Unidas para o Comércio e o Desenvolvimento) alertava: "Os fabricantes brasileiros se encontram grandemente afastados do jogo de forças do mercado internacional. Na maior parte dos casos, por falta de informações suficientes sobre o acesso aos mercados, falta de circuitos de distribuição e controle dos preços" (*Comércio da Franca*, 14/2/1975, p. 6).[34] Em entrevista de 1983, o empresário Wilson Sábio de Melo descreve a mesma situação:

> Nós, brasileiros, não saímos para vender. Os americanos é que vêm aqui para comprar. Até parece que o brasileiro aprendeu a ser comprado e *chegamos a tal situação que os americanos conseguem comprar um*

---

[34] Em visita a Franca em 1973, Carlos Anschau, assessor do Ministério da Indústria e Comércio, já alertava para essa situação: "É preciso mudar a mentalidade do exportador de calçados na sistemática da comercialização. O sapato deve ser colocado no exterior, obedecendo um esforço de venda consciente, planificado, se possível por via da instalação de escritórios próprios (das nossas fábricas) nos países importadores. Não mais «ser comprado» e sim «ser vendido», dentro de um sentido de conquista definitiva de mercado, este o caráter que deve ser dado à comercialização do calçado brasileiro" (*Diário da Franca*, 20/12/1973, p. 8).

sapato de 13 dólares por dez. Se o brasileiro não quer ganhar, eles querem (*O Estado de S. Paulo*, 25/8/1983, grifo nosso).

Opinião igualmente negativa é expressada pelo presidente da Francal e diretor da *Agabê*, Miguel Betarello, em 1984:

não somos nós que vamos procurar os importadores, mas eles que nos procuram. E já vêm com pesquisas de mercado prontas, definindo quais os modelos, as cores, as formas e o tipo de couro que vão lhes interessar. Fazem as encomendas e nós moldamos aqui ao gosto deles (*Jornal da Tarde*, 31/5/1984).

Nas entrevistas realizadas, as opiniões expressadas pelos consultores internacionais Zdenek Pracuch (2003), Gilberto Naldi (2001) e pelo empresário Jorge Félix Donadelli (2002) são as mesmas para descrever a situação de dependência do setor nos dias atuais.

Os números proporcionados pela exportação revelam os sinais de uma crise que já se anunciava na indústria de Franca ainda em meados dos anos 1980. Enquanto o conjunto da indústria calçadista brasileira manteve considerável tendência de alta, no que diz respeito ao número de pares ou valor exportado nos vinte anos entre 1981 e 2000, apresentando nos dois aspectos uma evolução razoável, a indústria de Franca vivenciou breves momentos de ascensão e períodos de declínio prolongados, chegando ao último ano do século XX com níveis de exportação semelhantes aos demonstrados em 1981.[35] Quanto ao mercado interno, após o pico de

---

[35] Em 1981 a indústria calçadista brasileira exportou 70 milhões de pares de calçados, chegando a 157 milhões no ano 2000; em valores, tais exportações corresponderam, respectivamente, a US$ 562 milhões e US$ 1,47 bilhões. Ao contrário do ocorrido em Franca, não houve em nenhum dos anos forte oscilação para baixo. Na indústria de Franca, tanto em 1981, quanto em 2000, as exportações alcançaram 4,3 milhões de pares, perfazendo US$ 65,5 milhões e US$ 76,7 milhões respectivamente. Houve anos de pico como em 1984, quando as exportações atingiram 32 milhões de pares (US$ 164, 6 milhões), e os anos de 1992 (10,7 milhões de pares/US$ 161,8 milhões), 1993 (14,5 milhões de pares/US$ 228 milhões) e 1994 (11,7 milhões de pares/US$ 199,9 milhões); por outro lado, houve anos, como 1998 e 1999, em que o número de pares exportados chegaram a níveis abaixo dos de 1981: 3,6 (US$ 69,4 milhões) e 4 milhões (US$ 70,7 milhões), respectivamente. Tais informações baseiam-se em Gorini et al. (2000, p. 18).

26 milhões de pares vendidos atingido em 1986, houve um decréscimo abrupto no ano posterior, seguido por um modesto crescimento nos dez snos seguintes, e apenas em 1999 se chegou próximo (25,4 milhões de pares) ao número alcançado em 1986. Os gráficos seguintes possibilitam o acompanhamento detalhado da dinâmica acima comentada.

Gráfico 10. Evolução do valor das exportações realizadas pela indústria de calçados de Franca (1984-2000), em milhões de dólares

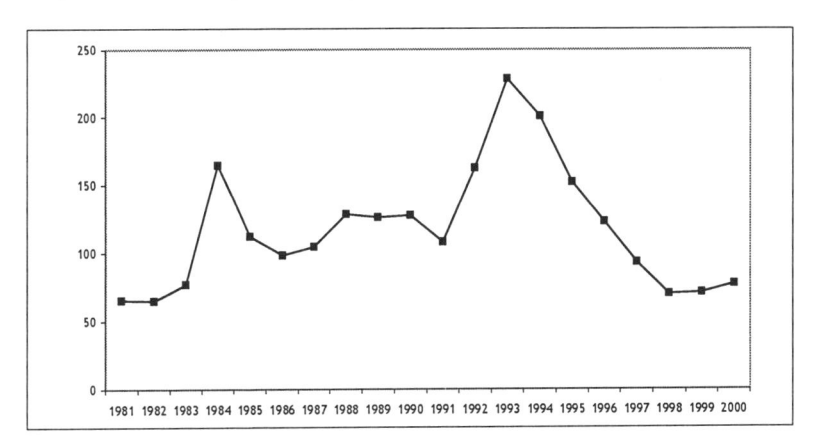

Fonte: Abicalçados (Sindicato da Indústria de Calçados de Franca).

Gráfico 11. Evolução do volume das exportações realizadas pela indústria de calçados de Franca (1981-2000), em milhões de pares

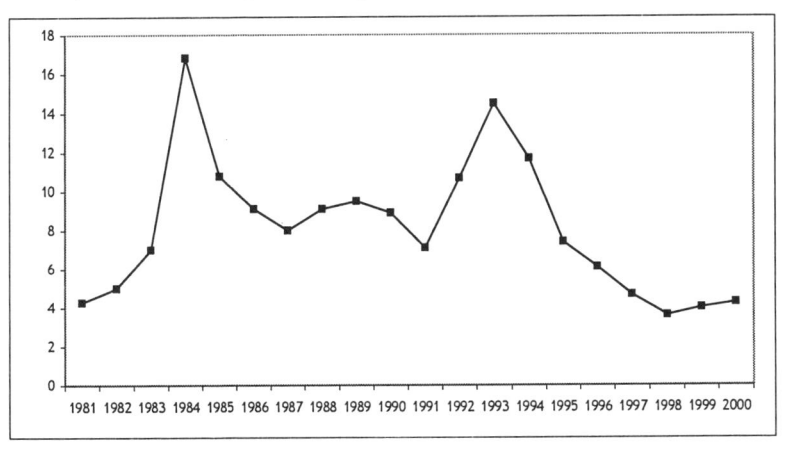

Fonte: Abicalçados.

Gráfico 12. Evolução do volume e valores de exportações da indústria de calçados brasileira (1981-2000)

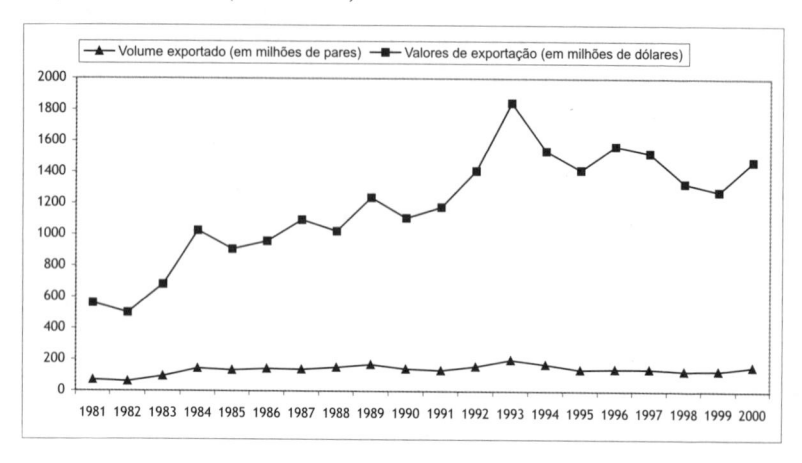

Fonte: Abicalçados.

Gráfico 13. Evolução das vendas da indústria de calçados de Franca no mercado interno (1984 a 2000), em milhões de pares

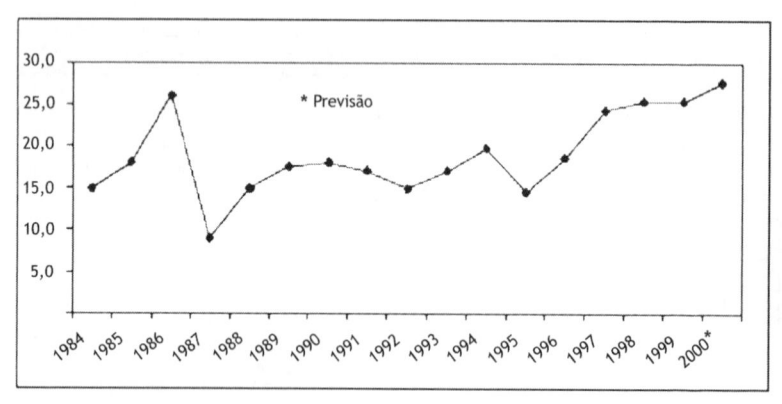

Fonte: Gorini et al. (2000, p. 13).

É certo que a deflagração desse processo de crise contou, obviamente, com a influência da conhecida instabilidade da política econômica brasileira à época, sobretudo no que diz respeito ao problema cambial, da taxa de juros e da inflação. Entretanto, julgamos que a análise levada a efeito nesta seção não deixa dúvidas sobre o fato de que a perda do vigor schumpeteriano dos industriais locais exerceu papel preponderante na dinâmica da crise vivida pela indústria do calçado. O empresário calçadista, que no momento histórico pré-1964 pareceu distinguir-se do tipo "parasitário" recorrentemente utilizado para definir a burguesia industrial brasileira, assumiu a partir do período militar o mesmo padrão perverso de comportamento manifestado pelo conjunto do empresariado brasileiro; segundo Sebastião Velasco e Cruz, tal padrão se caracterizaria

> pela volúpia com que demandam proteção, incentivos, isenções de toda espécie; pela pronta disposição para ajustar-se a qualquer pressão de custo através da majoração de seus preços; pela inclinação inversamente proporcional que demonstram para realizar os investimentos necessários a fim de melhorar a qualidade dos bens que produzem, assegurar ganhos de produtividade e, dessa forma, tornar mais competitivas as suas empresas (1997, p. 155).

Assim, não é de estranhar que tenha partilhado o mesmo desfecho dramático reservado a quase todas as frações do empresariado nacional na crise de fins dos anos 1980. Uma frase do presidente da Abicalçados, Horst Volk, ao *Jornal do Brasil*, no início dos anos 1990, sintetiza de modo preciso a situação vivida não só pela indústria de calçados, mas por toda a indústria brasileira nesse momento: "houve uma seleção natural. Aquelas que não se adequaram, fecharam as portas" (*Jornal do Brasil*, 19/1/1992).

É importante destacar, ademais, que outra dimensão do retrocesso notado no comportamento empreendedor dos industriais calçadistas foi a mudança ocorrida no seu padrão de conduta econômica. Se até meados dos anos 1960 predominou entre os industriais um *ethos* econômico bastante próximo do "ascetismo" secular descrito por Weber como "sóbrio capitalismo burguês, com sua organização racional do trabalho" (1967, p. 9), no momento posterior pode-se observar a prevalência de comportamento notadamente oposto a este. Ao que parece, a abundância de recursos de financiamento, até então incomum no cenário local, aliada à otimização da acumulação gerada pelos benefícios oficiais, contribuíram para desestimular a ética frugal que caracterizou os pioneiros na luta para consolidar a indústria do calçado em uma pequena cidade do interior paulista.

De maneira geral, entre os anos 1930 e 1960, os industriais do calçado de Franca não demonstraram ter como características básicas aquelas às quais Oliveira Viana definiu como fruto de uma "mentalidade tradicional". O apreço pelo *status* e pelos hábitos ostentatórios senhoriais, comportamento que Viana (1987, p. 196) observa ser típico da "velha mentalidade dos paulistas das classes ricas", porém, mantido pelos industriais do século XX, também parece não ter tido lugar entre a maioria dos empresários locais do período. Não transparece nos inventários dos empresários indícios que apontem para um padrão de vida ostentatório; poucos são os inventários cujos bens vão além da própria fábrica e da residência, podendo se depreender daí que houve preocupação com o reinvestimento no empreendimento industrial e não em outras formas de propriedade que pudessem expressar gastos com bens de luxo ou suntuosidade.[36] Mesmo os outros tipos de bens encontrados nos inventários são pequenas chácaras ou modestas casas de aluguel, ainda assim em número bastante reduzido — automóveis são raríssimos. A conduta aristocrática, própria dos industriais brasileiros — citados por Viana (1987, p. 196) — que se faziam "condes papalinos", parece distante do comportamento de um homem como Miguel Sábio de Melo, que sempre que voltava dos Estados Unidos trazia a mala cheia de talheres em aço inox e uniformes do Exército norte-americano (excedentes de guerra), os quais vendia para pagar a viagem e ajudar no custeio dos estudos dos filhos em Boston.[37]

Após 1964, pelo contrário, os sinais da ostentação explicitada pelo empresariado calçadista surpreenderam até mesmo, por exemplo, um industrial da envergadura de Thomas Bata, presidente da *Bata Shoe Company*, maior fabricante mundial de calçados com 106 fábricas em 83 países do mundo. Em entrevista ao autor, Zdenek Pracuch, que também já gerenciou uma unidade da *Bata* no interior de Minas Gerais, chamou a atenção para o comentário feito certa vez por Thomas Bata em relação à opulência demonstrada pelos empresários francanos:[38]

---

[36] Comentando a evolução histórica da *Agabê*, em entrevista de 1990, José Henrique Betarello observa que, desde as origens da empresa, um dos preceitos básicos seguidos por seu pai — Hugo Betarello — era a "filosofia de que todo o lucro fosse reinvestido na fábrica" (Betarello & Betarello, 1990, p. 35).

[37] Tal informação foi fornecida por Osvaldo Sábio de Melo, filho de Miguel Sábio de Melo, em entrevista ao jornal *O Estado de S. Paulo* (2/6/2002, p. C-6).

[38] Thomas Bata esteve em Franca em março de 1972 a convite da *Samello*. Na ocasião, o clima de euforia tomou conta dos empresários locais, haja vista

Em certa reunião no Rio de Janeiro Thomas Bata me perguntou: "E Franca, como vai? O pessoal lá ainda constrói aqueles palácios?". Quando lhe disse que infelizmente sim, ele me disse: "Será que o pessoal de lá não vê que nossa indústria é uma indústria pobre, feita de milímetros, de segundos e de gramas? Ai de quem se esquecer disso!" (Pracuch, 2003).

E Pracuch complementa:

> Isso foi dito por um homem que tem oitenta mil funcionários, que poderia voar em jato próprio, mas que não o tem, ao contrário de algumas empresas em Franca. Galvão Martiniano da *M 2000*, por exemplo, vinha de helicóptero de São Paulo para Franca, pois dizia que como executivo tinha que economizar seu tempo. E eu lhe pergunto: onde está a *M 2000*? Desapareceu! (Pracuch, 2003).

Diante do exposto, fica claro que acabou por emergir no cenário local uma cultura empresarial baseada predominantemente na imobilização dos capitais acumulados, assim como na exposição dos sinais exteriores da riqueza, atitudes próprias de um grupo social que estaria mais preocupado com a questão do *status*, com sua classificação social superior, que propriamente com a produtividade de seus empreendimentos; ou seja, uma cultura burguesa análoga à que Oliveira Viana (1987) chamou de "mentalidade de pré-capitalismo". Corrobora nosso argumento o gradativo aumento na compra de propriedades rurais por representantes do empresariado calçadista, tendo em vista o fato de que no Brasil a propriedade da terra sempre foi sinônimo de *statu quo*, fonte de prestígio e poder. Até o final dos anos 1960, não houve inversão significativa de recursos em domínios fundiários pelos principais empresários locais; na pesquisa dos inventários dos industriais ou seus cônjuges, notamos que empresários do porte de João Palermo, Pedro Spessoto, Hercílio Batista Avelar, Antônio Lopes de Melo, Válter Terra, Miguel Sábio de Melo e Hugo Betarello possuíam, quando muito, pequenos sítios — e alguns nem pos-

---

o potencial de importação representado pelo presidente da maior organização calçadista do mundo — chamado pela imprensa local de "Rei do Calçado" (*Comércio da Franca*, 25/3/1972, p. 6).

suíam propriedades rurais.[39] Analisando também escrituras de compra e venda de terras do Cartório do Primeiro Ofício de Franca, inferimos que, até o final da década de 1960, as transações de compra de propriedades rurais por industriais calçadistas era quase sempre de pequenas chácaras nos arredores da cidade ou extensões fundiárias que não ultrapassavam vinte alqueires. A mudança quantitativa e qualitativa dessas transações ocorreu somente a partir dos anos 1970, quando se elevou consideravelmente o número de empresários que adquiriram propriedades agrárias, assim como as extensões adquiridas — muitas vezes grandes fazendas.

Da década de 1960 para a de 1970 houve incremento de mais de 140% nas transações de compra de terras envolvendo industriais calçadistas. No gráfico a seguir demonstramos a evolução dessas transações entre os anos 1930 e os anos 1970, levando em consideração os documentos registrados no Cartório do Primeiro Ofício de Franca:

Gráfico 14. Aquisição de propriedades rurais por industriais calçadistas (1930-1979), em número de transações

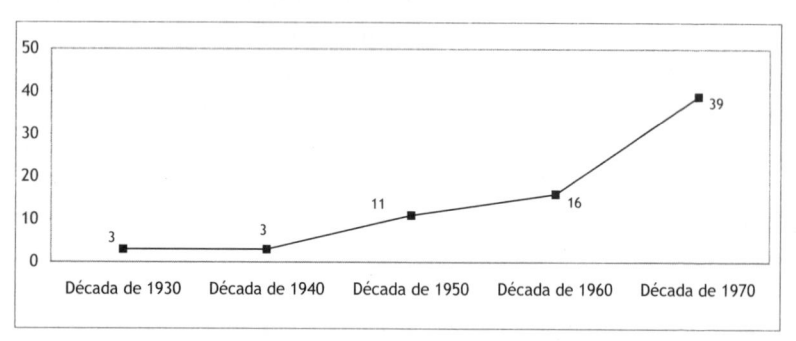

Década de 1930	Década de 1940	Década de 1950	Década de 1960	Década de 1970
3	3	11	16	39

Fonte: Cartório do Primeiro Ofício de Franca.

Após 1964, dirigentes de empresas calçadistas como a *Samello, Sândalo, Paragon, Wilson, Medieval, Sparks, Martiniano, Cia. de Calçados Palermo,*

---

[39] Os inventários pesquisados foram: *Inventário de João Palermo*, 1948; *Inventário de Maria Gaspardes Spessoto*, 1956; *Inventário de Maria Amélia Avellar*, 1971; *Inventário de Antonio Lopes de Mello*, 1955; *Inventário de Maria Leide Goulart Terra*, 1967; *Inventário de Miguel Sábio de Mello*, 1971; *Inventário de Maria Cherubina Betarello*, 1976.

Tellini, Toni Salloum, Eller, Emmanuel, Terra, Agabê, Donadelli, Mamede, Mitter, Cíncoli, Phama's, Francano e Soberano, para citar apenas as maiores, se tornam também proprietários de terras; alguns, além de grandes fazendas, incorporaram ainda ao seu patrimônio áreas urbanas de amplas dimensões.[40] A propriedade fundiária — rural ou urbana — foi, com efeito, o esteio das novas atividades desenvolvidas por determinados industriais quando suas fábricas entraram em declínio em face da crise de fins dos anos 1980. No início de 1987, por exemplo, paralelamente à demissão de 30% de sua força de trabalho, em razão da queda nas exportações, Antônio Humberto Coelho, da "Calçados Paragon", fez sua estréia no ramo imobiliário com o lançamento de um condomínio de luxo (*Folha de S.Paulo*, 15/2/1987). Em outro caso, ao vender a sua empresa para a gigante *Alpargatas S/A*, em 1989, José Roberto Maciel Nogueira, da "Calçados Terra", declarou que iria se dedicar à agropecuária, segundo ele "um dos melhores negócios para o futuro" (*Comércio da Franca*, 19/4/1989, p. 3).

Diante do exposto, não seria improcedente aventar a hipótese de que, em boa medida, a negligência do empresariado em canalizar recursos para modernizar suas fábricas teve como contrapartida o "desvio" de seus lucros para investimentos imobiliários. Tais inversões, por serem conservadoras, representavam menores riscos, e correr riscos não era o que esperava a maioria dos empresários calçadistas do período pós-1964, conforme pudemos verificar nas discussões desta seção. Com efeito, repetiu-se na trajetória de grande parte dos empresários que fizeram fortuna nos anos 1970/1980 a imposição do dilema weberiano que marcou o ocaso do grande mito da indústria do calçado de Franca, Carlos Pacheco de Macedo: "quem não adaptar sua maneira de vida às condições de sucesso capitalista é sobrepujado, ou pelo menos não pode ascender" (Weber, 1967, p. 47).

---

[40] Em 1981, por exemplo, a imprensa local noticiou com destaque: "Grupo Samello loteia a última grande área central disponível em Franca" (*Diário da Franca*, 11/1/1981, p. 3).

6
Política, ideologia e organização de classe: os interesses empresariais e suas representações

NESTE CAPÍTULO analisamos a atuação do empresariado do calçado, procurando avaliar sua capacidade de articulação tendo em vista os interesses econômicos desse grupo social, sua participação no ambiente político — por meio da via partidária ou fora dela — e também os elementos ideológicos que informaram o pensamento dos industriais francanos no período estudado. Nosso intuito foi trazer à luz as formas de ação e pensamento assumidas pela burguesia do calçado, assim como demonstrar o nível de organização desse grupo social.

Cumpre esclarecer que privilegiamos um enfoque pautado pela compreensão do comportamento do empresariado em seu próprio mérito, ou seja, dentro de suas possibilidades reais de atuação, levando em consideração sua condição periférica no conjunto das frações burguesas e a posição também periférica ocupada pela sua atividade fabril no contexto do capitalismo industrial. Assim, fugimos à elaboração de uma análise baseada em modelos referenciados no comportamento da burguesia nas áreas centrais do sistema capitalista, em tipos ideais, conforme adverte Renato Raul Boschi (1979) em sua crítica às interpretações correntes até fins dos anos 1970, que se caracterizam por tal orientação teórica.[1] Embo-

---
[1] Conforme observa Boschi (1979, pp. 135-6), nas análises correntes até fins da década de 1970, referenciais de comportamento burguês próprios das áreas centrais do capitalismo foram tomados, implicitamente, "como modelo de comportamento capitalista sendo assim aplicada à avaliação da burguesia nas áreas

ra tenhamos buscado privilegiar um enfoque que valorizasse a atuação dos empresários, tomamos cuidado de não superestimar a sua autonomia diante da figura de um Estado que constituiu peça-chave na construção do capitalismo no País. Nesse sentido, nossa abordagem se aproxima da perspectiva "integrada" proposta por Boschi (1979), discutida no Capítulo 4. Todavia, à diferença do que pensa o referido autor, não entendemos que a via corporativa tenha sido o caminho quase exclusivo da atuação empresarial; ainda que esse argumento corresponda à realidade protagonizada pelos industriais do calçado a partir de meados dos anos 1960, no período anterior a 1964 o comportamento político desse grupo social foi marcado por uma vivência partidária intensa, tendo até criado uma forte identificação com a UDN (União Democrática Nacional).

6.1. Política, ideologia e organização de classe entre 1920 e 1964

Primeiramente, é preciso dizer que antes de 1945 é muito difícil falar-se em organização ou participação política dos empresários. Do ponto de vista político, os períodos de exceção vividos entre 1930 e 1945 dificultaram a influência dos industriais na vida pública, assim como a sua inserção em agremiações partidárias; no que diz respeito à organização de classe, a pouca expressividade da atividade industrial certamente concorreu para o rápido ocaso da primeira entidade da classe empresarial surgida em meados dos anos 1930. De toda forma, cabe o registro da passagem de Carlos Pacheco de Macedo pelo legislativo municipal entre fins da década de 1910 e início dos anos 1920, assim como a participação ativa dos empresários Hercílio Batista Avelar (*Calçados Peixe*) e Antônio Lopes de Melo (*Calçados Mello*) tanto no universo político local do breve interregno democrático entre 1934 e 1937, quanto na criação da primeira associação comercial e industrial de Franca, que teve duração efêmera. Nas eleições municipais de 1936 Avelar elegeu-se ve-

---

periféricas do sistema capitalista. O resultado, em nosso caso, foi que acabamos aprendendo mais acerca do que a burguesia não era do que acerca do que efetivamente ela tinha sido, dado que as análises procediam por meio de negativas (isto é, tentavam determinar em que medida o comportamento da burguesia nacional poderia ser situado como referência ao modelo ideal)".

reador pelo PC (Partido Constitucionalista) e Lopes de Melo pelo PRP (Partido Republicano Paulista);[2] a essa mesma época, ajudaram a fundar e fizeram parte do Conselho Consultivo do primeiro órgão de classe local voltado aos interesses da indústria e do comércio. Em razão de sua breve duração, tais incursões empresariais pelo universo da política e da organização de classe tiveram, porém, significado pouco profícuo naquele momento histórico.

Com efeito, superada a tensão política dos anos 1937-1945, os industriais calçadistas não apenas conquistaram importante participação no legislativo e executivo locais, culminando com a eleição de Hélio Palermo — sócio da "Cia. de Calçados Palermo" — para prefeito em 1963, como lograram êxito em combinar representação política com a direção dos interesses de classe, fato consubstanciado na atuação de empresários ligados à UDN à frente da nova associação classista criada em meados dos anos 1940. De outra parte, em que pese sua recente formação, a atuação do empresariado nesse período demonstrou preocupação com a construção de uma identidade de classe e revelou também claro comprometimento com a vocalização de uma ideologia *industrialista*, imbuída da defesa de sua atividade e da difusão de seus valores para o conjunto da sociedade.

No período em questão, apenas entre 1948 e 1951 a Câmara Municipal de Franca não contou com a presença de empresários do calçado. Para a legislatura entre 1951 e 1954, elegeram-se vereadores os industriais Antônio Lopes de Melo (PTB) e Abílio de Andrade Nogueira (UDN); entre 1955 e 1959, Hélio Palermo (PSP) foi o eleito; entre 1960

---

[2] Chama atenção o fato de que as vinculações políticas de ambos se inverteram diametralmente após 1945. Em 1936, Lopes de Melo figurava ao lado da elite antivarguista, alojada no PRP, de matiz liberal e crítica à ingerência do governo Vargas em face da "autonomia" paulista, ao passo que Avelar se alinhava ao lado das hostes que apoiavam o regime, ou seja, o grupo "apoiado pelo oficialismo", conforme denunciava o PRP local em seus manifestos. O teor da propaganda política de Hercílio Batista Avelar, que apesar de sócio da "Calçados Peixe" à época ainda era gerente de oficina da fábrica, não deixa dúvidas quanto ao seu apoio à política trabalhista de Vargas: "Operariado! Sois sem dúvida a classe que mais precisa do amparo oficial. Longe de nós aqueles tempos escravos onde a questão social era um «caso de polícia» [...]" (*Comércio da Franca*, 14/3/1936, p. 3). Invertendo o posição política demonstrada nesse período, Hercílio Batista Avelar, como a grande maioria dos empresários do calçado, ingressou na UDN após 1945, e Antônio Lopes de Melo passou a fazer parte do PTB (Partido Trabalhista Brasileiro).

e 1963, foram quatro os empresários eleitos: Abílio de Andrade Nogueira (UDN), Delcides Flausino (UDN), João Palermo Jr. (PRP) e Hélio Palermo (PSP). Para a legislatura entre 1964 e 1967, nenhum industrial se elegeu vereador, porém, Hélio Palermo elegeu-se prefeito pelo PSP (Partido Social Progressista) e o udenista Abílio de Andrade Nogueira, sócio da "Calçados Terra", vice-prefeito. Nogueira já havia exercido o cargo de vice-prefeito de 1956 a 1958, tendo assumido a prefeitura durante todo o ano de 1959, quando o titular deixou o cargo para assumir uma cadeira na Assembléia Legislativa. A eleição de Hélio Palermo representou um passo decisivo para a consolidação política do empresariado calçadista no município, fruto de uma vitoriosa estratégia alinhavada pela UDN. Diante da inegável força eleitoral dos partidos trabalhistas em Franca,[3] a UDN juntou suas forças às do PSP, apoiando um candidato identificado com os interesses dos industriais.[4] À UDN, que detinha formalmente o domínio econômico, mas não o político, a aliança com um partido de matiz "popular" como o PSP representou não apenas a possibilidade de elevar um industrial calçadista ao cargo máximo do município, mas também de o realizar em uma conjuntura especial, já que Ademar de Barros, principal líder do PSP, havia sido eleito governador de São Paulo em 1962.[5] Ao PSP, o importante apoio da

---

[3] É prova do enorme prestígio do trabalhismo em Franca o fato de que entre 1948 e 1963 todos os prefeitos eleitos no município eram do PTB ou PTN (Partido Trabalhista Nacional). O PTN governou a cidade de 1948 a 1951 e de 1956 a 1958; o PTB de 1952 a 1955 e de 1960 a 1963. Ao que tudo indica, a doutrinação trabalhista logrou reconhecido êxito na cooptação da crescente massa de operários e trabalhadores urbanos que emergiu com a industrialização da cidade; para alcançar tal intento os "trabalhistas" fizeram uso de um discurso notadamente popular, voltado para os setores sociais em ascensão. Uma discussão acerca da composição e dinâmica geral de atuação dos partidos em âmbito local foi realizada em nossa dissertação de mestrado (Barbosa, 1998).

[4] O caráter de polarização do jogo político local estimulado pela aliança PSP/UDN se explicitou no fato de que pela primeira vez no período 1945-1964 o município teve apenas dois candidatos a prefeito. Os números também mostram que o embate entre o industrial Hélio Palermo e o trabalhista histórico Granduque José (PTB) foi bastante acirrado: 9.880 contra 8.196 votos; para o cargo de vice-prefeito a diferença entre Nogueira e o segundo colocado foi de apenas quatrocentos e treze votos.

[5] Na carta-manifesto "União Democrática Nacional — Ao Povo de Franca", na qual justifica a sua aliança com o PSP, o partido dá a entender que esse motivo seria a razão maior da aliança (*O Francano*, 15/9/1963, p. 6).

UDN representou a oportunidade de finalmente chegar ao poder em Franca.[6]

A chegada de um industrial ao cargo máximo do município foi, sem dúvida, um acontecimento significativo do ponto de vista da luta pela hegemonia política do empresariado. No entanto, a importância do fato em si deve ser relativizada. De um lado, porque o momento histórico que se iniciou em 1964 se caracterizaria pelo acesso direto dos industriais e de suas entidades representativas às instâncias superiores da máquina estatal, o que reduziu muito o papel exercido pelos atores políticos no âmbito local.[7] Por outro lado, a mera chegada dos empresários ao poder municipal não pode ser interpretada como a conquista da hegemonia por esse grupo social; a hegemonia pressupõe não apenas o exercício do poder *per se*, mas sobretudo direção intelectual e moral, que se expressa no território político, mas também no campo das idéias e da cultura (Gramsci, 1978; Gruppi, 1978). Segundo Luciano Gruppi, a hegemonia "é algo que opera não apenas sobre a estrutura econômica e sobre a orga-

---

[6] Não obstante o inegável vigor do partido em São Paulo, sua seção local certamente foi uma das poucas a não conseguir se estabelecer de forma hegemônica durante o "período democrático"; mesmo em ocasiões em que o PSP paulista obteve votações surpreendentes, como em 1947, quando o partido elegeu 27% dos prefeitos de São Paulo, ou em 1951, quando esta marca chegou a 45,5% (Sampaio, 1982, pp. 56 e ss.), a agremiação foi derrotada na cidade pelos partidos trabalhistas. Segundo Regina Sampaio, o PSP conquistou a hegemonia política em São Paulo utilizando-se de uma estratégia orientada em duplo sentido: por um lado, trabalhou pela "consolidação de uma máquina partidária eminentemente clientelista e cartorial, de forma a enquadrar o eleitorado das regiões menos urbanizadas do Estado e parcelas do eleitorado urbano cuja participação política se baseava em padrões mais tradicionais. De outro, orienta-se para um apelo populista difuso que é capaz de sensibilizar as massas trabalhadoras sem, contudo, ter condições de enquadrá-las partidariamente" (p. 110). A autora salienta também que "a aliança com os comunistas e a própria divisão dos trabalhistas, da qual foi beneficiário, permitiu que o Partido penetrasse uma área eleitoral operária e adquirisse uma conotação popular que o levaria a se apresentar como partido de oposição às elites conservadoras identificadas com o PSD e, principalmente, com a UDN — os «cartolas», como eram chamados no jargão pessepista — e a disputar com o PTB o eleitorado trabalhista de São Paulo" (p. 56).

[7] A estrutura bipartidária estabelecida pelo regime militar contribuiria para suprimir o partido político — no caso, a UDN — como importante instrumento de articulação das demandas, restringindo a movimentação dos interesses empresariais à arena das entidades de classe e das instâncias estatais superiores.

nização política da sociedade, mas também sobre o modo de pensar, sobre as orientações ideológicas e sobre os modos de conhecer" (1978, p. 5). No mesmo sentido, Ivete Simionatto observa que "não se pode perder de vista que a classe dominante repassa a sua ideologia e realiza o controle do consenso através de uma rede articulada de instituições culturais, que Gramsci denomina de «aparelhos privados de hegemonia»" (1993, p. 116). Tais assertivas evidenciam o fato de que mais importante que a eleição dos governantes locais foi, por exemplo, o processo de ocupação de espaços institucionais estratégicos — como a UDN, a Acif, o jornal *Comércio da Franca* — pelo empresariado calçadista, fator decisivo para o êxito da difusão da ideologia *industrialista*, assim como para a disseminação de demandas específicas do setor sob a forma de anseios de todo o conjunto social.

De acordo com o sentido de hegemonia evidenciado acima, a atuação empresarial em instituições estranhas ao universo da política e da economia, a exemplo do *Rotary Club*, também foram importantes para a difusão e operacionalização dos valores do capitalismo industrial, sobretudo no campo da cultura. Como bem demonstrou Gramsci (1978), nos Estados Unidos instituições não-governamentais como o *Rotary Club* e a *Y.M.C.A.* (*Young Men's Christian Association*) foram agentes de destaque na organização de uma economia com características programáticas e uma estrutura social "racionalizada", tendo em vista o imperativo de se elaborar um novo tipo humano, adaptado ao novo tipo de trabalho e produção. O filósofo italiano assim descreve o virtual objetivo do *Rotary Club*:

> [. . .] seu programa essencial baseia-se na difusão de um novo espírito capitalista, na idéia de que a indústria e o comércio, antes de serem um negócio, são um *serviço social*; ainda mais, são e podem ser um negócio na medida em que representam um "serviço". Assim, o Rotary desejaria que o "capitalismo de rapina" fosse superado e se instaurasse um novo costume, mais propício ao desenvolvimento das forças econômicas (1976, pp. 415-6).

Conforme pudemos constatar na investigação da imprensa da época, industriais de relevo como Wilson Sábio de Melo, Nélson Palermo, Hugo

Betarello e Afonso Celso de Andrade Nogueira, entre tantos mais, participaram ativamente e ocuparam funções de direção no *Rotary Club* local, fato que por si só indica que a influência dessa associação na divulgação dos valores da nova sociedade industrial deve ter sido significativa.[8] Todavia, a incursão por essa dimensão do tema não está presente em nossos propósitos, pois demandaria a ampliação do escopo da pesquisa para além do planejado, comprometendo o cronograma previsto para a realização deste trabalho.

Julgamos, com efeito, que a decisão de não contemplar diretamente a dimensão cultural da atuação dos industriais não afeta o objetivo central do estudo em pauta, pois a reflexão aqui desenvolvida realça os domínios mais visíveis do comportamento e da ideologia empresarial, isto é, o político-social e o econômico. Nas páginas que seguem, procuramos demonstrar como a estreita relação triangular entre industriais, UDN e Acif resultou numa articulada estrutura empenhada em engendrar na sociedade local os valores da fração burguesa em ascensão.

Partido e associação de classe na difusão
da ideologia dos industriais

A composição política em torno das aspirações diretas e/ou indiretas da indústria do calçado alcançou um nível de eficiência bastante significativo no período em questão. Os principais industriais calçadistas se agruparam majoritariamente na UDN e também os udenistas dominaram a direção e os principais cargos da Acif. Com exceção de Antônio Lopes de Melo, que pertenceu ao PTB,[9] os principais empre-

---

[8] Um exemplo nesse sentido pode ser observado quando, em 1964, Wilson Sábio de Melo, na condição de novo presidente do *Rotary Club*, promoveu uma série de excursões de representantes rotarianos de cidades vizinhas para visitas ao parque industrial de Franca, com o intuito de divulgar a atividade calçadista aí desenvolvida (*Comércio da Franca*, 13/5/1964, p. 6).

[9] Diferentemente da UDN, o PTB tem uma história intimamente ligada à figura de Vargas e ao regime por ele instituído em 1937. A formação de um partido trabalhista na esteira do ocaso do Estado Novo teve como objetivo primordial cumprir a função de canalizar as demandas políticas da classe trabalhadora, afastando-a da influência crescente do Partido Comunista Brasileiro (PCB), uma vez que a euforia democrática avançava pelos idos de 1945. Coube ao PTB, forjado com base na estrutura sindical corporativa e nos quadros técnicos do Ministério do Trabalho, esse

sários calçadistas com alguma vinculação política faziam parte da UDN.[10] Dentre os proprietários das dez maiores fábricas de calçados em fins dos anos 1940, por exemplo, cinco deles faziam parte do Conselho Deliberativo da UDN, em seu Departamento de Indústria, no diretório eleito em agosto de 1947. Eram eles: Hercílio Batista Avelar, Pedro Spessoto, Wilson Sábio de Melo, Estélio Dante Pucci e Celso Ferreira Nunes.[11] Em um levantamento no qual pudemos identificar dezesseis empresários filiados a partidos locais entre 1945 e 1964, observamos a seguinte clivagem:

---

papel. Conforme analisa Angela de Castro Gomes, "o PTB foi criado como a melhor opção partidária para o trabalhador brasileiro". Segundo a autora, a criação do PTB em maio de 1945 veio complementar o processo de incorporação política dos trabalhadores, iniciado após 1930 e levado a efeito sob os auspícios da "invenção" do trabalhismo e da montagem do sindicalismo corporativista (Gomes, 1988, pp. 307 e 327 e ss.).

[10] A UDN surgiu nos estertores do Estado Novo, agregando diversos grupos que se opunham ao regime varguista que iam da direita à esquerda, das antigas oligarquias regionais a membros do movimento tenentista que contribuíram para a sua derrubada em 1930, todos imbuídos do desejo de restauração do regime democrático e do apeamento de Getúlio Vargas do poder após quinze anos de ditadura. Por sua condição original de grande frente política empenhada na luta pela democracia, a UDN reuniu em seus quadros um conjunto social bastante complexo, em parte responsável pela dinâmica contraditória assumida pelo partido ao longo do período 1945-1964. De toda forma, a UDN teve no liberalismo uma espécie de "doutrina oficial" do partido, ainda que, conforme argumenta Maria Victória Benevides, tivesse o sentido de uma "*máscara liberal como justificação do combate a Getúlio*". De acordo com essa autora, "em termos de liberalismo econômico a UDN se apresentava, quanto à imagem pública e nacional, e não como posição de alguns de seus membros, fiel aos moldes clássicos da livre-empresa e economia de mercado, profundamente anti-intervencionista [...]" (Benevides, 1981, pp. 242 e 248, grifos da autora).

[11] A composição do diretório municipal da UDN foi publicada no jornal *Comércio da Franca* de 4/9/1947, p. 4. As demais informações sobre as composições partidárias mencionadas no presente relatório baseiam-se em referências diversas publicadas também em jornais e revistas locais.

Gráfico 15. Empresários calçadistas filiados a partidos políticos entre 1945 e 1964

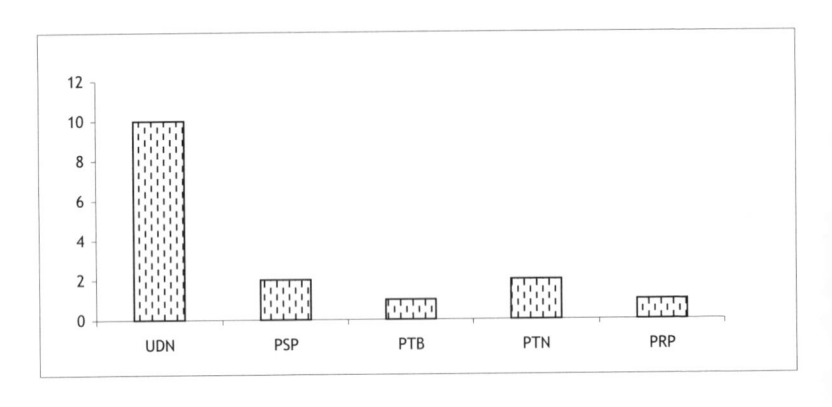

UDN	10
PSP	2
PTB	1
PTN	2
PRP	1

Fonte: *Comércio da Franca, Diário da Tarde, O Francano* (vários anos).

Como se percebe, quase dois terços dos empresários faziam parte da UDN. É certo que fração importante da elite agrária local também estava alojada no partido e ocupou os postos mais importantes da sua direção por muito tempo. Todavia, os industriais souberam equilibrar o poder na agremiação e impor suas aspirações como parte do "projeto" do partido. . A despeito de a sua composição explicitar uma virtual aliança política com a elite terratenente, a UDN local não deixou de expressar uma identidade industrial. É revelador da importância assumida pela atividade fabril na plataforma da UDN local o fato de o programa de governo do partido ter sido o único na eleição municipal de 1947, a primeira do "período democrático", no qual constava o estímulo à instalação de novas indústrias ("Ao povo de Franca — Manifesto da UDN". In: *Comércio da Franca*, 12/ 10/1947, p. 1).[12] Em 1957, Afonso de Andrade Nogueira, sócio da "Calçados Terra" e um dos poucos agricultores que se imiscuíram na atividade industrial, assumiu a presidência da UDN, o que contribuiu para dar ainda mais força ao grupo dos empresários fabris no interior do partido.[13]

---

[12] Os programas de governo dos demais partidos estão em edições do jornal *Diário da Tarde* do mesmo período.

[13] É significativo da ascensão gradativa dos industriais na UDN o fato de que o industrial Afonso de Andrade Nogueira tenha iniciado a vida partidária nos anos 1940 como tesoureiro do partido, passando a primeiro vice-presidente em 1953

Materializando a outra face da dinâmica de ascensão do empresariado, a rápida expansão da indústria do calçado no município deu alento à criação de uma nova entidade de classe em 1944, a Associação do Comércio e Indústria de Franca (Acif); esta não apenas resistiu ao tempo, mas também ganhou força suficiente para se tornar a principal defensora dos interesses do setor até o surgimento do sindicato patronal em 1959, para a qual serviu de base e deu contribuição decisiva para a sua fundação. Conforme o ocorrido também na capital, sobretudo até os anos 1920, os primeiros passos da organização dos industriais se deram em ação conjunta com os interesses do comércio, estando ambos agrupados em uma mesma instituição. Se a princípio tal união de forças parece explicar-se em virtude da *juventude* da indústria do calçado no município, em pouco tempo os empresários fabris tornaram-se hegemônicos na direção da entidade; seus representantes assumiram a presidência da Acif três anos após a sua criação e se elegeram consecutivamente por mais de duas décadas, fazendo de seus clamores específicos a principal bandeira de luta dentro da entidade e garantindo, assim, lugar privilegiado para discussões de seu interesse.

A prevalência das pretensões industriais dentro da associação ocorreu, entretanto, sem gerar grandes conflitos. Enquanto na capital a divergência entre industriais e comerciantes importadores no interior da Associação Comercial gerou tensões que acabaram por dar origem ao Ciesp (Centro das Indústrias do Estado de São Paulo) em 1928, em Franca não apenas o sindicato da indústria do calçado surgiu pelas mãos da Acif, sem cisões, como as duas entidades compartilharam o mesmo presidente por alguns anos. Na capital, a hegemonia dos representantes do comércio importador na Associação Comercial de São Paulo, traduzida no fornecimento de seus principais quadros dirigentes, foi compreendida por Eli Diniz (1978) como reflexo do maior prestígio e influência política desse grupo social.[14]

---

e chegado à presidência em 1957. Com Nogueira à frente da UDN (até os anos 1960), seu sócio Válter Terra passou a ser um dos secretários da agremiação e Jorge Cheade, contador da *Samello* e importante nome da associação industrial, o secretário-geral.

[14] Para Diniz, "o prestígio e a influência dos importadores extravasava os limites das organizações de classe, traduzindo-se em representação majoritária em órgãos consultivos, como o Conselho Superior do Comércio e da Indústria, órgão federal criado por decreto presidencial em 1923, para assessorar o governo em assuntos econômicos, através da elaboração de projetos e pareceres" (1978, p. 237).

Segundo a autora, essa primazia foi aceita pelos industriais porque "estes ainda não haviam adquirido identidade própria e tinham consciência de sua inferioridade política" (1978, p. 237). Lançando mão do mesmo raciocínio utilizado por Diniz acerca da composição de forças no seio de uma entidade de classe, podemos dizer que em Franca o contrário ocorreu. Julgamos igualmente que a preponderância das aspirações dos industriais no interior da Acif evidencie a condição de superioridade econômica e política alcançada pelos empresários calçadistas em relação à burguesia comercial já a partir dos anos 1940. Tal assertiva equivale ainda a dizer que, a essa época, os industriais locais já demonstravam ter construído uma identidade própria, tendo consciência da singularidade de seus interesses no conjunto das demandas da burguesia como um todo.

Não resta dúvida de que a presença de industriais udenistas no interior da Associação da Indústria e Comércio de Franca foi determinante para a constituição da força reivindicativa que a instituição teve em um período crucial para a atividade calçadista. A referida instituição constituiu vigoroso instrumento de verbalização das reivindicações do segmento industrial francano, mostrando-se atenta a todas as questões da política econômica nacional que pudessem afetar a indústria local no período. Considerando o período de 1947 a 1956, apenas durante o biênio 1951-1952, a presidência da Acif não foi ocupada por industriais da UDN; contudo, nestes dois anos tal cargo foi exercido pelo industrial petebista Antônio Lopes de Melo. No biênio 1947-1948, Hercílio Batista de Avelar, à época membro do Departamento de Indústria da UDN e proprietário da "Calçados Peixe", presidiu a entidade; os empresários udenistas Celso Ferreira Nunes e Clodomiro Ferreira da Silva fizeram parte do Conselho Consultivo. No biênio seguinte (1949-1950), José Rodrigues da Costa Sobrinho, segundo vice-presidente da UDN local e industrial ligado a outro segmento fabril, exerceu a presidência; com efeito, seus companheiros de partido que ocuparam outros cargos eram do setor de calçados: Abílio de Andrade Nogueira ocupou a primeira vice-presidência do órgão e Pedro Spessoto e Clodomiro Ferreira da Silva ocuparam cadeiras no Conselho Deliberativo. No quadriênio 1953-1956, foi a vez do industrial Abílio de Andrade Nogueira assumir a direção da Acif, período em que acumulou ainda as funções de tesoureiro-geral da UDN e de vereador pelo partido, sendo eleito vice-prefeito em outubro de 1955.[15]

Essa relação UDN-associação de classe existente em Franca encontra paralelo em outros lugares; porém, ao que parece, esteve assentada em condições sociopolíticas diferentes. Em seu estudo sobre a UDN no extinto estado da Guanabara, Izabel Fontenelle Picaluga observa que houve um crescimento da influência recíproca entre o partido e as instituições de representação das classes industrial e comercial na década de 1960. De acordo com a autora, esse processo se deu em conseqüência do movimento de aglutinação das forças sociais conservadoras visando a derrubada do governo Goulart (Picaluga, 1980). Em Franca, a vinculação entre a UDN e a principal entidade da classe industrial se deu desde o início do "período democrático", ou seja, não teve o mero caráter de aproximação tática visando o fortalecimento dos grupos conservadores em um momento histórico marcado pela tensão política e instabilidade econômica. Tal constatação contribui para realçar nosso argumento acerca da eficiência do empresariado do calçado para estabelecer uma articulação política consistente e estável tendo em vista seus interesses econômicos, não se restringindo a momentos e condições históricas pontuais.

Um bom exemplo do poder de articulação dos industriais em torno de seus interesses pode ser observado nos vínculos estabelecidos com o principal órgão de imprensa ligado à UDN: o jornal *Comércio da Franca*. De propriedade de Ricardo Pucci, nome de grande peso no diretório municipal da UDN e vereador eleito diversas vezes pela sigla, o *Comércio* se firmou como o arauto local dos princípios udenistas. Distinguindo-se dos demais órgãos da imprensa de Franca, todos inclinados à manifestação laudatória em relação à política trabalhista, o *Comércio da Franca* denunciou a ineficiência da legislação trabalhista, tomou posição decididamente em favor do capital estrangeiro no País e foi rigorosamente

---

[15] O quadro diretivo da Acif durante a gestão de Abílio de Andrade Nogueira é representativo da forte presença dos udenistas no seu comando. Entre os outros seis componentes da diretoria da Acif, quatro eram udenistas e faziam parte do diretório do partido no período: Arias de Almeida, secretário-geral da UDN, primeiro vice-presidente da entidade; Jorge Cheade, contador da *Samello*, membro do diretório da UDN (assumiu a secretaria-geral nos anos de 1957 e 1958), primeiro secretário da Acif; Anis Alberto Aidar, vogal da UDN, segundo secretário da Acif; e Ricardo Pucci, vogal da UDN, segundo tesoureiro da Acif.

crítico ao nacionalismo de matiz "getulista".[16] Nas páginas do *Comércio*, ao mesmo tempo que artigos como "Por que Industrialização?" (*Comércio da Franca*, 1/9/1949, p. 2) ou "A Indústria, Fator de Riqueza" (*Comércio da Franca*, 11/9/1949, p. 3) denotam o explícito empenho do jornal na difusão de uma ideologia *industrialista*, é possível se verificar também a clara intenção de projetar a indústria do calçado de Franca por meio do fornecimento sistemático de informações sobre fábricas e empresários locais. Sintomático desse deliberado intuito de promover a indústria local foram as séries de reportagens publicadas pelo jornal, como "O Nosso Parque Industrial",[17] de 1948, e "A Indústria do Couro em Franca",[18] de 1950. A justificativa do *Comércio da Franca* para a publicação da série de 1948 é elucidativa do nosso raciocínio:

> Levando em conta a grandiosidade do nosso parque industrial que contradiz informações sem bases já divulgadas pela própria imprensa metropolitana, é que o COMÉRCIO organizou uma série de reportagens junto às nossas mais renomadas indústrias de calçados para trazer ao conhecimento público detalhes interessantes sobre as mesmas (*Comércio da Franca*, 1/7/1948, p. 1).

Do mesmo modo, os pleitos do empresariado que tomaram forma de ofícios e manifestos encaminhados pela Acif encontraram no *Comércio da Franca* a mais breve acolhida e tiveram no jornal seu principal meio de divulgação. Tal era a identificação do *Comércio da Franca* com a UDN e os interesses por ela expressados que o jornal *Diário da Tarde*, de tendência trabalhista, chegou a afirmar em um de seus editoriais que "a UDN era o «Comércio» e que sem o «Comércio» não existia UDN em

---

[16] Sobre as posições políticas defendidas nas páginas do *Comércio da Franca*, ver, por exemplo, entre muitos textos, os artigos em que o udenista José Dinis Moreira critica a legislação trabalhista de Vargas (*Comércio da Franca*, 10/11/1946, p. 4) e defende a abertura do mercado brasileiro ao capital estrangeiro, em contraposição à direção nacionalista dada por Vargas à política econômica do País (*Comércio da Franca*, 15/8/1953, p. 3).

[17] Tal série foi publicada nas seguintes edições do jornal *Comércio da Franca* em 1948: 27/5, p. 1; 1/7, p. 1; 8/7, p. 1; 15/7, p. 1; 29/7, p. 1 e 19/8, p. 1.

[18] Tal série foi publicada nas seguintes edições do jornal *Comércio da Franca* em 1950: 16/7, p. 5; 23/7, p. 2 e 3/8, p. 2.

Franca" (*Diário da Tarde*, 10/2/55, p. 1).[19] Essa representação do *Comércio* concebida pelo periódico adversário, em que pese todo o subjetivismo político nela intrínseco, conduz-nos a uma reflexão importante, já empreendida por Maria Victória Benevides na análise da relação política existente entre o jornal *O Estado de S. Paulo* e a UDN; buscando inspiração nos escritos de Gramsci, Benevides desenvolve a idéia de que "o partido político pode existir em situações independentes da ação política imediata" (1981, p. 158). Segundo Gramsci, existiria

> uma força dirigente superior aos partidos e às vezes reconhecida como tal pelo público. Esta função pode ser estudada com maior precisão se se parte do ponto de vista de que um jornal (ou um grupo de jornais), uma revista (ou um grupo de revistas), são também eles "partidos", "frações de partido" ou "funções de um determinado partido" (1976, p. 23).[20]

Nesse sentido, poderíamos pensar que o *Comércio da Franca* era também a UDN e exercia funções de partido político em Franca, pois atuava como difusor da ideologia e dos valores econômicos — e também morais — da UDN na sociedade local.

Ao que tudo indica, a relação *Comércio da Franca*-UDN-industriais teve mesmo um alcance político bastante expressivo, projetando-se para além do nível local. É significativo que o redator-chefe do jornal que mais se empenhou em combater em favor das causas da indústria do calçado de Franca, assim como em torná-la mais conhecida, tenha sido também representante — o único — do município da Assembléia Legislativa de São Paulo por mais de uma década. Vicente de Paula Lima, deputado pela

---

[19] Para se ter uma idéia da ligação umbilical da UDN com o jornal *Comércio da Franca* basta dizer que, em 1949, 37% das edições do periódico fizeram algum tipo de referência (sempre positiva) ao partido, excluindo-se a publicidade política; destas, 70% foram feitas em primeira página. Em 1950, sob os mesmos parâmetros de análise, 47% das edições do *Comércio da Franca* fizeram referências à UDN, 67% delas em primeira página; mais de um quarto (28%) das edições de 1950 continham referências em duas ou três páginas. Em alusão à vinculação do jornal com o partido, o *Diário da Tarde* referia-se regularmente ao *Comércio da Franca* pelo codinome de "Boletim Familiar". Sobre esse aspecto da política local, ver Barbosa (1998).

[20] Gramsci chama a atenção, neste aspecto, para a função política exercida pelos jornais *Times*, na Inglaterra, e *Corriere della Sera*, na Itália.

UDN local, foi eleito consecutivamente para o parlamento paulista entre 1947 e 1958, conciliando sua vida política com a atividade no *Comércio da Franca*. Enquanto Lima foi deputado estadual, apenas um industrial, Antônio Lopes de Melo (PTB), concorreu a este posto, o que parece indicar que seu nome era realmente o escolhido pelo empresariado para representá-lo. Lima foi um político de inegável prestígio na Assembléia Legislativa: líder da bancada da UDN entre 1951 e 1953 e presidente da Casa entre 1954 e 1955, chegou a ter seu nome cotado na convenção udenista de 1954 para ser candidato a governador;[21] em razão da sua influência, em 1955 foi nomeado secretário de Educação do governo Jânio Quadros. Em seu período como parlamentar, foi construída a Rodovia Franca—Araxá, importante via de escoamento da produção local para o promissor mercado do Triângulo Mineiro, houve o incremento da rede bancária — crucial para um setor carente de crédito —, sensível modernização da infra-estrutura urbana financiada por empréstimos estaduais[22] e também ocorreu grande aproximação entre a Fiesp e o empresariado local.[23] Cabe destacar, ainda, que foi de Vicente de Paula Lima o

---

[21] Como observa o jornal *Diário da Tarde*, nas prévias das eleições para governador, em 1954, o nome de Lima aparecia como o "o mais cotado na convenção udenista de S. Paulo". O jornal destacou, ainda, o seguinte: "Segundo nos informou destacado prócer udenista, a maioria do partido está inclinada a lançar a candidatura do deputado Paula Lima, presidente da Assembléia Legislativa" (*Diário da Tarde*, 23/4/1954, p. 1).

[22] Em período marcado pela ocorrência de vultosos empréstimos do Governador Lucas Nogueira Garcez ao município, com o objetivo de financiar obras de infra-estrutura, o *Comércio da Franca* ressaltava que "no plano parlamentar, o Deputado Paula Lima foi quem mais se bateu em prol da tese do colaboracionismo com o governo paulista [. . .]" (*Comércio da Franca*, 27/7/1953, p. 4).

[23] Em 1951 a Fiesp intermediou a filiação de quase todos os industriais locais ao Sindicato da Indústria de Calçados do Estado de São Paulo. Na ocasião, foi deliberado pelo presidente da entidade — e também diretor da Fiesp — Hugo Machiaverini que na próxima eleição do referido sindicato figuraria na diretoria um representante de Franca, o que de fato aconteceu (*Diário da Tarde*, 2/6/1951, p. 1). No início de 1953 Franca já passava a contar com uma delegação regional da associação de classe. A relação com a Fiesp concorreu ainda para divulgar a indústria local e, por conseguinte, consolidar a imagem de Franca como um centro fabril especializado na produção de calçados. Desse modo, não apenas se rompeu o isolamento e abriu-se um novo horizonte para o empresário local, pondo-o em contato com outros industriais paulistas, mas também se chamou a atenção do *establishment* econômico do estado para o novo pólo manufatureiro que ali se edificava. Quando da instalação da Delegacia Regional do sindicato da classe em Franca, por exemplo, fato que marcou

projeto de lei estadual que tornou a Acif órgão de utilidade pública, podendo, com isso, usufruir de algumas vantagens fiscais e obter subvenções oficiais (*Projeto de Lei Estadual 720/50*. In: *Comércio da Franca*, 10/9/1950, p. 5). Vicente de Paula Lima teve, enfim, considerável êxito na defesa dos interesses do setor industrial; não obstante nenhum industrial ter chegado a conquistar mandato no legislativo paulista ou federal, o empresariado pôde contar com representante de peso na Assembléia Legislativa de São Paulo.

Diante do exposto, fica patente o contraste entre a relação dos empresários locais com a UDN e o que já foi escrito acerca da dinâmica do partido para o conjunto do País e da vinculação política predominante no meio industrial. De forma geral, a literatura acadêmica liga politicamente o empresariado fabril ao PSD. Warren Dean, por exemplo, assinala que, em face do reagrupamento de forças após a queda de Getúlio Vargas em fins de 1945, "os industriais de São Paulo não titubearam em filiar-se ao partido dos chefes rurais, o Partido Social Democrático (PSD). Hostil à criação da indústria nacional, a UDN seria um aliado inconcebível" (1971, p. 250). Em Franca, não apenas o PSD não contou com nenhuma representação entre os industriais, como a presença maciça de empresários do calçado na UDN influenciou de maneira decisiva o posição claramente *industrialista* assumida por esse partido em âmbito local, o que contraria a constatação de Maria Victória Benevides, para quem a UDN, sendo um partido de fortes bases rurais e com discurso voltado

---

também a primeira visita de um presidente da Fiesp à cidade, o jornal *Comércio da Franca* foi enfático em ressaltar a importância de tal acontecimento para a publicidade do parque industrial que se formava: "[...] Os industriais francanos conhecem a pujança da Federação e a ela têm recorrido. Assim, ao ser instalada a Delegacia Regional do Sindicato da Indústria de Calçados, em nossa terra, era oportuno convidar diretores da Fiesp para vir a Franca, a fim de sentir aqui as mesmas vibrações de entusiasmo que os inspiram na Capital do Estado. [...] É oportuna a visita porque os industriais paulistanos ficarão a par do esforço dos francanos no setor industrial, principalmente no campo da indústria de couros e de calçados ficando cientes de nossos recursos e de nossas possibilidades. Aqui poderão encontrar novos horizontes para suas atividades, ampliando nossa capacidade criadora e encorajando o aparecimento de novas indústrias. Assim, a instalação da Delegacia do Sindicato de Indústrias de Calçados oferece-nos a magnífica oportunidade de saudar os representantes credenciados do maior parque industrial da América do Sul, com os votos mais sinceros para que tal visita redunde em iniciativas úteis do progresso de Franca [...]". (*Comércio da Franca*, 18/1/1953, p. 1).

diretamente para as classes médias, "jamais assumiu a luta desenvolvimentista" (1981, p. 218).[24]

A análise da atuação articulada envolvendo a UDN e a Acif evidencia, pois, a ação de um empresariado notadamente empenhado em criar uma identidade associada aos interesses específicos da indústria e em difundir a ideologia *industrialista* no diálogo com o universo político e com a sociedade. Neste aspecto, o papel desempenhado pelo empresariado francano destoa do ressaltado por Warren Dean, para quem os empresários paulistas nunca foram capazes de transmitir à opinião pública uma visão favorável da atividade industrial, "talvez porque não fossem capazes de tamanho grau de organização, porém mais provavelmente por não serem capazes de se iludirem a si mesmos a tal ponto" (Dean, 1971, p. 137). Percebemos nos documentos da entidade a vocalização de um discurso pró-indústria que primou tanto pela defesa da atividade em si, quanto por ressaltar a dimensão social — representada pelo fator emprego — intrínseca a esse setor da economia. A presença da questão social no discurso *industrialista* do empresariado do calçado representava, obviamente, em maior ou menor grau, inegável componente retórico; contudo, é significativo que esse grupo social tenha dele se utilizado, ainda que de forma pragmática, pois revela a estratégica tentativa dos industriais de mobilizar outros segmentos sociais na luta por causas de seu interesse. Com isso, o empresariado mostrou-se eficiente em dar projeção abrangente para problemas que, em uma visão estrita, se limitariam às preocupações da indústria.

Alguns documentos encaminhados a diversas instâncias pela Acif, nos anos 1940 e 1950, são indicativos do nosso argumento em relação à estratégia ideológica construída pelo empresariado do calçado. Um ofício encaminhado pela Acif ao ministro da Fazenda Osvaldo Aranha em 1952, por exemplo, fez do problema da importação de insumos para o

---

[24] Benevides observa que "a UDN pode ser considerada «partido das classes médias» no sentido de que *era o único grande partido que se dirigia diretamente às classes médias* — nos programas e nos discursos, na imprensa, nos meios militares — sobretudo através das denúncias de «proletarização» e da corrupção administrativa. Era o partido que se proclamava herdeiro dos movimentos liberais das classes médias na história brasileira. *Mas em termos de defesa de interesses econômicos a UDN expressava, também, e sobretudo, os interesses dos proprietários de terras (em nada diferindo do PSD, por exemplo) e da indústria aliada ao capital estrangeiro* (1981, p. 217, grifo da autora).

curtimento do couro uma preocupação não apenas de curtumes, fábricas de calçados e alguns milhares de operários empregados nestes estabelecimentos de Franca, mas uma questão de interesse geral. Os industriais se mostraram firmes em "solicitar providências enérgicas e prontas do Governo" para a liberação dos pedidos de licença para a importação direta pelos curtumes de *bicromato de sódio-potássio*, componente químico amplamente utilizado no tratamento do couro; a falta de solução para o caso estaria causando o aumento substancial do preço do couro e, por conseguinte, a oneração da produção local. A defesa dos interesses econômicos do empresariado do calçado foi feita nos seguintes termos:

> Excelentíssimo Senhor Doutor Osvaldo Aranha M. D. Ministro da Fazenda
> Rio de Janeiro-DF
> Exmo Sr. Ministro
> A Associação do Comércio e Indústria de Franca, entidade que congrega a quase totalidade das classes produtoras de nossa cidade e da região, pede vênia a V.Ex.ª para vir expor e solicitar providências, sobre um assunto de interesse vital para a continuidade da existência dos curtumes e das fábricas de calçados de nossa região, principalmente de nossa cidade, que é uma das que mais produz artefatos de couros no estado de São Paulo, empregando cerca de 2.500 operários em 8 (oito) curtumes e 51 (cinqüenta e uma) fábricas de calçados. *Essas fábricas, sr. Ministro, estão na eminência de paralisarem suas atividades e deixar no abandono cerca de 2.000 operários*, por falta de matéria-prima, sobretudo pela denominada Bicromato de Sódio-Potássio, se V.Ex.ª não tomar urgentes providências a fim de atender ao pedido que aqui se formula. [. . .].
> V.Ex.ª, que tem atendido e com presteza os reclamos das classes produtoras, quando no interesse geral, como no caso presente, não deixará de tomar as urgentes e precisas medidas no sentido de ser concedida com urgência licença de importação para os números aqui citados [. . .]. (*O Francano*, 15/10/1952, p. 3, grifo nosso).

Em ocasião anterior, no ano de 1946, um ofício enviado pela Acif à Associação Comercial de São Paulo pediu a intervenção do órgão da capital em instâncias superiores para amenizar os efeitos do racionamento de energia elétrica na produção de calçados local. Em sua justificativa, a instituição destacava a necessidade de que fossem resguardados os interesses industriais, mas também salientava a ampla importância social dessa iniciativa. Diz o documento:

> Em defesa dos interesses dos industriais desta cidade, na sua quase totalidade nossos associados, endereçamos a V.S.ª este pedido solicitando-lhe sua intervenção junto a quem de direito a fim de ser diminuído o racionamento de energia elétrica para este município, o qual foi recentemente agravado com o racionamento anormal, motivado por razões de ordem técnica, segunda informa a imprensa fornecedora. [. . .]
> *Sendo incalculável o prejuízo que esse racionamento vem causando a esta praça, atingindo não somente os industriais, mas também os operários, de vez que se dá fatalmente a diminuição dos respectivos salários, tornando-lhes ainda mais difíceis as condições de vida,* esperamos que V.S.ª nos auxilie promovendo os passos necessários a fim de que os diretores das Empresas Elétricas Brasileiras tomem esse pedido na devida consideração.
> Acreditamos que o critério do racionamento da energia elétrica não pode ser o mesmo para todas localidades; pensamos que as cidades industriais devem receber tratamento diferente, nesse assunto, sob pena de perecerem vultosos interesses geralmente ligados aos próprios interesses do povo, como é o caso desta cidade, possuidora de uma grande indústria de calçados populares.
> Essas as razões por que esta Associação do Comércio e Indústria pleiteia uma redução no racionamento da energia elétrica para a cidade [. . .] (*O Francano*, 1/9/1946, p. 1, grifo nosso).

Em 1947, um extenso memorial enviado pela Acif ao Ministério do Trabalho, Indústria e Comércio e à Comissão Central de Preços, manifestou a profunda indignação dos industriais de Franca em face da elevação dos impostos dos calçados populares, o que aumentou o seu preço e concorreu para diminuir drasticamente o consumo. De acordo com o documento, tal medida governamental não só havia causado a paralisação das fábricas e a queda na arrecadação, motivados pela quebra das vendas, mas afetava de maneira profunda a vida das classes subalternas; seu duplo efeito nocivo poderia ser observado tanto no desemprego de cerca de dois mil operários em Franca, quanto no aumento do custo de vida da classe trabalhadora em geral, potencial consumidora dos calçados populares fabricados na cidade. Demonstrando por meio de cálculos as implicações negativas do ato oficial, o documento da Acif enumerou uma série de conseqüências dele advindas. Reproduzimos a seguir duas delas, assim como a solução para o caso proposta pela entidade, em razão de sua maior relevância para a discussão aqui empreendida:

[. . .] II — O prejuízo do povo, da classe operária, logo se depreende, pela exposição anterior a inoportunidade do tabelamento dos calçados populares, até Cr$ 100,00, pois que, nos termos em que a Portaria n.º 15 colocou os preços daquelas utilidades, *o povo é que vai sofrer aumento*. E pondere-se o contra-senso: o preço dos produtos foi tabelado, para que aqueles não fossem elevados, e a Portaria causa, expressamente, um aumento de preços!

[. . .] V — Operários na iminência do desemprego
Quem supõe ser de calçados finos a maioria das fábricas, engana-se. Esses ocupam 40 por cento das atividades se tanto. No mais, as fábricas de calçados, principalmente as do interior, só produzem calçado popular, pois que a maior procura é exatamente essa, nas cidades grandes e pequenas. Franca por exemplo, possui 50 fábricas de calçados populares. E essas fábricas, estão na iminência de total imobilidade, com graves prejuízos. *E cerca de 2.000 operários poderão perder o emprego se persistir a atual política de preços. Fácil é de imaginar as conseqüências desse fato, se ele acaso ocorrer. Cidade operária por excelência, onde a indústria exclusiva é a do couro, teremos um colapso econômico de imprevisíveis proporções.*

VI — Solução
Provado que está o rol de malefícios que vem causando o tabelamento do calçado popular, resta Ex.ᵐᵒˢ Srs. que V.Ex.ᵃˢ, venham ao encontro dos industriais para proporcionar-lhes a justa solução que é:

Exclusão do tabelamento dos calçados cujo preço, até dezembro de 1946, não ultrapassava Cr$ 100,00.
Como se pode verificar, a medida pleiteada é das mais razoáveis. Com sua adoção, *estará a Comissão Central de preços trabalhando pelos interesses dos menos favorecidos da fortuna, pelas classes trabalhadoras que tanto necessitam dos cuidados patrióticos do digno Tenente-Coronel Mario Gomes da Silva e do Ministro Morvam Dias de Figueiredo* (*O Francano*, 1/6/1947, p. 1, grifo nosso).[25]

Julgamos que esse tipo de atitude do empresariado calçadista seja um contraponto razoável à crítica realizada por parte da bibliografia que trata do assunto, a qual qualifica como "imaturidade ideológica" o fato de a burguesia industrial não ter assumido a defesa das aspirações de outras classes sociais.[26] Conforme se pode perceber nos documentos acima, o empresariado projetou a sua importância para além do seu real alcance, superestimando o espaço que ocupava no tecido industrial do País. Os fabricantes de calçados do município procuraram desde muito cedo criar uma representação de si que transcendia a mera circunscrição local, buscando delinear uma auto-imagem que o vinculava ao conjunto da produção nacional; daí, o discurso que o liga à responsabilidade sobre o destino das "classes trabalhadoras" de uma forma ampla e não apenas a Franca. Por um lado, ao valorizar ao máximo o significado de seu papel para a estabilidade da vida econômica, o empresariado local reivindicava o seu reconhecimento como ator essencial na trama econômico-política; por outro, demonstrava, pelo menos retoricamente e de forma instrumental, sua preocupação com outros setores sociais além do seu próprio grupo. Vê-se, portanto, um comportamento distante do que se convencionou dizer acerca da falta de consciência de si da burguesia

---

[25] O Tenente-Coronel Mário Gomes da Silva, citado no referido memorial, ocupava à época o cargo de vice-presidente da Comissão Central de Preços.

[26] Tal perspectiva pode ser observada em Cardoso (1963), Fernandes (1987), Boschi (1979) e Diniz (1978; 1999), entre os autores mais importantes. Na opinião de Eli Diniz "tal dificuldade não é apenas conjuntural, tendo raízes mais profundas"; conforme observa, "a análise do comportamento da classe empresarial, ao longo de várias fases da industrialização na América Latina, evidencia inúmeros exemplos dessa incapacidade de transcender os interesses localizados e negociar propostas de teor mais abrangente" (1999, pp. 15-6).

industrial e da indiferença dessa classe em face dos interesses gerais da sociedade.[27]

Pode se argumentar que a preocupação do empresariado calçadista francano com os interesses das classes subalternas pautou-se por razões visivelmente pragmáticas. Todavia, seria de bom senso acreditar que a burguesia industrial brasileira assumisse a defesa de interesses econômicos de outras classes sociais, a não ser de forma instrumental e pragmática? Em *O Dezoito Brumário* Marx observa que a burguesia se mostrou historicamente propensa a agir de modo egoísta, pois "sacrificava a cada momento seus interesses gerais de classe, isto é, seus interesses políticos, aos mais mesquinhos e sórdidos interesses particulares" (Marx, 1978b). Ademais, de forma geral a burguesia esteve sempre imbuída do desejo prioritário de universalizar os seus próprios valores para todo o corpo social e não de incorporar valores de outras classes para assim fazer de seu discurso um discurso universal. A nosso ver, a capacidade de envolver diferentes setores da sociedade no esforço para garantir os interesses da indústria evidencia um artifício ideológico estrategicamente construído pelo empresariado calçadista, que se empenhou em difundir para todo o conjunto social o imperativo da defesa de suas próprias pretensões e valores de classe.

Poderíamos esperar outra postura da burguesia? Parte do caráter revolucionário que Marx e Engels atribuem a essa classe consiste justamente no fato de que ela foi capaz de tornar comuns a toda a sociedade símbolos e valores que eram seus. Tal concepção fundamenta-se na idéia por eles desenvolvida de que

> os pensamentos da classe dominante são também, em todas as épocas, os pensamentos dominantes, ou seja, a classe que tem o poder material dominante numa dada sociedade é também a potência dominante espiritual. A classe que dispõe dos meios de produção material dis-

---

[27] Neste aspecto, as conclusões a que chegamos se aproximam da posição incomum nos estudos do tema defendida por Marisa Saenz Leme; segundo essa autora, "as análises e proposições feitas pelo empresariado industrial têm um sentido amplo: o desenvolvimento industrial só é possível concomitantemente com o desenvolvimento interno do conjunto do país [...]". Conforme salienta, "este fator diferencia o pensamento industrial das posições conservadoras do comércio e da agricultura, que são totalmente parciais na defesa de seus interesses" (1978, p. 160).

põe igualmente dos meios de produção intelectual, de tal modo que o pensamento daqueles a quem são recusados os meios de produção intelectual está submetido igualmente à classe dominante (Marx & Engels, 2001, p. 57).

Assim, para esses autores,

cada nova classe no poder é obrigada, quanto mais não seja para atingir os seus fins, a representar o seu interesse como sendo o interesse comum a todos os membros da sociedade ou, exprimindo a coisa no plano das idéias, a dar aos seus pensamentos a forma da universalidade, a representá-los como sendo os únicos razoáveis, os únicos verdadeiramente válidos (Marx & Engels, 2001, p. 58).

Não entendemos que o visível *pragmatismo* dos empresários locais, marcado pela ênfase na luta por interesses específicos da classe e pelo distanciamento dos problemas nacionais, seja fruto de uma possível imaturidade ideológica, característica atribuída por muitos autores à burguesia brasileira. Com efeito, pensamos que a diferenciação feita por Márcia Maria Boschi (2000) entre o padrão de conduta de uma burguesia *interna* e burguesia *nacional*, mencionada nas discussões do Capítulo 4, seja pertinente para o caso em foco. Assim, concordamos com M. M. Boschi quando diz que a noção de desenvolvimento industrial idealizada pelos empresários industriais não coincidia com o projeto de industrialização nacionalista, vinculado à emancipação econômica e política do País. O distanciamento da grande maioria dos industriais calçadistas em relação à proposta nacionalista é evidenciado pela sua marcante vinculação à UDN, partido engajado na defesa da livre entrada do capital estrangeiro no País e que também em âmbito local parece ter seguido tal orientação. Para M. M. Boschi, a convivência natural — e dependente — com o capital estrangeiro seria próprio de uma burguesia *interna* (2000, pp. 25-7).

Nesse sentido, um episódio envolvendo Wilson Sábio de Melo, membro da UDN, é elucidativo do tipo de comportamento que distingue uma burguesia *interna*. Em 1954, após voltar de um estágio de dois meses nos Estados Unidos, Wilson Sábio de Melo anunciou que empreendera aquela viagem com o fim principal de celebrar contrato com a General Shoe Corporation, para consorciarem-se na instalação de uma grande fábrica de calçados em Franca, obedecendo aos moldes das indústrias norte-americanas quer na manufatura dos produtos quer nas instalações de prédio e maquinaria (*Comércio da Franca*, 4/4/1954, p. 1).

A intenção de uma associação da empresa dos Sábios de Melo com o capital estrangeiro é confirmado na mesma matéria do jornal: "Efetivamente o sr. Wilson Mello confirmou o acontecimento e nos adiantou que a «Samello» será fundida com a nova indústria". A união não se confirmou, mas vê-se que, para o empresário, a relação com o capital norte-americano aparece como algo positivo, desejado e até mesmo buscado com as próprias mãos; tal composição configuraria, pode se dizer, uma estratégia para garantir o acesso à tecnologia de ponta e, conseqüentemente, ao *know-how* que lhe possibilitasse ascender aos estratos superiores e mais complexos do mercado.

Por outro lado, embora o empresariado calçadista não se tenha destacado nesse período pela ação em face de questões de alcance nacional, fato justificado até mesmo por seus limitados horizontes culturais e econômicos, esse grupo social conseguiu claramente "superar suas diferenças internas e nortear suas ações em função de interesses comuns, agindo enquanto classe social em busca de um objetivo determinado", característica peculiar à luta de uma burguesia *interna* segundo M. M. Boschi (2000, p. 38). Em outras palavras, a burguesia industrial local não se mostrou politicamente fraca ou indiferente às questões políticas, conforme a análise de alguns autores para o conjunto do empresariado brasileiro, nem tampouco indicou ser desprovida de consciência dos seus verdadeiros interesses.

É sintomático da postura empresarial comentada logo acima a constatação de que os industriais francanos não demonstraram passividade perante a ação do Estado. Os fabricantes de calçados reagiram com rigor às medidas que entenderam ser nocivas à acumulação e constantemente recorreram a instâncias superiores para reivindicar mudanças efetivas na política de crédito do governo, cuja tendência dominante era de favorecimento ao grande capital. Alguns exemplos são emblemáticos. Em 1954 a iniciativa do governo Vargas de conceder aumento de cem por cento no salário mínimo, fato que gerou protestos de entidades patronais de todo o Brasil, movimentou sobremaneira o cenário local; diante da medida governamental, o delegado do Sindicato da Indústria de Calçados do Estado de São Paulo em Franca, Osvaldo Borghi, sócio da "Calçados Puglia", declarou que os industriais promoveriam "a paralisação total das indústrias de Franca, em sinal de protesto às medidas inoportunas, ditatoriais e demagógicas do governo, com relação aos novos níveis de salário mínimo e majoração das taxas dos Institutos de Previdência Social" (*Diário da Tarde*, 4/6/1954, p. 1). O prometido locaute somente não aconteceu porque houve a recomendação da Fiesp em sentido contrário; todavia, o assunto foi amplamente discutido na Acif e contou com a participação maciça dos empresários francanos, que haviam decidido pela paralisação (*Diário da Tarde*, 8/6/1954, p. 4). Ficou evidente, neste caso, a maior radicalidade dos empresários calçadistas ante o posicionamento da Fiesp; diferentemente do ocorrido em outras ocasiões, seus vínculos com o ideário udenista parecem ter-se sobreposto ao habitual pragmatismo em relação às opiniões sobre o Estado. De outra parte, a ambivalência da postura assumida pela Fiesp nesse contexto é revelada por Maria Antonieta Leopoldi:

> O que passou a ocorrer, entre maio e agosto de 1954 era uma posição dual da Fiesp frente ao governo Vargas, a qual reflete nos editoriais do seu Boletim Informativo. De um lado críticas eram feitas ao Ministério do Trabalho, ao aumento "abusivo e arbitrário" do salário mínimo, e às medidas ligadas à previdência social; de outro, a Fiesp mostrava os avanços na implantação da indústria automobilística, de material elétrico, da química, e anunciava o encaminhamento do novo projeto de tarifa [alfandegária] ao Congresso (2002, p. 75).

Em 1957, entre as muitas queixas levadas pela Acif ao presidente da República na forma de extenso memorial, um tema se destaca pela veemência da entidade na sua exposição: a questão fiscal. Em uma indústria "pobre" como a do calçado, marcada pela defasagem técnica em relação a outros setores e caracterizada pela utilização intensiva de mão-de-obra, certamente o peso da carga tributária e dos encargos sociais constituía um dos maiores entraves à otimização do processo de acumulação. O documento encaminhado pelos industriais a Juscelino Kubitschek é contundente em suas críticas:

> *O aumento das despesas públicas, a elevação constante dos tributos, dos encargos sociais, o aumento imoderado e irracional dos salários, a opressão fiscal e o abuso de alguns agentes do fisco, contribuem para a elevação do custo de vida e determinam a paralisação dos negócios e em conseqüência não há numerários nem para as despesas obrigatórias tais como selos, impostos e folha de pagamento.* [. . .]
> Essa é a realidade da situação angustiante que estamos atravessando e que se não corrigida em tempo oportuno pelo Governo levará fatalmente a produção para uma total paralisação e agravará a crise em condições jamais vista e sentida em nossa cidade.
> [. . .] Queremos que o fisco atue sinceramente sem as demagogias e paixões políticas para com a produção e as atividades regulares. Queremos que o Governo combata com todas as suas forças as transações ilícitas e irregulares e distribua a justiça fiscal aos honestos comerciantes e indústrias que pagam regularmente seus impostos e taxas e ainda sofrem a concorrência desleal dos aproveitadores e especuladores.
> *Sem as medidas de amparo às legítimas transações, nossa produção industrial estará caminhando para o caos e isso virá em prejuízo do próprio país* (Diário da Tarde, 6/10/1957, p. 8, grifo nosso).

O questionamento da política fiscal, tema raramente mencionado na bibliografia como uma das bandeiras do empresariado, aparece freqüentemente nos documentos encaminhados pela associação industrial local. Em 1959, tal tema foi tratado novamente em ofício ao presidente da República juntamente com o problema do crédito. Conforme discutimos no Capítulo 3, o acesso dos industriais de Franca a financiamentos oficiais foi bastante restrito até fins dos anos 1960. Daí, a política creditícia do governo Kubitschek ter provocado também intensa mobilização do empresariado calçadista, sendo motivo de árdua luta empreendida pela Acif e depois pelo sindicato patronal criado em fins de 1959. No documento reproduzido parcialmente abaixo, os empresários denunciaram, a seu modo, os efeitos da "ortodoxia econômica" dos dois últimos anos da gestão de Juscelino Kubitschek, materializada no Programa de Estabilização Monetária (PEM):[28]

[. . .] *Os aumentos de despesa, devidos a novas exigências fiscais acrescidos das majorações salariais, desacompanhados de facilidades creditícias, estão acarretando demissões em massa de operários, com a conseqüente diminuição da produção.* Sabe V.Ex.ª sr. Presidente, que diminuir a produção significa agravar a crise que nos avassala [. . .].
[. . .] Nestas condições vêm as Associações representativas das classes produtoras de Franca apelar para V.Ex.ª, no sentido de ser dinamizada, efetivamente, a política de crédito do Ministério da Fazenda proporcionando-se ao Banco do Brasil e aos demais estabelecimentos bancários maiores recursos para assistir à indústria e ao comércio, *a fim de evitar-se calamitosa onda de desemprego e fechamento de centenas de indústrias e casas comerciais em Franca* [. . .]. (*Diário da Tarde*, 30/3/1959, p. 4, grifo nosso).

Os documentos acima demonstram que o empresariado do calçado tinha plena consciência dos problemas que afligiam a classe e se dirigiu regularmente ao Estado com o intuito de dirimi-los. Tal postura em nada lembra a alegada passividade da burguesia industrial no relacionamento com a esfera estatal. Mesmo que a essa época os industriais locais não gozassem de representatividade política e organizativa para pressionar de modo efetivo a burocracia econômica, se empenharam em buscar o reconhecimento de suas demandas pelo Estado.

Do ponto de vista da política local, não obstante sua posição ideológica favorável à industrialização como um projeto amplo, os empresários ligados à UDN local foram eficientes em resguardar os interesses prefe-

---

[28] Em face da crescente inflação decorrente da instituição do Plano de Metas a partir do início do governo Kubitschek, o objetivo do PEM seria, em poucas palavras, conter a pressão inflacionária por meio do controle da expansão da moeda, corrigir o desequilíbrio financeiro do setor público (sobretudo por meio de reestruturação tributária), corrigir o desequilíbrio do balanço de pagamentos (por intermédio da redução da demanda por bens importados) e definir uma política de salário e ajuste de tarifas públicas de acordo com uma estratégia de custeio racional. Para uma discussão mais abrangente sobre o PEM, ver Oreststein & Sochaczewski (1990, especialmente pp. 191-4).

renciais da indústria calçadista. Em 1955, por exemplo, Abílio de Andrade Nogueira, vereador udenista e relator da Comissão de Finanças da Câmara, rechaçou projeto de lei do vereador Benedito Maniglia (PSP) propondo a extensão dos privilégios da Lei n.º 302 de abril de 1953 — que concedia isenção de impostos por cinco anos às novas indústrias que se instalassem na cidade e que não tivessem similares no município — a todas as novas empresas fabris, sem restrições de qualquer ordem. O parecer de Nogueira,[29] sócio da "Calçados Terra", deixa bem clara a sua posição em relação à possível vinda de empresários do setor calçadista para Franca a fim de se beneficiar de favorecimentos que virtualmente os tornaria mais competitivos que os industriais há mais tempo instalados na cidade:

> Além dos prejuízos que trará o projeto, ocasionará ele protestos e reclamações de outras indústrias já instaladas no município, em número superior de 180, quase todas elas pagando os tributos devidos.
> Por Lei já vigorante, isentas estão as indústrias sem similares que se estabelecerem em Franca. Vê-se por aí, que o Poder Municipal já procura estimular novas forças produtoras, concedendo vantagens e favores (Projeto de Lei n.º 33, de 13/4/55, e anexos).

Em outra ocasião, também em 1955, fica patente o peso adquirido pelo empresariado do calçado: a voz dos industriais da UDN prevaleceu acima das demais forças que compunham a agremiação em âmbito local. Em abril de 1955, numa rara demonstração de dissenso no interior do partido, três vereadores da UDN, Ricardo Pucci, José Soares Filho e Elias Nassif Sobrinho, todos comerciantes, apresentaram à Câmara um projeto de lei propondo a extensão do benefício da "semana inglesa", concedido aos comerciários pela Lei n.º 198 de março de 1952, também aos trabalhadores da indústria. Em relação à questão, os pareceres dos relatores da Comissão de Justiça e da Comissão de Finanças do legislativo municipal, os udenistas Afonso Infante Vieira Filho e Abílio de Andrade Nogueira, foram taxativos em condenar tal iniciativa; recomendaram a

---

[29] A posição de Abílio de Andrade Nogueira demonstrou ser também a da Acif, entidade da qual era presidente no período, o que denota a já mencionada confluência entre o universo político e o da associação de classe.

não-aprovação do projeto por "concorrer para o aumento de custo da produção", para a diminuição do volume da produção industrial, com respectiva queda da arrecadação de tributos, e, sobretudo, por ser ilegal, haja vista que desrespeitava o limite de oito horas diárias de trabalho estabelecido na legislação em vigor (Projeto de Lei n.º 39, de 26/4/55, e anexos). É interessante notar, nesse caso, que a sinergia despendida pela UDN para salvaguardar os interesses da indústria foi inegavelmente superior à dispensada na defesa das prerrogativas da atividade comercial, residindo talvez nesse ponto a razão do ressentimento dos comerciantes udenistas. Prova da eficiência da UDN no zelo pela otimização do desempenho do capital industrial na cidade é que a chamada "semana inglesa" foi adotada no setor fabril local somente durante o regime militar.

O compromisso dos industriais calçadistas com a defesa dos interesses específicos do segmento mostrou-se notório até mesmo quando estiveram à frente de iniciativas políticas de maior alcance no terreno do desenvolvimento econômico. Exemplo disso se deu em 1954, quando da criação na Câmara Municipal, presidida por Antônio Lopes de Melo (PTB), da Comissão Pró-Desenvolvimento Industrial de Franca. Dentre os empresários do calçado, tomaram parte na comissão o próprio Lopes de Melo, Abílio de Andrade Nogueira (UDN) e João Palermo Jr. (PRP). Diante da iminente inauguração da Usina Hidrelétrica de Peixoto, situada nas proximidades do município, tal comissão teria como objetivo encaminhar a empresas, entidades de classe e órgãos públicos informações sobre "as possibilidades que Franca dispõe para o aumento de seu parque industrial" e fornecer dados sobre a situação elétrica local, buscando, assim, "chamar a atenção dos interessados na instalação de indústrias" (*Comércio da Franca*, 5/9/1954, p. 1). O que parecia ser uma proposta abrangente de promoção do desenvolvimento industrial, empenhada em se beneficiar do incipiente movimento de "descentralização" da atividade fabril no estado, processo enfatizado no próprio documento da Comissão, tinha limites bastante claros para dois de seus principais articuladores; em entrevista realizada à época, Antônio Lopes de Melo e João Palermo Jr. dão claramente a entender que a expansão industrial do município deveria se dar para favorecer especificamente à já estabelecida indústria do calçado. Sem mencionar a possibilidade de incentivo a nenhum outro tipo de atividade, o *Comércio da Franca* revelou a intenção de ambos:

Encontrando-se presentes dois dos maiores produtores de calçados de Franca, srs. Antônio Lopes de Melo e João Palermo Júnior, esclareceram que Franca está produzindo, através de todas as suas fábricas, vinte por cento de todo o calçado consumido no Brasil. *Este alto índice de nossa produção de calçados está a reclamar as indústrias complementares ou iniciais ao seu fabrico, tais como atacadores, pregos, papelão, etc. Só neste mesmo setor de calçados, poderíamos contar com apreciável ampliação de nosso parque industrial* (*Comércio da Franca*, 5/9/1954, p. 1, grifo nosso).

Para finalizar a análise desenvolvida nesta seção, julgamos ser pertinente uma última reflexão acerca do perfil político do empresariado calçadista local. Conforme se pôde perceber, os contornos apresentados por esse grupo social se distinguiu claramente da idéia geralmente concebida acerca da burguesia brasileira no período que antecedeu o golpe militar de 1964, ou seja, uma classe avessa aos mecanismos de representação da democracia liberal (partidos, parlamento) e encurralada entre duas alternativas exclusivas de construção da ordem capitalista, a "burocrático-autoritária" e a "nacionalista desenvolvimentista". Por um lado, vimos que a atuação do empresariado calçadista foi muito além do que as análises mais otimistas a respeito do tema conseguiram apreender — em um plano geral — na observação do padrão de conduta da burguesia industrial brasileira. Renato Raul Boschi, por exemplo, afirma que o empresariado obteve significativo êxito em sua ação como grupo de pressão, mas distinguia-se pela "importância secundária (quando não nula) atribuída aos mecanismos de competição política (partidos e o legislativo)" (1979, p. 227).[30] Maria Antonieta Leopoldi avança nessa discussão,[31] porém, acaba por concluir igualmente que a atuação dos industriais não fluiu primordialmente pela via político-partidária, concentrando-se de modo es-

---

[30] Conforme argumenta Boschi, os industriais tinham "uma visão elitista do processo decisório e da participação empresarial neste", daí "o valor positivo atribuído à prática de contatos diretos com as esferas decisórias", assim como "sua ênfase nos aspectos técnicos, em contraste com os políticos, da participação" (1979, p. 227).

[31] Segundo Leopoldi, sua análise procura "ir além do argumento de que, por não serem atores essenciais nos arranjos políticos que levam a mudanças de regime no país, os industriais procuram não se envolver com a política, pelo menos até os anos 50" (2000, p. 27).

pecial nos órgãos corporativos, entendidos pela autora não como um canal secundário, mas de importância fundamental, pois "além de ser um canal de representação, atuava simultaneamente como parte do processo de formulação e implementação da política industrial" (Leopoldi, 2000, p. 31).[32] No caso do empresariado francano, constatou-se que a sua atuação foi competente tanto quando atuou como grupo de pressão, quanto na construção de caminhos — com destaque para a via partidária — que resultaram na expansão e consolidação de seu poder político.

De outra parte, cumpre ressaltar que, a despeito de sua ligação com a UDN, os industriais locais não se manifestaram abertamente contra o governo Goulart e nem mesmo se pronunciaram em relação ao regime instalado em 31 de março de 1964. Diferentemente da intensa ligação observada por René Dreifuss (1981) entre empresários e instituições empenhadas na doutrinação e propaganda contrárias às ideologias de esquerda no período pré-1964, no que diz respeito aos industriais do calçado de Franca não encontramos nenhum indício da existência de relações entre estes e organismos como o Ipes (Instituto de Pesquisas e Estudos Sociais), o Ibad (Instituto Brasileiro de Ação Democrática) ou qualquer outro que tenha adquirido alguma importância.[33] Como vere-

---

[32] Márcia Maria Boschi encara a questão por um prisma diferente de Boschi e Leopoldi. Segundo ela, "nesse período histórico, não existiam motivos suficientes para que o empresariado industrial deixasse de agir como um grupo de pressão e formasse um partido político burguês" (2000, p. 137); sendo assim, "a luta pela formação de um partido político burguês não é encarada como uma questão prioritária" (p. 141).

[33] De acordo com Dreifuss, o Ibad surgiu da intenção dos interesses multinacionais — e dos grupos nacionais a eles associados — de exercer influência política além do controle da administração paralela ou do uso do *lobbying* sobre o Executivo; conforme observa, "eles desejavam compartilhar do governo político e moldar a opinião pública, assim o fazendo através da criação de grupos de ação política e ideológica" (1981, pp. 201-02) — entre esses, o primeiro a ter notoriedade nacional, em fins dos anos 1950, foi o Instituto Brasileiro de Ação Democrática. Quanto ao Ipes, seu surgimento se deu na esteira da onda inflacionária que teve lugar entre o final do governo Kubitschek e o governo de Jânio Quadros. Segundo Dreifuss (1981, p. 162), "uma série de reuniões informais lideradas por empresários nas casas de proeminentes homens de negócios de São Paulo e do Rio iniciou abertamente um estágio no processo onde diferentes organizações de classe e órgãos do governo começaram a pregar mudanças fundamentais na economia e no sistema político. Desses encontros planejados e discussões preliminares com um constante e crescente número de indivíduos de destaque, surgiu a idéia de se estimular em todo o País uma reação

mos à frente, os vínculos estabelecidos entre o empresariado do calçado e o regime militar foram inegáveis, todavia, essa aproximação aconteceu somente alguns anos após o golpe — notadamente a partir do início das exportações em fins da década de 1960. Longe de expressar o comportamento típico de alguns setores da burguesia brasileira, caracterizado pela defesa aberta do golpismo, até 1964 o empresariado calçadista demonstrou ter-se mantido fiel a um certo "purismo" liberal-democrático, postura rara até mesmo entre os udenistas "históricos", corrente com a qual os industriais locais mantinham maior identificação política.[34]

Em face do acima ponderado, que retrata a experiência de uma fração burguesa politicamente ativa e razoavelmente coerente com uma postura liberal *autêntica*, história que certamente encontra equivalência no percurso de outras frações da classe no País, fica a questão: tendo em vista as alternativas imagináveis em 1964, não seria possível pensar a trajetória da burguesia brasileira para além da dicotomia "nacionalismo desenvolvimentista" x "autoritarismo burocrático"? Para muitos autores, essa dicotomia, assim como o movimento dos atores que ela engendra, seria incontornável, resultando no desfecho favorável à solução autoritária em março de 1964. Na opinião de Luiz Carlos Bresser Pereira (1972), o confronto *reformismo* x *conservadorismo*, que contempla as duas alternativas descritas, configuraria um cenário inevitável naquele momento histórico; na sua interpretação, a radicalização político-ideológica pela qual

---

empresarial ao que foi percebido como a tendência esquerdista da vida política"; surgia assim o Instituto de Pesquisas e Estudos Sociais, "fruto do amadurecimento da disposição para agir dentro de um programa capaz de mobilizar os homens de empresa, e como um todo oferecer soluções aos problemas do País" (1981, p. 161). É importante salientar que não encontramos nenhuma referência ao nome de representantes da indústria do calçado de Franca entre as numerosas listas de empresários — relativas a membros e colaboradores de organismos do complexo Ipes/Ibad em todo o Brasil — apresentadas por Dreifuss em seu trabalho.

[34] Segundo Maria Victória Benevides, "os discursos udenistas anunciavam-se, quase sempre, pela expressão conjunta «nossas aspirações liberais-democráticas». Mais do que uma figura retórica, essa adjetivação sugere a preocupação por fazer corresponder convicções liberais (abstratas) com propósitos democráticos (concretos), independentemente dos interesses reais — secretos que sejam — de seus porta-vozes" (1982, p. 247). Conforme observa, a UDN sofria do "medo de ser inteiramente democrata", daí o fato de que "a UDN dos liberais acabaria defendendo a intervenção do Estado para «salvar a democracia, sem cair no fascismo ou no comunismo»" (1982, p. 282).

passou o Brasil enfraqueceria qualquer posição que excluísse tal polarização. Conforme argumenta Bresser Pereira, entre as "três ideologias capitalistas possíveis para o Brasil",[35] a opção liberal clássica seria muito pouco provável e não apresentaria "qualquer operacionalidade no sentido de promover o desenvolvimento econômico brasileiro" (1972, p. 199). O mesmo horizonte limitado a uma perspectiva dicotômica já aparecia nos escritos de Fernando Henrique Cardoso quando este analisou a ideologia do empresariado industrial no início dos anos 1960; na visão de Cardoso,

> a política brasileira descreve um movimento pendular que vai do *imobilismo* ao *reformismo*, e as "grandes soluções" vão dos golpes e contragolpes ao populismo esclarecido. Cada vez que as pressões inovadoras aumentam, exprimindo uma ruptura no equilíbrio tradicional, o *bonapartismo* aparece como solução (1963, pp. 224-5, grifo nosso).

Para outros autores, como Guilhermo O'Donnell (1986; 1987), na América Latina existiria mesmo uma certa infalibilidade entre a chegada a determinado estágio de modernização e o imperativo do estabelecimento de formas autoritárias de dominação econômica e política.

Mesmo as interpretações que avançaram a discussão tentando mostrar que "outros cenários eram possíveis", como a realizada por Argelina Cheibub Figueiredo (1993), revelam-se indiferentes à possibilidade de uma "solução liberal". Assim, na maioria das visões correntes, o conhecido desenlace político de 1964 é explicado pela opção da burguesia pela alternativa autoritária, escolha justificada pelo desprezo do empresariado pelos preceitos democráticos, aos quais costumava recorrer "apenas quando lhes eram úteis para defender interesses entrincheirados" (Figueiredo, 1993, p. 202), e em nome dos quais financiava instituições empenhadas na preparação do golpe de Estado (Dreifuss, 1981). Dessa forma, a perspectiva de existência de uma burguesia adepta do ideário liberal-democrático é marginalizada em favor da generalização segundo a qual, no Brasil, os grupos dominantes têm uma resposta clás-

---

[35] Segundo Bresser Pereira (1973), as "três ideologias possíveis" seriam: o neoliberalismo clássico, o liberalismo intervencionista tecnocrático-militar e o nacionalismo desenvolvimentista.

sica às incertezas inerentes às regras do jogo democrático: "se a democracia ameaça o poder, elimine-se a democracia" (Weffort, 1980, p. 43).

A experiência da fração de classe aqui discutida evidencia, portanto, que "outras histórias" da burguesia brasileira são possíveis e que, por conseguinte, cursos alternativos para os processos históricos os quais essa classe protagonizou ou exerceu papel relevante não podem tomados *ex ante* como irrealizáveis. Diante deste quadro, pode-se concluir que a interpretação da burguesia brasileira como um bloco sólido e monolítico é procedimento inequivocamente questionável, o que torna pouco pertinente o estudo do tema com base em esquemas explicativos estabelecidos *a priori*. Pensamos, neste aspecto, na reivindicação da complexidade que engendra a formação e o comportamento dessa classe no Brasil, ao contrário da generalização simplificadora que orienta muitas teorias sobre o tema; neste sentido, a apreensão da historicidade singular das frações burguesas pode ser o caminho para a compreensão da conduta muitas vezes enigmática assumida pela burguesia brasileira.

Nas reflexões da seção seguinte discutimos as expressões da ação e do pensamento empresarial a partir de 1964.

6.2. Política, ideologia e organização de classe entre 1964 e 1990

Na Seção 6.1. vimos que, não obstante a incipiente formação do setor calçadista em âmbito local, no período antecedente ao golpe militar o empresariado agiu unida e articuladamente para resguardar seus interesses econômicos, além de buscar envolver outros segmentos da sociedade na defesa de suas pretensões exclusivas. Desse modo, não apenas revelou capacidade de se organizar, mas também consciência de seu papel como classe que ambicionava a hegemonia. Ainda que muitas de suas lutas não tenham resultado em benefícios efetivos, a postura francamente reivindicativa em face das dificuldades enfrentadas pelo setor, assim como a imediata reação às medidas governamentais que contrariavam suas possibilidades de acumulação, afastou os industriais locais da caracterização como grupo passivo e submisso aos desígnios da vontade burocrática.

O trabalho combativo desenvolvido pela Acif na defesa dos interesses do setor desde a década de 1940 foi coroado com a criação do Sindicato da Indústria de Calçados de Franca,[36] que a despeito de ter surgido em 1959 conseguiu projeção real somente depois de 1964. A constituição do sindicato patronal mostrou ser um importante instrumento para as lutas da indústria do calçado do município. Após 1964, tal entidade cumpriu papel crucial na articulação de propostas do setor no governo e contribuiu para formulação de políticas que beneficiaram os fabricantes brasileiros envolvidos na exportação de calçados. No período militar, os representantes do sindicato passaram a ser figuras recorrentes nos gabinetes de Brasília; um novo momento se abria e se estabelecia uma nova forma de interlocução da indústria do calçado de Franca com as arenas decisórias. O empresariado local começava a se projetar politicamente para além das fronteiras do interior paulista. Como força corporativa, a entidade dos calçadistas de Franca suplantou na década de 1960 o Sindicato da Indústria de Calçados do Estado de São Paulo como órgão mais importante da classe no estado, dividindo com os representantes gaúchos o protagonismo das negociações na esfera federal.

A partir de 1964 assistiu-se, contudo, a uma dupla inflexão na trajetória do empresariado calçadista de Franca, tornando-o protagonista de um processo que chama a atenção por sua ambivalência. Por um lado, esse empresariado deixou de ser um grupo social marginalizado pelo poder e passou a participar de modo gradativo das decisões políticas que afetavam seus interesses. Por outro, de uma postura tradicionalmente "autônoma", traduzida no empenho em "abrir caminho com as próprias mãos", essa fração burguesa passou a manifestar crescente dependência em relação à esfera política, perdendo a *aura* liberal que a caracterizou no período anterior. Este último aspecto revela, pois, que o comportamento do empresariado calçadista iria tornar-se cada vez mais parecido com o do conjunto da burguesia industrial brasileira.

---

[36] É sintomático da importância adquirida pelo segmento calçadista no interior da associação comercial e industrial o fato de que, até avançados os anos 1980, a Acif continuou representando a indústria local em diversos pleitos no plano estadual e federal. É notória, neste caso, a estratégia empresarial de manutenção de múltiplos canais para a manifestação da classe.

*A ascensão política do empresariado
e a relação com o regime militar*

Antes de qualquer coisa, cumpre ressaltar que a dinâmica de ascensão política verificada no que diz respeito ao empresariado calçadista contrasta com a interpretação corrente segundo a qual a burguesia industrial foi marginalizada do poder no regime instalado em 1964. Na análise de Bresser Pereira, por exemplo, a despeito da total identificação dos empresários com o golpe militar, "a Revolução de 64 [. . .] os ignorou, quando não se voltou contra eles" (1972, p. 167). Segundo esse autor, "o Governo Castelo Branco pretendia manter o capitalismo no Brasil, mas excluía os empresários industriais do Governo. Era um contra-senso" (1972, p. 166).[37] De igual modo, Eli Diniz observa que "os empresários, individual ou coletivamente, viram-se marginalizados dos centros estratégicos de decisão, controlados por técnicos, civis e militares, com a predominância de um ou de outro" (1999, p. 24). A autora observa ainda que uma das motivações políticas da campanha antiestatista de meados dos anos 1970 estaria representada justamente "pelo sentimento de insatisfação dos grandes empresários industriais, em conseqüência de sua marginalização dos centros decisórios estratégicos para a definição dos rumos do capitalismo industrial brasileiro" (1999, pp. 24-5). No caso aqui estudado, constatamos um movimento diametralmente oposto ao observado por tais autores.

Inicialmente, a postura adotada pelo empresariado do calçado em relação ao regime instalado em 1964 foi de aparente cautela. Sua estratégia

---

[37] Bresser Pereira oferece duas respostas à pergunta "por que os industriais se deixaram excluir?". A primeira resposta é: "porque sempre foram omissos e lhes faltou organização. Uma das características típicas dos industriais brasileiros foi sempre sua falta de participação e presença política, sua limitação às fronteiras estreitas de sua empresa e ao objetivo do lucro". A segunda diz respeito ao fato de que, por participarem da política de forma crescentemente conservadora, os industriais "não perceberam a importância da manutenção do diálogo com as esquerdas. Não viram como era fundamental para a manutenção do processo democrático e a estabilidade política do País que os operários continuassem organizando-se e reivindicando. Ao invés disso, deixaram-se envolver pelas forças mais conservadoras do País, tornaram-se instrumentos dela, abandonaram-se a um alarmismo infantil no ano que antecedeu à Revolução, mantiveram-se em uma total intransigência, incapazes de ceder em nada" (1972, pp. 166-7).

parece ter sido esperar a situação acomodar-se para então tomar posição, procurando, em um primeiro momento, não demonstrar rancor em relação ao governo que foi deposto e também não criticando, nem celebrando a chegada do novo regime. Tanto no caso da não-oposição aberta dos industriais ao presidente Goulart, quanto no processo de aproximação com o regime militar, parece evidenciar-se a estratégia que Maria Antonieta Leopoldi classifica como *pragmatismo político* e que Leigh Payne concebe como a forma de conduta característica do empresariado brasileiro. Segundo a leitura que Leopoldi faz desta autora,

> os industriais não defendem regimes liberais ou autoritários; querem *estabilidade política* e *políticas que favoreçam a indústria*. Por isso apóiam ditaduras e regimes democráticos quando vêem neles capacidade de impor a ordem social e de promover o desenvolvimento industrial" (Payne, 1994, apud Leopoldi, 2000, p. 28, grifo da autora).

Percebe-se na conduta dos industriais locais a estratégia da indiferença às mudanças de regime, salientada por Leopoldi como a face mais destacada do *pragmatismo* empresarial, que se caracteriza pela não-manifestação imediata para depois "poder entrar na coalizão e dali ir se fortalecendo aos poucos" (2000, pp. 27-8).

E, de fato, tal fortalecimento do empresariado ocorreu de forma gradativa e crescente, num processo de aproximação com o regime que não tardou a acontecer. Consubstanciando a iniciativa dos militares em cooptar atores sociais que lhes possibilitasse a ampliação da base de legitimação, já em junho de 1964 Osvaldo Sábio de Melo e Jorge Cheade, respectivamente presidente e diretor do Sindicato da Indústria de Calçados de Franca (SICF), foram convocados pelo Ministério da Indústria e Comércio para colaborarem em estudo e planejamento da distribuição de calçados populares (*Comércio da Franca*, 16/6/1964, p. 6).[38] Na primeira reu-

---

[38] De acordo com a mesma edição do jornal, os dois representantes do sindicato patronal aproveitaram a oportunidade para levar a outras instâncias do governo seus pleitos em relação ao crônico problema do crédito. Em matéria publicada alguns dias depois o jornal assinalou: "Aproveitando a oportunidade, os representantes de Franca fizeram sentir ao governo a situação aflitiva da indústria local, no tocante ao crédito bancário, tendo em vista a paralisação quase completa de operações bancárias nesta cidade. Foram pedidas providências urgentes ao governo, para au-

nião ministerial, da qual participaram Osvaldo Sábio de Melo e Jorge Cheade foram nomeados membros do Geitec (Grupo Executivo da Indústria Têxtil e Couros), em seu subgrupo da indústria de calçados (*Comércio da Franca*, 27/6/1964, p. 6). Esse foi o primeiro passo de uma relação que não deu sinal algum de estremecimento por duas décadas. A compensação pelo apoio incondicional assumiu a forma de maior espaço à participação do empresariado local nas decisões políticas que envolviam seus interesses e no amplo acesso às instâncias superiores do Estado, além do empenho estatal em auxiliar a acumulação desse grupo social por meio de ações efetivas. À diferença do ocorrido no período anterior (1920-1964), boa parte das demandas verbalizadas pelas entidades da classe — SICF e Acif — no âmbito federal resultou em benefícios concretos, o que demonstra o inequívoco fortalecimento e projeção das associações empresariais de Franca como interlocutoras privilegiadas na arena decisória.

Em contrapartida, o discurso empresarial é bastante elucidativo da incontestável adesão dos industriais calçadistas à ideologia do regime militar após a primeira etapa do processo de aproximação. Isso pode ser percebido, por exemplo, em memorial encaminhado ao Ministro Pratini de Morais, titular da pasta da Indústria e Comércio, e subscrito pelo "Pool de Empresas Francanas para Exportação de Calçados e Entidades Representativas";[39] nesse documento, cujo objetivo era solicitar ao ministro vultosa ajuda para a promoção do produto local no exterior, os signatários concluem com uma declaração de inexorável fé nos ideais do regime: "*Unidos, povo e governo, atingiremos os sãos objetivos da Revolução, qual seja ver o Brasil transformado em potência econômica no cenário mundial*" (*Comércio da Franca*, 21/4/1971, p. 7, grifo nosso). Em outro caso emblemático, o apoio da *Samello* ao governo autoritário foi ressaltado em carta

---

mentar os limites da Agência local do Banco do Brasil e um apelo aos Bancos Particulares, no sentido de transacionarem com duplicatas das indústrias, a fim de evitar um colapso da produção em nossa cidade" (*Comércio da Franca*, 27/6/1964, p. 6).

[39] O referido *pool* de empresas foi constituído em abril de 1971 e era inicialmente composto pelas seguintes empresas: *Fipasa, Samello, Paulu's, Egiflex, Francano, Pestalozzi, Peixe, Cíncoli, Terra, Squalo, Ferrante, Wilson, Sândalo, Agabê, Paragon, Flausino, Emmanuel* e *Roberto* (*Comércio da Franca*, 7/4/1971, p. 6). Conforme destacado no próprio documento, as entidades de classe que subscreveram o memorial foram o SICF e a Acif.

aberta ao Presidente Emílio Garrastazu Médici, publicada no feriado cívico de Tiradentes em 1972. Na carta, as realizações da empresa figuram como parte do esforço de expansão das exportações e traduzem sua adesão aos novos rumos do País:

>Boa noite, Presidente Médici.
>Nesses minutos que antecedem o sono, sobretudo num 21 de abril repleto de comemorações, é que se pode ler com mais tranqüilidade. Daí, a Samello pedir uns poucos minutos para este relatório público.
>Para que o presidente leia e o Brasil dele tome conhecimento. Exportações é o tema.
>Samello quer mostrar, com números insofismáveis, a evolução firme, vitoriosa, de suas vendas para o exterior, 1970 apresentou para nós um movimento de 71.569 pares de sapatos saídos, com um montante de US$ 496.974,90. Já em 71 o pulo foi enorme: 397.480 pares de Samello foram exportados, alcançando-se US$ 2.897.328,11 nessas transações. Em 72, em um trimestre apenas, já 225.376 pares foram embarcados, os US$ 10 milhões que o Ministro Pratini solicitou de Franca para o ano em que vivemos.
>*Quando há, Presidente, a boa inspiração e os estímulos sadios de um governo como o atual, a iniciativa privada corresponde. É a marcha em pleno curso, da independência econômica.*
>Boa noite, Presidente. Apague a luz. Durma tranqüilo.
>(*Comércio da Franca*, 23/4/1972, p. 5, grifo nosso).

No início da década de 1970, o processo de adesão ao regime já se encontrava consolidado e, de igual modo, o empresariado de Franca conseguiu aumentar seu prestígio perante o regime militar. Exemplo significativo neste sentido pode ser observado no fato de que tanto o Presidente Ernesto Geisel, quanto João Batista Figueiredo, foram figuras presentes na Francal (Feira do Couro e do Calçado de Franca), principal feira ligada à indústria do calçado de Franca, no primeiro ano de suas gestões (1974 e 1979, respectivamente). Tal atitude certamente indica a disposição dos governos que se iniciavam em demonstrar a intenção de ter os empresários locais como aliados de *primeira hora*. Corrobora também nosso argumento a instalação em Franca, em 1976, de um escritório da Interbrás, empresa estatal responsável pela intermediação de exportação de produtos brasileiros (*Comércio da Franca*, 29/5/1976, p. 6); esse acontecimento revela a habilidade política dos empresários de atrair para perto de si as agências de intervenção governamental. Poucas também não foram as vezes em que industriais francanos viajaram ao exterior compondo missões de negócios do governo brasileiro. Em 1972, por exemplo, conforme noticiou o jornal *Comércio da Franca*, a revista *Veja* deu destaque especial à participação do empresário Osvaldo Sábio de Melo, da *Samello*, na viagem da missão comercial brasileira à Inglaterra;[40] segundo o jornal, o semanário *Veja* descreveu o caso nos seguintes termos:

> Time entrosado — A presença de [Giulite] Coutinho, ex-presidente do América do Rio, chefiando a missão, conferiu à viagem toques de excursão futebolística bem-sucedida. Com dedicação e eficiência, comandou o ataque a gol do mercado importador inglês. Seus pontas-de-lança foram um homem da indústria de calçados e outro da indústria pesada. *Osvaldo Sábio de Melo, da Samello, de Franca-SP, foi um dos empresários que fecharam os melhores negócios em Londres: a exportação de 500.000 pares de calçados, no valor de 3,6 milhões de dólares. Seu concorrente, José Roberto Nogueira, diretor da Calçados Terra, aumentou ainda mais a alegria de Franca, ao contratar a entrega de 10.000 pares (70.000 dólares) em Londres e ultimar a venda de 40.000 (253.000 dólares) para o Mercado Comum Europeu* (*Comércio da Franca*, 27/5/1972, p. 10, grifo nosso).

É inegável que os empresários calçadistas tenham passado a atuar de forma ainda mais efetiva na arena decisória federal a partir do início dos anos 1970. Comprova isso, por exemplo, a indicação, em janeiro de 1972, de dois industriais de Franca — José Roberto Maciel Nogueira (*Calçados Terra*) e Alberto Rosa Brigagão (*Calçados Sândalo*) — como membros da Comissão do Setor Coureiro e Calçadista Nacional, órgão consultivo ligado ao Ministério da Indústria e Comércio (*Comércio da Franca*, 12/1/1972, p. 6). É significativo da projeção adquirida pelo empresariado local

---

[40] Outro exemplo no mesmo sentido pode ser observado na participação de empresários francanos em missões comerciais encabeçadas pela estatal Braspetro à União Soviética.

o fato de que os dois francanos passaram a representar oficialmente, no governo, outros centros de antiga tradição no setor, como São Paulo, Rio de Janeiro e Limeira. Outrossim, conforme pudemos constatar, embora nem sempre suas posições prevalecessem, os empresários de Franca exerceram um papel direto como interlocutores do setor nas decisões políticas que afetaram a indústria calçadista em âmbito local ou nacional, seja por meio de seus representantes em instâncias governamentais ou, como era mais comum, por intermédio de suas associações de classe, que se fortaleceram sobremaneira nesse período. Foi assim pelo menos na discussão de dois assuntos cruciais — provavelmente os mais importantes — para o segmento no período: a questão da exportação do couro e a questão da sobretaxa norte-americana.

No caso do couro observamos uma dinâmica *dialética* na relação entre as entidades locais e o Estado, que pode ser, no período em questão, traduzida pela seguinte equação: problema — pressão empresarial — ação do governo — ponto de equilíbrio.[41] Instrumentalizando a máxima do regime militar "exportar é o que importa" a seu favor, desde o início dos anos 1970 as entidades de classe locais pressionaram o governo a suspender a exportação de couro sob o argumento de que as exportações de calçados poderiam crescer até 30% caso tal matéria-prima fosse mantida no País. Em 1971, citando números da Cacex (Carteira de Comércio Exterior do Banco do Brasil), o industrial Rui Inácio, diretor da *Fipasa* argumenta:

> Os números são gritantes, de tal forma que, num simples olhar, podemos tirar a conclusão de que o Brasil está fornecendo à Itália, Espanha e Alemanha, as armas para que a exportação de nosso calçado não alcance o ritmo desejado, pelo menos a curto prazo.
>
> [. . .] Nosso governo, que tanto tem feito no sentido de incentivar as exportações, provavelmente terá — talvez pela primeira vez — que adotar uma medida que pode parecer à primeira vista como incongruente; impedir ou dificultar a exportação do couro em bruto ou sim-

---

[41] Cumpre esclarecer que o problema da exportação do couro afetou de modo mais intenso a indústria calçadista de Franca. Conforme mencionamos no Capítulo 5, os industriais gaúchos se utilizaram com maior freqüência do expediente da importação de tal matéria-prima.

plesmente salgado. Não é melhor exportar mão-de-obra? Lembremo-nos que independentemente das divisas, a exportação de calçados é fator de integração social!" (*Comércio da Franca*, 14/9/1971, p. 6).

Em 1973, cedendo às pressões dos calçadistas, Pratini de Morais, ministro da Indústria e Comércio, prometeu não permitir naquele ano a exportação do couro cru ou salgado (*O Estado de S. Paulo*, 17/6/1973). Em 1975, com a exportação novamente liberada, após numerosos apelos da Acif e do SICF (*Comércio da Franca*, 17/10/1975, p. 6), o Ministério da Fazenda anunciou mais uma vez sua decisão de suspender a saída de couro do País (*Comércio da Franca*, 29/10/1975, p. 1). Já em 1977 tal problema voltava a assombrar o empresariado local, exigindo novas gestões no governo federal; no final do ano, o jornal *Comércio da Franca* anunciava em primeira página: "Franca participou da decisão para o Couro", em alusão à presença de três representantes locais em reunião com os ministros Mário Simonsen (Fazenda) e Ângelo Calmon de Sá (Indústria e Comércio), na qual chegou-se a um consenso acerca da redução das exportações de couro *(Comércio da Franca*, 31/12/1977, p. 1). Em 1979, a volta das exportações de couro levou representantes do SICF a procurar a Cacex para exigir providências urgentes; contrariado com a posição do governo, Wilson Sábio de Melo criticava: "estão apenas assistindo a tudo que acontece e deixando o setor coureiro-calçadista completamente desamparado" (*Comércio da Franca*, 5/4/1979, p. 3). Na ocasião, os calçadistas francanos conseguiram do governo o que foi chamado à época de "pacote protecionista", que incluía medidas relativas ao câmbio, redução gradativa das exportações de couro e facilidades para importação (*Comércio da Franca*, 25/5/1979, p. 6). Em meados de 1983, diante do retorno do problema, o sindicato patronal procurou novamente o governo a fim de encontrar "uma fórmula de restringir a exportação de couro *in natura*" (*O Estado de S. Paulo*, 5/6/1983), obtendo a suspensão da venda do produto para o exterior em reunião da Cacex em fins de setembro do mesmo ano (*Comércio da Franca*, 30/9/1983, p. 3). Em meados de 1986, em plena tensão de crise do Plano Cruzado, lideranças do SICF solicitaram, em audiência com o Ministro Dílson Funaro (Fazenda), a criação de um estoque regulador de couro, assim como o que existia para os gêneros de primeira necessidade (carne, arroz, feijão, etc.); a resposta a tal demanda foi a proibição das exportações da matéria-prima e a liberação das importações.[42] Como se vê, a ação organizada do empresariado em face do Estado foi eficiente em conseguir, se não solução definitiva para tal problema, pelo menos medidas paliativas para atenuar os efeitos da escassez ou alta de preço de sua principal matéria-prima.

No que diz respeito à questão da sobretaxa do governo norte-americano, se os resultados obtidos não foram tão positivos quanto aos do problema do couro, não foi por falta de gestões dos empresários, mas pela dificuldade de influenciar uma decisão tomada pelo governo da maior economia do planeta. Ao que tudo indica, as propostas do empresariado francano deram a tônica do posicionamento oficial da indústria de calçados brasileira em relação à questão.[43] Em 1975, foi amplamente divulgada a proposição apresentada pelos fabricantes de Franca, que sugeriram ao governo brasileiro intercedesse ao governo norte-americano para que fosse estipulada uma "taxa única" de 5%, que supostamente atenderia aos interesses de todos (*O Globo*, 16/7/1975).[44] Desde o início de 1976, a pressão ao governo se intensificou em solicitações encaminhadas pela Acif ao presidente e seus ministros. Em março, por exemplo, após reunião com calçadistas de Franca e Rio Grande do Sul no Ministério da Fazenda, autoridades governamentais prometeram que o assunto seria tratado "por três assessores especialmente destacados e que viajaram para os Estados Unidos, visando manter entendimentos com as autoridades

---

[42] Em março de 1986, Dílson Funaro já havia declarado que se fosse preciso o governo poderia controlar a comercialização do couro cru, ressaltando ainda que "o setor de sapatos é prioritário e receberá uma atenção especial da área econômica do governo" (*Comércio da Franca*, 20/3/1986, p. 1).

[43] A indústria calçadista de Franca, por ser especializada em calçados masculinos, sofreu com maior intensidade que a gaúcha o impacto da imposição da sobretaxa norte-americana. Os calçados masculinos sempre foram o principal alvo dos setores interessados em dificultar a entrada do produto brasileiro nos Estados Unidos; por ser um tipo de calçado no qual o *quantum* de mão-de-obra viva é maior que nos modelos femininos, alguns dos quais possibilitam razoável automação na sua manufatura, a indústria norte-americana sentiu de forma mais drástica a perda de competitividade nesse segmento.

[44] Segundo a imprensa local, o jornal *Folha de S.Paulo* havia noticiado em sua edição de 10/7/1975 que o Ministério da Indústria e Comércio estaria propenso a encaminhar ao governo dos Estados Unidos a sugestão dos empresários francanos (*Comércio da Franca*, 11/7/1975, p. 6).

do Departamento de Tesouro norte-americano e uma diminuição na taxação dos calçados brasileiros" (*Comércio da Franca*, 12/3/1976, p. 6). Na ocasião, estiveram presentes à reunião o presidente do Sindicato da Indústria de Calçados de Franca, Jorge Alexandre Attiê, e Wilson Sábio de Melo, diretor-superintendente da *Samello*.

Em fevereiro do mesmo ano de 1976, em face da visita do secretário de Estado norte-americano Henry Kissinger ao Brasil, a Acif e o SICF haviam encaminhado mensagem ao Presidente Geisel e outras quinze autoridades para que se pleiteasse a Kissinger a não-adoção das cotas de importação para o sapato brasileiro (*Comércio da Franca*, 8/2/1976, p. 6).[45] A resposta ao documento veio de ninguém menos que o Ministro Golberi do Couto e Silva, então chefe do Gabinete Civil da Presidência da República, que dava mostras de que o pleito dos empresários locais havia recebido atenção especial do governo:

> [...] a propósito das restrições do Governo americano às importações de calçados, objeto do ofício dessa Associação, subscrito por outros órgãos de classe, cabe dizer que a matéria está sendo cuidadosamente tratada, em nível adequado. Assim o foi na oportunidade da recente visita do Secretário de Estado [norte-americano]. O Governo, consciente da gravidade do problema, está fazendo tudo o que é possível para encontrar solução satisfatória que resguarde os interesses da indústria nacional (*Comércio da Franca*, 14/3/1976, p. 6).

Cinco anos mais tarde, em 1981, em depoimento a um dos maiores jornais do País, os empresários francanos lançaram o desafio ao governo brasileiro de conseguir do governo dos Estados Unidos benefícios semelhantes aos obtidos por Coréia do Sul e Taiwan:

> Já que Reagan tirou as cotas de Formosa e Coréia, que o Itamaraty consiga nos EUA fazer desaparecer a ameaça quase constante de sobretaxa [...]. Ou será que o governo brasileiro não sabe negociar, como fazem os amarelos? Nas mãos do governo está a solução. Já provamos

---

[45] Pelo que indica a edição de 17/2/1976 do jornal *Comércio da Franca*, tal assunto estaria na agenda das discussões a serem realizadas por Henry Kissinger no Brasil.

capacidade de superar crises. Continuar competindo é questão de sobrevivência (*Folha de S.Paulo*, 12/7/1981)

Em outras ocasiões, como em 1985, o próprio presidente convocou os empresários francanos para debater a restrição imposta pelo *International Trade Comission* (ITC) aos calçados masculinos brasileiros (*Comércio da Franca*, 13/7/1985, p. 3). Com efeito, contrastando com sua atitude comumente parasitária em relação ao Estado, já comentada no capítulo anterior, especificamente nessa questão o empresariado local revelou surpreendente capacidade de atuar paralelamente à esfera política a fim de otimizar a defesa de seus interesses diante das sanções estrangeiras. Em 1985, adotando uma estratégia arrojada, o SICF contratou o ex-embaixador norte-americano no Brasil, Anthony Motley, para fazer o *lobby* do calçado de Franca nos Estados Unidos, desembolsando para isso US$ 144 mil — valor cotizado entre as empresas locais (*Jornal do Brasil*, 28/7/1985).[46] Em 1987, os custos de tal estratégia se elevaram a US$ 500 mil; nessa ocasião o jornal *Comércio da Franca* assinalava: "por isso, os empresários estão pedindo ajuda financeira de toda a cidade. [. . .] 90% da população francana depende da indústria de calçado e qualquer contribuição, mesmo pequena, seria importante, uma vez que, chegada a crise, a cidade toda seria afetada" (21/11/1987, p. 1).

No contexto da crise gerada em torno da política de informática brasileira, que deflagrou nova ameaça de restrição norte-americana aos calçados de Franca, em represália à adoção da reserva de mercado pelo governo brasileiro no segmento de *software*, a posição das entidades de classe locais foi tanto aguerrida quanto alheia aos interesses mais gerais do País. O presidente da Acif, Onofre de Paula Trajano, obteve a assinatura de cerca de 250 associações comerciais do estado de São Paulo em apoio ao pedido de sua entidade para que o governo revissasse a posição em relação às restrições impostas no mercado de *software* (*Comércio da Franca*, 27/11/1987, p. 3). Segundo Jorge Rubem B. Tapia, o diretor do SICF Américo Pizzo Jr. "acusou o governo brasileiro de falta de sensibilidade por não perceber que o setor de informática não contribui em nada para a balança

---

[46] Segundo o *Jornal do Brasil*, "a cidade não cruzou os braços": eram constantes os encontros de empresários com as autoridades federais para tratar da questão.

comercial do País" (1995, p. 202). Tal tipo de conduta materializa o argumento de Eli Diniz, para quem os empresários, ainda nesse período, "revelariam particular inabilidade para articulação de pactos e acordos que envolvessem outros atores e interesses" (1999, p. 15).

Os resultados positivos da ação empresarial em face do Estado não se restringem às duas questões acima discutidas; pelo contrário, podem ser observados em diversas outras ocasiões. Uma conquista significativa para as indústrias exportadoras, por exemplo, conseguida por intermédio da proposição do SICF, foi o estabelecimento da Cacex em Franca. Em fins de 1973, era encaminhada pelo sindicato patronal ao Ministério da Fazenda a solicitação de instalação de tal instância econômica (*Comércio da Franca*, 4/11/1973, p. 1); em abril de 1975, a Carteira de Comércio Exterior já era uma realidade em Franca, o que contribuiu muito para facilitar o trâmite dos negócios com o exterior (*Comércio da Franca*, 18/4/1975, p. 6). As associações de classe locais também alcançaram significativo êxito quando pleitearam a instalação de instituições voltadas para o desenvolvimento tecnológico e a qualificação da mão-de-obra no município. A instalação em Franca do Senai, concretizada em 1973, e do IPT, efetivada em fins dos anos 1970, comprovam igualmente a influência das reivindicações do SICF e da Acif ao regime militar.

A ascendência do empresariado local perante determinados órgãos governamentais garantiu-lhe, ademais, sucesso até mesmo quando esteve em confronto com forças muito superiores às suas, como os interesses de uma multinacional. No ano de 1975, contrariando a posição adotada pela maior parte dos calçadistas gaúchos, a Acif e o SICF se manifestaram contrários à instalação, em Novo Hamburgo (RS), da multinacional japonesa *Toyo-Soda/Sumitomo*, que fabricaria componentes para calçados. Na ocasião, as entidades locais encaminharam um manifesto ao Ministério da Fazenda e diversos outros órgãos governamentais no qual ressaltavam sua crítica acerca da entrada da empresa japonesa nesse mercado: "entendemos que o investimento estrangeiro deve contribuir de forma supletiva e complementar e nunca em concorrência com o capital nacional" (*Comércio da Franca*, 5/7/1975, p. 6).[47] Foram feitas gestões pelos

---

[47] A justificativa para essa posição adotada pelo empresariado local seria a virtual possibilidade de a instalação da *Toyo-Soda* representar o monopólio no mercado de componentes e isso resultar em alta descontrolada dos preços.

Os interesses empresariais e suas representações | 255

representantes locais ao Ministro Mário Henrique Simonsen (Fazenda)[48] e o assunto acabou sendo encaminhado para o Conselho de Desenvolvimento Industrial (CDI), que deu parecer negativo à instalação da multinacional. É elucidativo do prestígio adquirido pelas entidades de classe francanas o fato de que o General Araquém de Oliveira, presidente da Braspetro, tenha encaminhado ofício à Acif comunicando a decisão governamental (*Comércio da Franca*, 24/12/1975, p. 6.), fato que pode ser interpretado como o reconhecimento do papel desempenhado pela instituição para o desfecho do caso.

Com efeito, a proximidade, o bom relacionamento com o regime militar teve como principal reflexo o desenvolvimento, pelo empresariado, de uma relação de intensa dependência com o mundo da política, e isso nas três esferas: local, estadual e federal. Os exemplos a serem mencionados neste sentido são numerosos, muitos dos quais já discutidos no Capítulo 5 quando refletimos acerca do arrefecimento do ímpeto empreendedor dos industriais calçadistas. A atitude parasitária dos empresários em face da esfera política revelou-se desde a perspectiva de solução para problemas menores, como o aluguel de imóvel pelo poder municipal para hospedagem de importadores (*Comércio da Franca*, 14/1/1971, p. 5), até as constantes solicitações de verbas ao Ministério da Indústria e Comércio e ao Itamaraty para a realização da Francal e financiamento da vinda de compradores.[49] Beneficiado pela reorientação da política industrial durante os anos do regime militar, cristalizou-se no pensamento e na atuação do empresariado local uma idéia de relação com o Estado baseada *ad extremum* na concessão, no favorecimento, situação que encontra eco no seguinte raciocínio de Eli Diniz:

> A convergência das lógicas do corporativismo estatal e da industrialização substitutiva de importações — que resultou na sistemática do favorecimento diferenciado de interesses empresariais específicos — levou ao privilegiamento de medidas tópicas, concedidas em base in-

---

[48] Matéria do jornal *Comércio da Franca* de 5/8/1975 destacou à época: "Francanos em Brasília para dizer não à multinacional" (p. 6).

[49] Os casos neste sentido não foram poucos. Ver, por exemplo, as seguintes edições do jornal *Comércio da Franca*: 7/1/1971, p. 6; 15/4/1972, p. 12; 8/8/1973, pp. 8-9; 14/5/1975, p. 6; 4/9/1975, p. 6; 11/5/1979, p. 6; 30/11/1975, p. 1; 15/5/1979, p. 6; 28/1/1982, p.3.

dividual ou setorial. Estimulou-se, assim, a cultura da maximização das vantagens unilaterais, a despeito do resultado agregado de tais ações traduzir-se em prejuízo coletivo ou em agravamento das dificuldades a mais longo prazo (1999, pp. 29-30).

Esse tipo de comportamento assumiu seu contorno mais nefasto no estabelecimento de vínculos parlamentares que lhes garantiram acesso facilitado e rápido aos recursos do Estado.[50] Tal aspecto fica evidente, e ganhou dimensões extremas, em casos como o intenso *lobby* desenvolvido por deputados eleitos por Franca no governo de São Paulo, em 1987, e que resultou em um inusitado "mutirão de crédito". Resultado de numerosas gestões do deputado estadual Mílton Baldochi (PMDB) e do deputado federal Aírton Sandoval (PMDB) com o Governador Orestes Quércia (PMDB),[51] a fim de obter liberação de linha de crédito aos industriais francanos por intermédio do Badesp (Banco de Desenvolvimento do Estado de São Paulo), o episódio que ficou conhecido como o "mutirão do crédito" contou com a vinda a Franca do presidente do Badesp, José Tiacci Kirsten, e diversos diretores e técnicos do banco e das secretarias do Planejamento e da Fazenda do governo estadual que atenderam aos empresários calçadistas em audiências privativas (*Comércio da Franca*, 9/7/1987, p. 3). Na mesma oportunidade, as entidades de classe vinculadas à indústria do calçado enviaram, por intermédio do deputado estadual Mílton Baldochi (PMDB), ofício solicitando ao governo estadual anistia fiscal (*Comércio da Franca*, 4/8/1987, p. 3).

Percebe-se claramente que a verve liberal que outrora caracterizou o empresariado calçadista desapareceu paralelamente à sua ascensão política, materializada na aproximação com o regime militar. Ademais, esse grupo social levou às últimas conseqüências sua conduta baseada no prag-

---

[50] Tanto no parlamento estadual como no federal, nos anos 1970 e 1980 a atuação de deputados locais foi bastante ativa na defesa dos interesses da indústria do calçado. A importância de tal atuação política fez-se evidente sobretudo em questões como a da sobretaxa dos calçados brasileiros pelo governo norte-americano e a da política de informática brasileira, nas quais a atuação de parlamentares ligados à indústria do calçado, em especial Aírton Sandoval (PMDB) no caso de Franca, foi decisiva para pressionar o governo a tomar posições que levassem em conta os interesses dos empresários locais.

[51] Tais gestões podem ser encontradas nas seguintes edições do jornal *Comércio da Franca*: 21/6/1987, p. 1; 28/6/19787, p. 3; 3/7/1987, p. 1.

matismo, mantendo sua posição de adesão ao regime militar mesmo nos momentos em que o Estado autoritário passou a ser contestado por boa parte do empresariado brasileiro. Tal conduta certamente foi motivada pela expectativa de continuar contando com os favores do Estado, ainda que as perspectivas políticas indicadas naquele momento histórico apontassem para um esgotamento do modelo "autárquico" de desenvolvimento. No tópico seguinte, refletimos brevemente acerca da conduta mantida pelo empresariado calçadista nos estertores do regime militar e nos primeiros anos da chamada Nova República.

Novos tempos, velho pragmatismo

Em trabalho no qual analisa o comportamento do empresariado brasileiro no contexto do processo de transição democrática, Sebastião Velasco e Cruz chama atenção para as mudanças em curso a partir de meados dos anos 1970, as quais assinalaram o fim da "lua-de-mel" do empresariado com o regime instalado em 1964. Conforme observa Cruz:

> [. . .] tradicionalmente identificados com o regime e em perfeita consonância com a orientação da política econômica que ele praticava, já nos primeiros meses da gestão Geisel os empresários davam sinais de que em sua relação com o governo algo andava errado. A princípio, os conflitos eram localizados. Logo a seguir, por meio de uma campanha sistemática contra a estatização, a crítica se torna sistemática, o empresariado começa a agir como uma oposição de fato. A partir de certo momento veremos algumas de suas lideranças mais destacadas a denunciar o autoritarismo, incorporando-se ao grupo crescente dos que reivindicavam o Estado de Direito e o restabelecimento das franquias democráticas" (1995, p. 11).

No entanto, no período marcado pela distensão do regime militar, em nenhum momento o empresariado de Franca manifestou descontentamento em relação ao governo e às suas práticas.[52] Ao contrário do ocorri-

---

[52] Não obstante concordar que os empresários tenham "desempenhado um papel importante na rejeição do intervencionismo estatal", Eli Diniz argumenta que eles "revelaram-se incapazes de exercer a liderança do processo de mu-

do em todo o País, não houve da parte dos empresários calçadistas nenhuma denúncia pública contra o autoritarismo, nem mesmo em casos isolados. A campanha contra a estatização, que tanta discussão gerou no cenário nacional, não ecoou no âmbito local (Chiachiri Filho, 2003). Julgamos que por ter ficado alheio a qualquer auxílio estatal das suas origens até as três décadas seguintes, esse empresariado, consciente das dificuldades enfrentadas na falta de canais de apoio oficial, optou por uma atitude radicalmente *pragmática*, preferindo o pouco oferecido pela política econômica do governo, que à época já limitava os incentivos à exportação, a se indispor com o regime e voltar à situação vivida até os anos 1960. Ao que parece essa boa relação com os militares só se desgastou no último ano do governo Figueiredo, quando já estava claro o esgotamento do projeto "autárquico" de desenvolvimento idealizado pela burocracia militar e o papel de provedor encarnado pelo Estado havia se perdido.[53] Todavia, mesmo neste momento não houve manifestações de desagravo em relação ao regime que se findava, apenas declarações de apoio das entidades calçadistas a Tancredo Neves (*Comércio da Franca*, 7/10/1984, p. 1; 7/12/1984, p. 1). Até o fim, prevaleceu a estratégia do *pragmatismo*.

Um fato especial selou emblematicamente o bom relacionamento do empresariado calçadista de Franca com os militares no poder. Em março de 1985, ou seja, nos últimos dias do regime, o Presidente João Batista Figueiredo condecorou Wilson Sábio de Melo com a Ordem do Mérito do Trabalho, com medalha no Grau Oficial. Esteve na cidade para tal cerimônia, representando o presidente da República, o ministro do Trabalho Murilo Macedo. A condecoração de Wilson Sábio de Melo tem um significado importante: a *Samello* foi um dos principais símbolos do po-

---

dança em direção a uma nova concepção de desenvolvimento". Diniz observa ainda que "o questionamento da prepotência estatal aparece associado a esforços pela permanência da reserva de mercado e da prática de concessão indiscriminada de incentivos, isenções e subsídios para garantir o crescimento industrial" (1999, p. 13).

[53] Segundo Dionísio Dias Carneiro, a manutenção de uma carga enorme de estímulos fiscais, creditícios e cambiais "teve como custos mais visíveis a progressiva deterioração da posição financeira do Estado, caracterizada pela queda da carga tributária líquida e pela elevação do endividamento do setor público. Tal deterioração, que resultou de uma fadiga progressiva dos instrumentos de ação do governo sobre a economia brasileira, está na base do agravamento dos conflitos distributivos e da aceleração inflacionária dos anos 80" (1990, p. 313).

tencial exportador brasileiro engendrado pelos governos militares e o seu dirigente tornou-se um ícone da indústria de calçados nacional, conforme demonstrado de forma exaustiva no decorrer do livro; Melo foi ainda um símbolo da adesão do empresariado calçadista à política industrial do regime instalado em 1964. Em seu discurso, o Ministro Murilo Macedo fez questão de destacar o empenho demonstrado pelos Sábios de Melo em contribuir para a concretização dos ideais de progressos defendidos pelo regime militar. Segundo o jornal *Diário da Franca*, Macedo

> ressaltou o que tem representado interna e externamente a indústria de calçados Samello no seu todo para a economia do País, numa mostra inequívoca de que apesar das dificuldades inflacionárias e recessivas do País, com empenho, organização e patriotismo, é possível vencer os obstáculos (*Diário da Franca*, 3/3/1985, p. 5).

No que diz respeito ao governo da chamada "Nova República", a estratégia utilizada nos anos iniciais foi igualmente uma postura pragmática. Ao que tudo indica, acostumados à relação parasitária em relação ao Estado, os empresários calçadistas esperavam a adoção de uma política industrial que restabelecesse o estímulo à exportação pelo regime democrático que se iniciava. À época, declaração do presidente do SICF, João Batista Guaraldo, dava indícios dessa perspectiva: "Há uma grande expectativa no sentido de que seja implementada uma política de exportação [. . .], o que vem fazendo falta ao setor industrial do país" (*Comércio da Franca*, 30/4/1987, p. 3). Mas, como bem ressalta Sebastião Velasco e Cruz, o projeto de desenvolvimento que ganhava forma nos gabinetes da Nova República assumiu contornos bem diferentes do do período anterior; conforme ressalta Cruz "uma das implicações mais importantes desse reposicionamento era o abandono e mesmo a denúncia do princípio até então consagrado, segundo o qual a estabilização do capitalismo no País era uma função do fortalecimento da empresa privada nacional" (1997, p. 81).

Com efeito, ao perceber a irreversibilidade da mudança de rumos da economia, explicada pelo próprio esgotamento do modelo de fomento ao desenvolvimento industrial vigente até então, os empresários francanos adotaram uma postura rígida em relação ao governo. Em fevereiro de 1987, o diretor regional do Ciesp, Miguel Betarello (*Calçados Agabê*), irritado com a queda das exportações pregava a união dos industriais calçadistas "para exercer pressão sobre o governo" de forma sistemática (*Folha de S.Paulo*, 15/2/1987). Em março, tal estratégia se consumava de forma dramática na ameaça de declaração de concordata coletiva; entre as demandas empresariais, ocupava lugar quase exclusivo as benesses que se esperam de um Estado patrimonialista: "juros subsidiados e [. . .] suspensão por 90 dias do pagamento de tributos federais, além da abertura de linha de crédito especial" (*Diário da Franca*, 22/3/1987, p. 1).[54] Após negociações, tal procedimento foi suspenso; entretanto, houve passeata de empresários na Francal de 1987, que estenderam faixas pretas em seus estandes em protesto contra a política econômica do governo Sarney (*Jornal da Tarde*, 12/7/1987).

Há clara disposição do empresariado local de classificar o governo Sarney como a pior administração para a indústria do calçado (Jacometti, 1992; Brigagão, 1995; Donadelli, 2002). A nosso ver, tal opinião tem, no entanto, natureza paradoxal: os anos Sarney, em particular os três últimos, foram bons anos para os exportadores, nos quais saiu-se de uma tendência de queda nas vendas para uma tendência de crescimento, tanto no valor, quanto no volume exportado (ver Gráfico 10, Capítulo 5). Acreditamos, todavia, que a visão negativa desse período advenha do desaparecimento dos instrumentos institucionais (estímulos fiscais e cambiais) que beneficiavam a atividade exportadora, desaparecimento este resultante do redirecionamento da política de desenvolvimento. Ao que tudo indica, a indisposição com o governo foi causada não pelos resultados econômicos obtidos, mas pela perda dos referenciais de gestão apoiada no Estado que balizaram a atividade desses industriais por duas décadas.

Segundo Sebastião Velasco e Cruz, a partir desse momento histórico o crescimento, a modernização do sistema produtivo, tendo em vista a indispensável atualização em face das transformações em curso na eco-

---

[54] Tal ameaça foi materializada em documento com a assinatura de 150 empresários para encaminhamento, por intermédio da Fiesp, ao Presidente José Sarney. Sob a manchete de primeira página que dizia "Industriais Ameaçam com Concordata Coletiva!", o jornal ressaltava: "Se não forem atendidas pelo governo, os empresários ameaçam com a paralisação geral no próximo dia 27, com suspensão de pagamentos, e com concordata coletiva, o que implicaria na suspensão de pagamento aos fornecedores e aos bancos, com o agravante de provocar uma crise sem precedentes na história da indústria calçadista desta cidade, em decorrência do desemprego em massa que deverá atingir a classe trabalhadora" (*Diário da Franca*, 22/3/1987, p. 1).

nomia mundial, continuavam sendo os objetivos básicos da Nova Política Industrial, idealizada no governo Sarney. Entretanto, a via para chegar a tais objetivos havia mudado. Conforme observa,

> [...] não será mais buscada na mobilização do estoque de recursos e de energias próprios, mas, sobretudo, na internalização de vetores externos de inovação, através da importação de bens e tecnologia, e do estímulo ao investimento direto. Subentendido nessa nova postura estava uma avaliação pessimista da força e das possibilidades da economia nacional [...] (1997, p. 81).

Em relação ao governo Collor,[55] o empresariado local retomou a estratégia do *pragmatismo*. Logo no início do segundo trimestre do novo governo representantes do empresariado local foram recebidos em audiência pela ministra da Economia Zélia Cardoso de Mello (*Comércio da Franca*, 17/4/1990, p. 3), o que abriu a perspectiva de um bom relacionamento. Mesmo tendo seus interesses fortemente abalados pela política econômica resultante do Plano Brasil Novo, que afetou o câmbio e bloqueou o capital de giro do setor, durante todo o ano de 1990 os empresários calçadistas de Franca se abstiveram de criticar o governo Collor. As primeiras críticas surgiram apenas no final de 1990 e seu início foi marcado, surpreendentemente, por uma reunião entre representantes do sindicato

---

[55] O apoio do empresariado calçadista à candidatura de Fernando Collor de Mello se definiu apenas no segundo turno das eleições presidenciais de 1989. No primeiro turno, as declarações públicas de voto se dividiam entre candidatos como Mário Covas, Paulo Maluf, Guilherme Afif e o próprio Collor. É significativo do sentimento corporativista do empresariado local o fato de que, antes da definição dos candidatos para a corrida presidencial, o entusiasmo empresarial pendesse para o industrial Antônio Ermírio de Morais, que acabou não se candidatando naquele pleito. No início de 1989, Hugo Betarello, presidente da *Agabê*, declarou à imprensa local que "votaria em Antônio Ermírio de Morais para presidente, sendo que já o havia feito nas eleições para governador nas eleições de 1988" (*Diário da Franca*, 21/2/1989, pp. 6-7). Com efeito, a opinião expressa por José Carlos Brigadão do Couto, diretor da *Sândalo*, revela a essência da perspectiva de colaboração entre capital e trabalho que sempre permeou o pensamento dos empresários locais: "Para mim, o único candidato que existe entre todos é o Ermírio de Morais. Espero que ele se defina logo a sair candidato. Ele é um talento, pode resolver a administração deste país. E é um homem moderado, de centro. Entendo isso assim: o socialismo tem as idéias, o capitalismo tem o dinheiro. Quem sabe um capitalismo cristão não seja a saída ideal?" (*Diário da Franca*, 8/3/1989, p. 30).

patronal e o dos trabalhadores, cujo objetivo era a discussão de soluções para o "ponto crucial do desemprego" e a "política recessiva imposta pelo Governo Federal" (*Comércio da Franca*, 23/12/1990, p. 5). Abria-se, nesse momento histórico, um período de prolongada crise, gerada no rastro das novas diretrizes econômicas matizadas nos princípios do neoliberalismo. O Estado se afastava da cena econômica e o empresariado local não se mostrava preparado para prosseguir sem o seu auxílio.

Se no período 1920-1964 a marginalização pela esfera política rendeu ao empresariado calçadista uma historicidade positivamente distinta daquela geralmente entendida como característica do conjunto da burguesia industrial brasileira, no período 1964-1990 a adesão dos industriais locais a um tipo de postura marcada pelo desmedido apego ao auxílio estatal foi responsável pela perda de referenciais que tornavam esse grupo social bastante próximo do retrato de uma burguesia autenticamente liberal-democrática. A sedução exercida pela proximidade do poder não apenas dissipou seus traços progressistas do período pré-1964, como também impediu os empresários francanos de seguirem os passos de parcela do empresariado nacional que se levantou contra os desígnios autoritários do regime vigente. Tal sedução criou uma cultura política empresarial cujos contornos se definiam mais pelo que se devia esperar do poder, em concessões e benefícios, e não pelo que se deveria fazer de modo efetivo para exercer conjuntamente o poder. Não por acaso, o empresariado calçadista viu-se compartilhando o mesmo destino melancólico de numerosas frações da burguesia industrial brasileira no dramático início dos anos 1990.

Considerações finais

As CONCLUSÕES explicitadas no decorrer deste livro revelam a dinâmica de formação e atuação de uma fração burguesa que diverge em muitos aspectos das interpretações correntes a respeito da industrialização e do empresariado fabril em São Paulo. Seria a experiência do empresariado calçadista local um caso isolado, irrepetível? Pensamos que não. Nossa opinião é a de que as generalizações já consagradas certamente exercem grande influência em quem se debruça sobre o assunto e acabam por inibir explicações que se arrisquem a ir além das circunscritas no âmbito das teorias hegemônicas. Por outro lado, o esforço de pesquisa exigido por uma investigação empírica rigorosa pode desestimular a aventura pelo território das vivências histórico-concretas dos atores sociais, gerando a acomodação em face dos referenciais recorrentes. Estas nos parecem ser as justificativas mais prováveis para a sensação de ausência de realidades distintas da de uma burguesia industrial originária do grande capital cafeeiro ou de uma "burguesia imigrante", caracterizada predominante por uma ética econômica pré-capitalista, assim como pelo comportamento político marcado pela passividade e pela imaturidade ideológica.

As considerações aqui apresentadas sobre as origens e a conduta econômico-política do empresariado calçadista em Franca cumpriram, pois, a função de expressar o que julgamos ser algumas das muitas variáveis possíveis na interpretação da experiência da burguesia industrial no Brasil. A reivindicação da complexidade inerente à formação e ao comportamento dessa classe, em contraponto à generalização simplificadora, foi uma perspectiva intrínseca a orientar a busca pelas respostas às questões suscitadas na introdução do livro. Diferentemente do que se possa pensar, a contribuição maior deste trabalho não está, portanto, em evidenciar as especificidades do caso dos industriais francanos, mas em demonstrar que processos histórico-sociais que destoam dos esquemas explicativos estabelecidos *a priori* são cursos perfeitamente realizáveis na história do empresariado nacional; ou seja, nosso intuito foi chamar a atenção para o fato de que *outras histórias* da burguesia brasileira, diversas das encontradas nas análises tradicionais, são possíveis. Se esse trabalho tiver cumprido este papel nos damos por satisfeitos.

Referências

Fontes citadas

Falências

Antonio Osório Lima. 1973. Autos 110, Caixa 417, 1.º Ofício Cível, 1973 (AHMUF).
Calçados Nossa Senhora Aparecida Ltda. 1947. Autos 2.522, Maço 127, Caixa 315, 2.º Ofício Cível (AHMUF).
Calçados Ruy de Mello S/A. 1969. Autos 125, Caixa 419, 1.º Ofício Cível (AHMUF).
Carlos, Pacheco & Cia. (Calçados Jaguar). 1926. Autos 46, Caixa 410, 1.º Ofício Cível (AHMUF).
Joaquim Sola Ávila. 1957. Processo Criminal, 2.º Ofício Cível, Autos 619, Caixa 315, Maço 47 (AHMUF).
José Granero Lopes. 1954. Autos 4.293, Caixa 423, Maço 174, 2.º Ofício Cível (AHMUF).
Josephino dos Santos & Cia. Ltda. 1951. Autos 65, Caixa 414, 1.º Ofício Cível (AHMUF).
Júlio Tasso Filho (Calçados Julinho). 1957. Autos 70, Caixa 415, 1.º Ofício Cível (AHMUF).
Macedo, Marx & Cia. (Curtume Progresso). 1926. Autos 1.316, Maço 68, Caixa 216, 2.º Ofício Cível (AHMUF).
Marcílio Francisco Vidal Diniz. 1973. Autos 113, Caixa 418, 1.º Ofício Cível (AHMUF).

Inventários

Antonio Lopes de Mello. 1955. Autos 3.552, Caixa 434, 2.º Ofício Cível (AHMUF).
Antonio Maniglia. 1975. Autos 254, Caixa 45, 1.º Ofício Cível (AHMUF).
Antonio Nocera. 1943. Autos 2.122, Caixa 318, Maço 109, 2.º Ofício Cível (AHMUF).
Camila Amélia Borges. 1958. Autos 154, Caixa 61, 1.º Ofício Cível (AHMUF).
Francisca Luiza de Macedo. 1919. Caixa 63, Maço 49, 2.º Ofício Cível (AHMUF).
Giuseppe Spessoto. 1916. Autos 126, Caixa 156, 1.º Ofício Cível (AHMUF).
João Herker. 1968. Autos 1.524, Maço 106, Caixa 141, 2.º Ofício Cível (AHMUF).
João Palermo. 1948. Caixa 129, 1.º Ofício Cível (AHMUF).
Joaquim de Paula Marques. 1916. Autos 68, Caixa 139, 1.º Ofício Cível (AHMUF).
José Guidoni. 1942. Autos 187, Caixa 160, 1.º Ofício Cível (AHMUF).
Magnani Cesira Torres. 1944. Autos 2.033, Caixa 106, 2.º Ofício Cível (AHMUF).
Maria Amélia Avellar. 1971. Autos 431, Caixa 222, 1.º Ofício Cível (AHMUF).
Maria Cherubina Betarello. 1976. Autos 251, Caixa 224, 1.º Ofício Cível (AHMUF).
Maria da Conceição Nicácio. 1957. Autos 356, Caixa 217, 1.º Ofício Cível (AHMUF).
Maria Ferrari Gosuen. 1947. Autos 2.160, Caixa 114, Maço 86, 2.º Ofício Cível (AHMUF).
Maria Gaspardes Spessoto. 1956. Autos 352, Caixa 217, 1.º Ofício Cível (AHMUF).
Maria Leide Goulart Terra. 1967. Autos 1.534, Caixa 142, Maço 107, 2.º Ofício Cível (AHMUF).
Maria Seraphica Motta. 1925. Auto 192, Caixa 208. 1.º Ofício Cível (AHMUF).
Maria Thereza Lopes Maniglia. 1951. Autos 1.394, Maço 100, Caixa 131, 2.º Ofício Cível (AHMUF).
Miguel Sábio de Mello. 1971. Caixa 188, 1.º Ofício Cível (AHMUF).
Pedro Giolo. 1961. Autos 69, Caixa 239, 1.º Ofício Cível (AHMUF).
Pedro Granero Lopes. 1969. Autos 76, Caixa 240, 1.º Ofício Cível (AHMUF).

Pedro Pucci. 1939. Autos 1.405, Caixa 98, 2.º Ofício Cível (AHMUF).
Quirino Ferreira Nunes. 1914. Autos 872, Maço 43, Caixa 58, 2.º Ofício Cível (AHMUF).
Stélio Dante Pucci. 1953. Autos 65, Caixa 252, 1.º Ofício Cível (AHMUF).
Tereza Bruneto Repezza. 1948. Autos 36, Caixa 259, 1.º Ofício Cível (AHMUF).
Urias Baptista Avellar. 1938. Autos 13, Caixa 261, 1.º Ofício Cível (AHMUF).

Livros cartoriais

Registro Geral de Títulos, Documentos e Outros Papéis (1900-1980, diversos volumes). Cartório de Registro de Imóveis e Anexos de Franca (AHMUF).
Registro de Firmas Comerciais (1900-1969, diversos volumes). Cartório do Registro Geral de Hipotecas e Anexos de Franca (AHMUF).

Processos criminais

Processo de Usura: Paulo Rodrigues Alves (Réu), Criminal, Autos 359, Caixa 409, 2.º Ofício Cível, 1959 (AHMUF).
Processo de Usura: Walter Amêndola (Réu). Criminal, Autos 622, Caixa 409, Maço 52, 2.º Ofício Cível, 1959 (AHMUF).

Projetos de leis

Projeto de Lei Municipal n.º 33, de 13/4/55. Câmara Municipal de Franca (MHM).
Projeto de Lei Municipal n.º 39, de 26/4/55. Câmara Municipal de Franca (MHM).

Jornais e revistas

Comércio da Franca (1920-1990) (MHM).
Diário da Tarde (1945-1965) (MHM).
Folha de S.Paulo (edições esparsas) (Banco de Dados Folha de S.Paulo).
Jornal do Brasil (edições esparsas) (Banco de Dados Folha de S.Paulo).
Jornal da Tarde (edições esparsas) (Banco de Dados Folha de S.Paulo).
Lançamentos — Máquinas & Componentes (1980-2000) (IPT).
O Alfinete (1923) (MHM).

O Estado de S. Paulo (edições esparsas) (Centro de Documentação e Informação OESP).
O Francano (1945-1960) (MHM).
O Globo (edições esparsas) (Banco de Dados Folha de S.Paulo).
Tribuna da Franca (1910-1940) (MHM).
Revista Comércio da Franca [Comemorativa ao 1.º Centenário de Franca], 1/5/1956 (MHM).

Entrevistas

BATISTA, I. *Ivânio Batista*: depoimento [nov. 2003]. Entrevista a Agnaldo de Sousa Barbosa. Franca, 2003 (mimeo).

BETARELLO, Miguel Heitor & BETARELLO, José Henrique. [Entrevista]. *Lançamentos*: Máquinas & Componentes. Novo Hamburgo, RS: Editorial Sinos, set./out. 1990, n.º 34, pp. 34-42.

CHIACHIRI FILHO, J. *José Chiachiri Filho*: depoimento [nov. 2003]. Entrevista a Agnaldo de Sousa Barbosa. Franca, 2003 (mimeo).

DONADELLI, J. F. *Jorge Félix Donadelli*: depoimento [dez. 2002]. Entrevista a Agnaldo de Sousa Barbosa. Franca, 2002 (mimeo).

JACOMETI, J. C. M. *Júlio César Monteiro Jacometi*: depoimento [dez. 2002]. Entrevista a Agnaldo de Sousa Barbosa. Franca, 2002 (mimeo).

JACOMETTI, Élcio [Entrevista]. *Lançamentos*: Máquinas & Componentes. Novo Hamburgo, RS: Editorial Sinos, jan./fev. 1992, n.º 41, pp. 35-48.

MARTINIANO, Galvão [Entrevista]. *Lançamentos*: Máquinas & Componentes. Novo Hamburgo, RS: Editorial Sinos, set./out. 1993, n.º 50, pp. 35-41.

MELLO, O. S de. *Oswaldo Sábio de Mello*: depoimento [jul. 2001]. Entrevista a Agnaldo de Sousa Barbosa. Franca, 2001 (mimeo).

NALDI, G. *Gilberto Naldi*: depoimento [ago. 2001]. Entrevista a Agnaldo de Sousa Barbosa. Franca, 2001 (mimeo).

PRACUCH, Z. *Zdenek Pracuch*: depoimento [jan. 2003]. Entrevista a Agnaldo de Sousa Barbosa. Franca, 2003 (mimeo).

MELLO, Wilson Sábio de [Entrevista]. *Lançamentos*: Máquinas & Componentes. Novo Hamburgo, RS: Grupo Editorial Sinos, jan./fev. 1990, n.º 30, pp. 42-53.

Bibliografia

ABICALÇADOS. *Resenha Estatística ABICALÇADOS. 2002.* Disponível em: <http://www.abicalcados.com.br/polos_produtores.php?est=SP> (acesso em set./2003).

ABREU, Marcelo de Paiva (org.). *A ordem do progresso — cem anos de política econômica republicana (1889-1989).* Rio de Janeiro: Campus, 1990.

BACELLAR, Carlos de A. P. O apogeu do café na Alta Mojiana. In: BACELLAR, Carlos de A. P. & BRIOSCHI, Lucila (orgs.). *Na Estrada do Anhangüera: uma visão regional da história paulista.* São Paulo: Humanitas: FFLCH/USP, 1999.

BARBOSA, Agnaldo de Sousa. *Política e modernização no interior paulista (Franca: 1945-1964).* Mestrado em História. Franca: FHDSS/Unesp, 1998.

BENEVIDES, Maria Victoria. *A UDN e o udenismo: ambigüidades do liberalismo brasileiro (1945-1964).* Rio de Janeiro: Paz e Terra, 1981.

BENTIVOGLIO, Júlio César. *Igreja e urbanização em Franca.* Franca, SP: FHDSS/Unesp: Amazonas S/A, 1997 (Série História Local 8).

BOSCHI, Márcia Maria. *Burguesia industrial no governo Dutra (1946-1950).* Mestrado em Ciência Política. Campinas: IFCH/Unicamp, 2000.

BOSCHI, Renato Raul. *Elites industriais e democracia: hegemonia burguesa e mudança política no Brasil.* Rio de Janeiro: Graal, 1979.

BRESSER PEREIRA, Luiz Carlos. *Desenvolvimento e crise no Brasil.* 3.ª ed. São Paulo: Brasiliense, 1972.

—. *Empresários e administradores no Brasil.* São Paulo: Brasiliense, 1974.

—. Empresários, suas origens e as interpretações do Brasil. In: SZMRECSÁNYI, Tamás & MARANHÃO, Ricardo. *História de empresas e desenvolvimento econômico.* 2.ª ed. São Paulo: Hucitec-ABPHE-Edusp-Imprensa Oficial, 2002, pp. 143-64.

CANO, Wilson. *Raízes da Concentração Industrial em São Paulo.* 4.ª ed. São Paulo: Unicamp/IE, 1998.

CARNEIRO, Dionísio Dias. Crise e esperança: 1974-1980. In: ABREU, Marcelo de Paiva (org.). *A ordem do progresso — cem anos de política econômica republicana (1889-1989).* Rio de Janeiro: Campus, 1990, pp. 295-322.

CARNEIRO, Ligia Gomes. *Trabalhando o couro: do serigote ao calçado "Made in Brazil".* Porto Alegre: L&PM-Ciergs, 1986.

CARDOSO, Fernando Henrique. *O empresário industrial e o desenvolvimento econômico do Brasil*. Livre-Docência. São Paulo: FFLCH/USP, 1963.

—. *Mudanças sociais na América Latina*. São Paulo: Difel, 1969.

CARONE, Edgard. *A evolução industrial de São Paulo (1889-1930)*. São Paulo: Senac São Paulo, 2001.

CASTRO, Paulo Zirnberger de. *A indústria de calçados masculinos de couro: análise da vantagem competitiva brasileira*. Mestrado em Administração. São Paulo: Eaesp/FGV, 1997.

CHIOCA, Dalva Marlene C. *A indústria curtumeira em Franca*. Franca, SP: FHDSS/Unesp, 1987 (mimeo).

CORRÊA, Abidack Raposo. O complexo coureiro-calçadista brasileiro. *BNDES Setorial*. Rio de Janeiro, n.º 14, set./2001.

COSTA, Achyles Barcelos da. Competitividade da indústria de calçados: nota técnica setorial do complexo têxtil. In: COUTINHO, Luciano G. et alii (coords.). *Estudo da competitividade da indústria brasileira*. Campinas, SP: Fecamp-MCT-Finep-PADCT, 1993, pp. 1-104. Disponível em: <www.mct.gov.br/publi/Compet/Default.htm> (acesso em ago./2001).

COSTA, Alfredo Henrique. Contribuição ao estudo da história da indústria do calçado de Franca: suas bases artesanais e o impacto tecnológico. *Anais do III Simpósio dos Professores Universitários de História*. Franca, SP: FFCLF, 1965, pp. 577-93.

COSTA, Emília Viotti da. *Da senzala à colônia*. 3.ª ed. São Paulo: Editora Unesp, 1998.

CRUZ, Hélio Nogueira da. *Alternativas e difusão tecnológicas — o caso do setor de calçados no Brasil*. Doutorado em Economia. São Paulo: FEA/USP, 1976.

CRUZ, Sebastião Velasco e. *Empresariado e Estado na transição democrática brasileira — um estudo sobre a economia política do autoritarismo (1974-1977)*. Campinas-São Paulo: Ed. da Unicamp-Fapesp, 1995.

—. *Estado e economia em tempos de crise — política industrial e transição política no Brasil nos anos 80*. Rio de Janeiro-Campinas: Relume Dumará-Ed. da Unicamp, 1997.

DEAN, Warren. *A industrialização de São Paulo*. São Paulo: Difel-Edusp, 1971.

DEFFONTAINES, Pierre. Regiões e paisagens do estado de São Paulo: primeiro esboço de divisão regional. *Boletim Geográfico*, ano III, n.º 25, 1945.

DI GIANNI, Tércio Pereira. *Italianos em Franca: imigrantes de Boa Estrela em uma cidade do interior*. Franca: Unesp, 1997 (Série História Local 1).

DINIZ, Eli. *Empresário, Estado e capitalismo no Brasil (1930-1945)*. Rio de Janeiro: Paz e Terra, 1978.

—. *Crise, reforma do Estado e governabilidade (Brasil: 1985-1995)*. 2.ª ed. Rio de Janeiro: FGV Editora, 1999.

DOBB, Maurice. *A evolução do capitalismo*. 5.ª ed. Rio de Janeiro: Zahar, 1976.

DOMINGUES NETTO, Hilário. *Singrando o Mogi-Guaçu: um estudo sobre a formação do mercado interno regional (1883-1903)*. Mestrado em História Econômica. Araraquara, SP: FCL/Unesp, 2001.

DRAIBE, Sonia M. *Rumos e metamorfoses: Estado e industrialização no Brasil (1930-1960)*. Rio de Janeiro: Paz e Terra, 1985.

DREIFFUS, René Armand. *1964 — a conquista do Estado: ação política, poder e golpe de classe*. Petrópolis: Vozes, 1981.

DUARTE, Paulo. *Memórias (vol. 1 — as raízes profundas)*. 3.ª ed. São Paulo: Hucitec, 1976.

ENGELS, Fredrich. *Anti-Düring*. Lisboa: Dinalivro, 1976.

ESTANQUE, Elísio. *Entre a fábrica e a comunidade: subjetividade e práticas de classe no operariado do calçado*. Porto: Afrontamento, 2000.

FALEIROS, Rogério Naques. *Homens do café: Franca, 1880-1920*. Mestrado em Economia. Campinas, SP: IE/Unicamp, 2002.

FERNANDES, Florestan. *A revolução burguesa no Brasil — ensaio de interpretação sociológica*. 3.ª ed. Rio de Janeiro: Guanabara, 1987.

FERREIRA, Mauro. *O espaço edificado e a indústria de calçados em Franca*. Mestrado em Arquitetura. São Carlos: EESC/USP, 1989.

FIGUEIREDO, Argelina Cheibub. *Democracia ou reformas? alternativas democráticas à crise política: 1961-1964*. Rio de Janeiro: Paz e Terra, 1993.

FOLLIS, Fransérgio. *Estação: o bairro-centro*. Franca: Fundação Mário de Andrade: PMF, 1998.

—. *Modernização no interior paulista: o poder público municipal e a transformação do espaço urbano de Franca (1890-1940)*. Mestrado em História. Franca, SP: FHDSS/Unesp, 1999.

FRANCO, Misseno M. (org.). *Almanach de Franca para 1902*. São Paulo: Duprat, 1902.

FURTADO, Celso. *Formação econômica do Brasil*. 27.ª ed. São Paulo: Nacional-Publifolha, 2000.

GARCIA, Maria Angélica Momenso. *Trabalhadores rurais em Ribeirão Preto — trabalho e resistência nas fazendas de Café (1890-1920)*. Franca: Unesp, 1997 (Série História Local 6).

GOMES, Ângela de Castro. *A invenção do trabalhismo*. São Paulo: Vértice, 1988.

GORINI, Ana Paula Fontenelle et alii. *A indústria calçadista de Franca*. Área de Operações Industriais 1-AO1. Brasília: BNDES, 2000. Disponível em: <http://www.bndes.gov.br/conhecimento/relato> (acesso em abril/ 2001).

GRAMSCI, Antonio. *Maquiavel, a política e o Estado moderno*. Trad. de Luiz Mário Gazzaneo. Rio de Janeiro: Civilização Brasileira, 1976.

GRUPPI, Luciano. *O conceito de hegemonia em Gramsci*. Rio de Janeiro: Graal, 1978.

IANNI, Octávio. *Industrialização e desenvolvimento industrial no Brasil*. Rio de Janeiro: Civilização Brasileira, 1963.

—. *Estado e capitalismo*. 2.ª ed. São Paulo: Brasiliense, 1989.

IBGE. *Estatísticas Históricas do Brasil: Séries Econômicas, Demográficas e Sociais de 1550 a 1988*. 2.ª ed. Rio de Janeiro: IBGE, 1990.

LAGES, José Antonio C. *O povoamento da Mesopotâmia Pardo-Mojiguaçu por correntes migratórias mineiras: o caso de Ribeirão Preto (1834-1883)*. Mestrado em História. Franca, SP: FHDSS/Unesp, 1995.

LAGO, Luiz Aranha Corrêa do. A retomada do crescimento e as distorções do "Milagre Econômico": 1967-1973. In: ABREU, Marcelo de Paiva (org.). *A ordem do progresso: cem anos de política econômica republicana (1889-1989)*. Rio de Janeiro: Campus, 1990, pp. 233-94.

LEME, Marisa Saenz. *A ideologia dos industriais brasileiros (1919-1945)*. Petrópolis: Vozes, 1978.

LEOPOLDI, Maria Antonieta P. *Política e interesses na industrialização brasileira: as associações industriais, a política econômica e o Estado*. Rio de Janeiro: Paz e Terra, 2000.

—. O difícil caminho do meio: Estado, burguesia industrial e industrialização no Segundo Governo Vargas (1951-1954). In: SZMRECSÁNYI, Tamás & SUZIGAN, Wilson (orgs.). *História econômica do Brasil contemporâneo*. 2.ª ed. São Paulo: Hucitec-ABPHE-Edusp-Imprensa Oficial, 2002, pp. 31-77.

LORENZO, Helena Carvalho de. *Origem e crescimento da indústria na região "Araraquara-São Carlos" (1900-1970)*. Mestrado em Ciências Sociais. São Paulo: FFLCH/USP, 1979.

MARTINELLI, Maria Lúcia. *O uso de abordagens qualitativas na pesquisa em serviço social: um instigante desafio*. 2.ª ed. São Paulo: Nepi/PUC, 1994.

MARTINS, José de Souza. *O cativeiro da terra*. 3.ª ed. São Paulo: Hucitec, 1986.

—. *Conde Matarazzo: o empresário e a empresa — estudo de sociologia do desenvolvimento*. 2.ª ed. São Paulo: Hucitec, 1994.

MARTINS, Luciano. *Industrialização, burguesia nacional e desenvolvimento*. Rio de Janeiro: Saga, 1968.

MARX, Karl. *O capital — crítica da economia política*. Liv. I, vol. II. Rio de Janeiro: Civilização Brasileira, 1978a.

—. *O 18 Brumário e Cartas a Kugelmann*. Rio de Janeiro: Paz e Terra, 1978b.

—. *O capital — crítica da economia política*. Liv. I, vol. I. 15.ª ed. Rio de Janeiro: Bertrand Brasil, 1996.

MARX, Karl & ENGELS. *O manifesto comunista*. 3.ª ed. Rio de Janeiro: Paz e Terra, 1998.

—. *A ideologia alemã*. 2.ª ed. São Paulo: Martins Fontes, 2001.

MELLO, João Manuel Cardoso de. *O capitalismo tardio*. 3.ª ed. São Paulo: Brasiliense, 1984.

MELLO, Zélia Cardoso de. *Metamorfoses da riqueza: São Paulo, 1845-1895*. São Paulo: Hucitec-PMSP/SMC, 1985.

MONBEIG, Pierre. *Fazendeiros e pioneiros de São Paulo*. São Paulo: Hucitec-Pólis, 1984.

MOTTA, Fernando C. Prestes. *Empresários e hegemonia política*. São Paulo: Brasiliense, 1979.

MÜLLER, Daniel Pedro. *Ensaio d'um quadro estatístico da província de São Paulo*. São Paulo: Seção de Obras d'O Estado de São Paulo, 1923.

NASCIMENTO, Hygino A. & MOREIRA, Eufrausino (orgs.). *Almanaque histórico da Franca, 1943*. São Paulo: Tipografia Renascença, 1943.

NAVARRO, Vera Lúcia. *A produção de calçados de couro em Franca (SP): a reestruturação produtiva e seus impactos sobre o trabalho*. Doutoramento em Sociologia. Araraquara: FCL/Unesp, 1998.

O'DONNELL, Guillermo. *Contrapontos: autoritarismo e democratização*. São Paulo: Vértice, 1986.

—. *Reflexões sobre os Estados burocráticos autoritários*. São Paulo: Vértice, 1987.

OLIVEIRA, Lélio Luiz de. *Economia e história: Franca — século XIX*. Franca: FHDSS/Unesp-Amazonas S.A., 1997 (Série História Local 7).

OLIVEIRA, Sônia Maria de. Análise da competitividade da indústria brasileira de calçados: as novas tendências tecnológicas e sua inserção no mercado externo. *Prêmio Corecon/SP de Excelência em Economia*. São Paulo: Conselho Regional de Economia, 1996, pp. 93-143.

ORESTSTEIN, Luiz & SOCHACZEWSKI, Antonio C. Democracia com desenvolvimento: 1956-1961. In: ABREU, Marcelo de Paiva. *A ordem do progresso: cem anos de política econômica republicana (1889-1989)*. Rio de Janeiro: Campus, 1990, pp. 171-95.

PICALUGA, Izabel Fontenelle. *Partidos políticos e classes sociais: a UDN na Gua-nabara*. Petrópolis: Vozes.

PEREIRA, José Carlos. *Estrutura e expansão da indústria em São Paulo*. São Paulo: Nacional-Edusp, 1967.

PERISSINOTTO, Renato Monseff. *Frações de classe e hegemonia na Primeira República em São Paulo*. Mestrado em Ciência Política. Campinas, SP: IFCH/Unicamp, 1991.

PESAVENTO, Sandra Jatahy. *Empresário industrial, trabalho e Estado: contribuição a uma análise da burguesia industrial gaúcha (1889-1930)*. Doutoramento em História. São Paulo: FFLCH/USP, 1986.

PICCININI, Valmíria Carolina. Mudanças na indústria calçadista brasileira: novas tecnologias e globalização do mercado. *Read — Revista Eletrônica de Administração*, PPGA, Escola de Administração da UFRGS, 2001, n.º 25. Disponível em: <http://read.adm.ufrgs.br/read01> (acesso em abril/2001).

PRADO JR., Caio. *História econômica do Brasil*. 40.ª ed. São Paulo: Brasiliense, 1993.

—. *Formação do Brasil contemporâneo (Colônia)*. São Paulo: Brasiliense-Publifolha, 2000.

REIS, Carlos Nelson dos. *A indústria brasileira de calçados: inserção internacional e dinâmica interna nos anos 80*. Doutoramento em Economia. Campinas: IE/Unicamp, 1994.

REIS, Marisa dos. *Reestruturação internacional e inserção do Brasil na indústria de calçados*. Mestrado em Economia. Campinas: IE/Unicamp, 1992.

RESENDE, André Lara. Estabilização e reforma: 1964-1967. In: ABREU, Marcelo de Paiva (org.). *A ordem do progresso: cem anos de política econômica republicana (1889-1989)*. Rio de Janeiro: Campus, 1990, pp. 213-31.

RIBEIRO, Maria da C. Martins. Franca: contribuição ao estudo dos centros urbanos brasileiros. *Revista do Arquivo Público Municipal*, vol. 77, jun./jul. São Paulo, 1941, pp. 137-56.

SAES, Flávio A. M. *Crédito e bancos no desenvolvimento da economia paulista (1850-1930)*. São Paulo: IPE/USP, 1986.

SAMELLO S/A. *Memorial Samelo (Franca: 1898-1960)*. Franca: Samello, 2000.

SAMPAIO, Regina. *Adhemar de Barros e o PSP*. São Paulo: Global, 1982.

SARTORI, Giovanni. *Partidos e sistemas partidários*. Rio de Janeiro-Brasília: Zahar-Editora da UnB, 1982.

SCHUMPETER, Joseph A. *Teoria do desenvolvimento econômico*. Rio de Janeiro: Fundo de Cultura, 1961.

SILVA, Ana Maria Vieira M. da. *Indústria de calçados e globalização: o caso de Franca-SP*. Mestrado em História. Franca: FHDSS/Unesp, 1998.

SILVA, Sérgio. *Expansão cafeeira e origem da indústria no Brasil*. São Paulo: Alfa-Omega, 1976.

SIMIONATTO, Ivete. A concepção de hegemonia em Gramsci. *Serviço Social & Sociedade*. São Paulo: Cortez, n.º 43, 1993, pp. 108-24.

SKIDMORE, Thomas. *Brasil: de Getúlio a Castello*. Rio de Janeiro: Saga, 1969.

SODRÉ, Nelson Werneck. *História da burguesia brasileira*. 2.ª ed. Rio de Janeiro: Civilização Brasileira, 1967.

—. *Capitalismo e revolução burguesa no Brasil*. Belo Horizonte: Oficina de Livros, 1990.

SOMBART, Werner. *El burgués: contribución a la historia moral e intelectual del hombre económico moderno*. Buenos Aires: Oresme, 1953.

SUZIGAN, Wilson. *Indústria brasileira: origem e desenvolvimento*. São Paulo: Brasiliense, 1986.

SUZIGAN, Wilson et al. "Aglomerações industriais em São Paulo". *Pesquisas NEIT*. Campinas: Instituto de Economia/Unicamp, 2000. Disponível em: <http://www.eco.unicamp.br/indexie.html> (Acesso em setembro/ 2001).

TAPIA, Jorge Rubem B. *A trajetória da política de informática brasileira (1977-1991): atores, instituições e estratégias*. Campinas: Papirus-Ed. da Unicamp, 1995.

TRUZZI, Oswaldo. *Café e indústria — São Carlos: 1850-1950*. 2.ª ed. São Carlos: Editora da UFSCar, 2000.

TAVARES, Maria da Conceição. *Da substituição de importações ao capitalismo financeiro: ensaios sobre a economia brasileira*. 6.ª ed. Rio de Janeiro: Zahar, 1977.

TOSI, Pedro Geraldo. *Capitais no interior: Franca e a história da indústria coureiro-calçadista (1860-1945)*. Doutoramento em Economia. Campinas, SP: Unicamp, 1998.

VIANNA, Oliveira. *História social da economia capitalista no Brasil*. Belo Horizonte-Rio de Janeiro: Itatiaia-Eduff, 1987.

VIANNA, Luiz Werneck. *Liberalismo e sindicato no Brasil*. 2.ª ed. Rio de Janeiro: Paz e Terra, 1978.

VILHENA, Maria Ignez de F. A indústria de calçados em Franca. *Revista da Faculdade de Filosofia, Ciências e Letras de Franca*, n.º 2, dez./98, Franca, pp. 61-86.

WEBER, Max. *A ética protestante e o espírito do capitalismo*. São Paulo: Pioneira, 1967.
WEFFORT, Francisco. *O populismo na política brasileira*. 3.ª ed. Rio de Janeiro: Paz e Terra, 1980.
ZAN, Elda Therezinha Coelho. A sociedade francana durante o Estado Novo (1937-1945): o advento da mentalidade empresarial. *Boletim de Geohistória*. Franca, SP: IHSS/Unesp, n.º 8, 1977.
ZAMPIERI, Helvécio. *Birigui: cidade industrial do interior paulista (um núcleo recente da fabricação do calçado)*. Mestrado em Geografia. São Paulo: FFLCH/USP, 1976

Impressão e Acabamento
Com fotolitos fornecidos pelo Editor

EDITORA e GRÁFICA
VIDA & CONSCIÊNCIA
R. Agostinho Gomes, 2312 • Ipiranga • SP
Fonefax: (11) 6161-2739 / 6161-2670
e-mail: grafica@vidaeconsciencia.com.br
site: www.vidaeconsciencia.com.br